国連研究　第17号

国連：戦後70年の歩み、課題、展望

日本国際連合学会編

国際書院

The United Nations Studies, Number 17 (June 2016)
UN at 70 : Achievements, Challenges and Prospects
by
The Japan Association for United Nations Studies

Copyright © 2016 by The Japan Association for United Nations Studies
ISBN978-4-87791-274-1 C3032 Printed in Japan

目 次

国連：戦後70年の歩み、課題、展望

（『国連研究』第17号）

目　次

序……………………………………………………………………………………11

I　特集テーマ「国連：戦後70年の歩み、課題、展望」

1　グローバル・ガバナンスにける国連の役割………………内田孟男　19

2　国際連合の70年と国際法秩序：
　　国際社会と国際連合における法の支配の発展……………佐藤哲夫　45

3　戦後70年と日本の国連外交…………………………………大芝　亮　77

4　国連事務総長：選出の歴史と役割の変遷…………………植木安弘　93

II　独立論文

5　国連と国際的な刑事裁判所：
　　アフリカ連合による関与の意義、課題及び展望………藤井広重　121

6　平和構築と「適切な居住の権利保障」：
　　国連平和維持活動の可能性……………………………矢野麻美子　149

7　国連PKOへの人的資源の提供に関する考察：
　　1985-1995年と1996年-2008年の比較……………………田辺　亮　179

8　Why does the immunity afforded to UN personnel not appropriately reflect the needs of the Organization?: the case of the UN police
　　……………………………………………………Ai Kihara-Hunt　205

Ⅲ 政策レビュー

9 Gender Mainstreaming and the United Nations' Reform since 1990s
　　　　　　　　　　　　　　　　　　　　　　　和気邦夫　237

Ⅳ 書評

10 東大作著『平和構築における正統性構築の挑戦』……篠田英朗　265

11 ジョセフ・セバレンジ、ラウラ・アン・ムラネ著（米川正子訳）『ルワンダ・ジェノサイド生存者の証言―憎しみから赦しと和解へ―』
　　　　　　　　　　　　　　　　　　　　　　　二村まどか　271

12 東壽太郎・松田幹夫編著『国際社会における法と裁判』
　　　　　　　　　　　　　　　　　　　　　　　石塚智佐　277

Ⅴ 日本国際連合学会から

1 国連システム学術評議会（ACUNS）2015年度年次研究大会に参加して……長谷川祐弘、東大作、石塚勝美、瀬岡直、キハラハント愛　285

2 第15回東アジア国連システム・セミナー報告………滝澤美佐子　291

3 規約及び役員名簿……………………………………………………　297

Ⅵ 英文要約　………………………………………………………　303

編集後記……………………………………………………………　325

執筆者一覧…………………………………………………………　327

Contents

UN at 70: Achievements, Challenges, and Prospects
(The United Nations Studies, Number 17)

Preface 11

I Articles on the Theme
   1 The Roles of the United Nations in Global Governance
      ....Takeo Uchida 19
   2 Seventy Years of the United Nations and the International Legal Order: Development of the Rule of Law in International Society and in the United Nations .... Tetsuo Sato 45
   3 Japan's UN Diplomacy Since the End of World War II
      .... Ryo Oshiba 77
   4 UN Secretary-General : Elections, Role and Functions in a Historical Perspective .... Yasuhiro Ueki 93

II Independent Articles
   5 The United Nations and Internationalized Criminal Courts : Significance, Challenges and Prospects for African Union's Participation
      .... Hiroshige Fujii 121
   6 Protecting the Right to Adequate Housing in Peacebuilding :
     The Prospect for United Nations Peacekeeping Operations
      .... Mamiko Yano 149
   7 The Quantitative Analysis of Supply of Human Resources to the United Nations Peacekeeping Operations : The comparison of the two periods, 1985-1995 and 1996-2008 .... Ryo Tanabe 179
   8 Why does the immunity afforded to UN personnel not appropriately reflect the needs of the Organization? : the case of the UN police

·· Ai Kihara-Hunt 205

III Policy Perspectives

9 Gender Mainstreaming and the United Nations' Reform since 1990s
·· Kunio Waki 237

IV Book Reviews

10 Daisaku Higashi, *Challenges of Constructing Legitimacy in Peacebuilding* ·· Hideaki Shinoda 265

11 Jeseph Sebarenzi and Laura Ann Mullane, *God Sleeps in Rwanda* ·· Madoka Futamura 271

12 Jyutaro Higashi and Mikio Matsuda eds., *Law and Justice in International Society* ·· Chisa Ishizuka 277

V Announcements

1 The 28th Annual Meeting of the Academic Council on the United Nations System (ACUNS) ··· Sukehiro Hasegawa, Daisaku Higashi, Katsumi Isizuka, Nao Seoka and Ai Kihara-Hunt 285

2 The 15th East Asia Seminar on the United Nations System in Shanghai ·· Misako Takizawa 291

3 Association's Charter and Officers ·· 297

VI Summaries in English ·· 303

Editorial Notes ·· 325

序

　2015 年、国連は創設 70 周年を迎えた。第 2 次世界大戦による惨禍を繰り返さないという決意のもと、国際社会の平和を願って設立されたが、長い年月の中で光り輝いた時期もあれば、「国連不要論」という批判にさらされた時期もあった。そのような浮き沈みを経験しながらも、70 年もの間、存続し得てきたのには、国連に対する人類の期待があると言えるのではないだろうか。

　70 年の間に人類を取り巻く環境は大きく様変わりした。1970 年代以降取り組まれてきた地球環境問題も、問題は複雑化しているし、テロの問題も冷戦期のそれとは趣きが異なっている。国連は絶えず新しい脅威と課題に直面しており、人類は国連を通してその叡智を試されていると言える。

　今号の特集セクションでは、「国連：戦後 70 年の歩み、課題、展望」をテーマに取り上げた。国連の活動すべてをこの一冊で網羅することは不可能なため、国連の役割を俯瞰するための視点を提供してくれる論稿を集めた。その結果、これまでの国連の歩みを振り返り、国際情勢の変化とともに変容してきた国連の役割を考察し、未解決の課題や新たに生起している問題に国連が今後どう対応できるのかといった提言も含む、未来志向の論稿が揃った。

　内田論文「グローバル・ガバナンスにける国連の役割」は、国連の 70 年の業績と役割を国際機構の原点であるウエストファリア条約に遡り、歴史的視点から展望している。まず、世界情勢の大きな変化とともに国連に求められる役割も変容してきている状況について、国連活動の主要な 3 つの分野である、国際平和と安全保障、開発と環境、人権、での役割と業績を総括したのち、より広い視野からグローバル・ガバナンスにおける国連の役割と課題

そして展望を考察している。グローバル・ガバナンスにおいて国連は、ひとつのアクターにすぎないことから、他のアクターとの協働なしには、めまぐるしく変化する世界秩序を維持・発展させることはできないとする。さらに、このような状況下において、国連が指導権を確保することはとりわけ重要であり、そうでなければ、国連の正統性や実効性はもとより、機構としての存在意義さえ疑問視されかねないだろうと論じている。

佐藤論文「国際連合の70年と国際法秩序——国際社会と国際連合における法の支配の発展」は、変容する国際社会に対応する形で大きく変化し、発展してきた国際法秩序を検討する。まず、国連が国際法秩序の変化と発展にどのような影響を与えてきたのか、また逆に、国連が国際法秩序の変化と発展にどのような影響を受けてきたのかについて整理することによって、国際法の観点から国連の70年の歩みを評価している。国連の影響力の増加とともに、国連という組織や活動における法の支配の重要性について分析した論稿である。

大芝論文「戦後70年と日本の国連外交」は日本政治研究者としての視点から独自の問いを設定し、戦後70年の日本の国連外交について論じている。筆者は、日本が国連外交を展開するにあたり最大の関心事を、日本の憲法と自衛隊、自衛隊の国連活動への参加であると想定し、戦後の日本の国連外交について考察している。まず、戦後の連合国による占領期から国連加盟までの日本の外交について概観したのち、冷戦期から現在でも議論が続いている自衛隊の国連平和活動への参加と安保理改革に伴う日本の常任理事国化をめぐる議論と取り組みについて分析し、今後の日本が国際秩序の平和的変更のために担うべき役割について問題提起を行っている。

植木論文「国連事務総長：選出の歴史と役割の変遷」は、国連事務局の行政長である国連事務総長に焦点を当て、国際政治の変動と共に変遷してきた事務総長の役割と課題について、特に冷戦後の二代の事務総長に注目して考察している。著者の国連職員としての経験に基づき、事務総長の選出過程という、公的にはなかなか明らかにされないテーマを扱いながらも詳細を伝え

ている。学者のみならず、実務者およびその経験者が学会員であるという本学会の特徴のよく現れた論稿といえよう。

　続いて独立論文セクションの紹介に移りたい。独立論文セクションでは、論文4編を掲載した。藤井論文「国連と国際的な刑事裁判所：アフリカ連合による関与の意義、課題及び展望」は、国連が関与してきた国際的な刑事裁判所の設置についての最近の議論を整理するとともに、平和と司法をめぐる課題について問題提起している。その際に、これまで国連が主導してきたハイブリッド刑事法廷の設置を、アフリカではアフリカ連合が主導しようとする傾向が見られることに注目して、国連とAUが関与する国際的な刑事裁判所の設置をめぐる議論に焦点をあてている。「平和構築における「適切な居住の権利」保障の役割―国連PKOの可能性―」と題する矢野論文は、国連PKOが居住権保障に取り組んだ数少ない先例となる東ティモールとコソボの例を検討した上で、政策提言を試みた。「国連PKOへの人的資源の提供に関する考察― 1985-1995年と1996年― 2008年の比較」と題する田辺論文では、国際規範とりわけ民主主義，人権・人道規範，市場経済・自由貿易に関する規範の受容と人的資源の提供との関係性を計量分析の手法を用いて分析た。キハラハント論文"Why does the immunity afforded to UN personnel not appropriately reflect the needs of the Organization?: the case of the UN police"（邦題「国連職員・専門家の特権免除の進化の過程と特権免除の妥当性との関係性についての考察:国連警察を例に」）は、国連PKOの警察要員とくに武装警察部隊の特権免除をとりあげた論稿で、国連職員や専門家が多様化する中で、特権免除の範囲が明確にされていない現状を事例をもとに明らかにする。3編の論文は、すべて国連PKOに関わる課題を扱っているが、分析視覚は個々に異なり先行研究も少ない分野であり貴重な研究である。本セクションを国連PKOについての研究の最前線として読むこともできるだろう。

政策レビューのセクションでは、UNICEF・UNDP・UNFPA で活躍された和気会員による"Gender Mainstreaming and the United Nations' Reform since 1990s"という論文を掲載した。1990年代以降、国連及び付属機関でジェンダー主流化が、国連改革の中でどのように進められてきたかについて、北京の第4回世界女性会議やカイロの人口開発国際会議、UNDG（国連開発グループ）、MDGs（ミレニアム開発目標）、UN Women（国連女性）、SDGs（持続可能な開発目標）などの重要な取組みや関連研究を参照しつつ課題も含めて論じられている。

書評セクションでは、3本の書評を掲載した。まず、Daisaku Higashi, Challenges of Constructing Legitimacy in Peacebuilding については、平和構築分野で多数の著作を有する篠田会員が、『平和構築における正統性構築の挑戦』という邦題を付け、平和構築と正統性の関係を解説しながら紹介をおこなっている。次に、セバレンジ・ジョセフ著（米川正子訳）『ルワンダ・ジェノサイド生存者の証言─憎しみから赦しと和解へ─』は、ルワンダにおけるジェノサイド生存者の自叙伝であり、翻訳書であるが、移行期正義の問題に造詣の深い二村会員が、紛争分析、平和構築、移行期正義研究といった学術的見地から本書の意義を解説している。最後に、東壽太郎・松田幹夫編著『国際社会における法と裁判』は、国際裁判の研究を専門とする石塚会員が、国際法を専門としない読者に対しても理解しやすいよう、本書の読み進め方を示して紹介をおこなっている。

国連は万能ではない。ましてや国連という組織が独自に意思決定をして動いているわけでもない。国連はあくまでもフォーラムであり、加盟国が討議し意思決定していく場である。加盟国が増えたことによって、自ずとその動きは緩慢にならざるを得なくなった。意思決定手続きにおける「民主的正統性」を維持しようとすれば迅速な問題解決が困難となり、「機能的正統性」が損なわれることになる。国連はこれら二つの正統性を維持しなければなら

ない宿命を負っており、それは至難の業であると言える。

　ただし、国連は柔軟性という一面も持ち合わせている。PKO がそうであったように、時代状況に合わせて新たな取り組みを展開してきた。また、冷戦終結直後に見られた PKO の失敗を教訓として改革も行ってきた。活動レベルだけでなく、組織レベルでも改革が行われてきた。本部レベルでは、国連開発グループ（UNDG）が、現場レベルでは One UN を掲げて、より効率的かつ効果的な運営が目指されている。事務総長についても、初の女性事務総長を誕生させようとの動きが見られる。政治的な思惑が絡み合う事務総長の選出だが、そのようなハードルをもいつかは越えてみせるのが国連なのであり、そのようなエネルギーと躍動感に私たちは期待するのではないだろうか。

2016 年 3 月　　　　　　　　　　　　　　　　　　　　　　編集委員会
　　大平　剛、本多美樹、滝澤美佐子、坂根　徹、山本慎一（執筆順）

I　特集テーマ

国連：戦後70年の歩み、課題、展望

1　グローバル・ガバナンスにおける国連の役割

内 田 孟 男

はじめに

　国際連合は、「言語に絶する悲哀を人類に与えた戦争の惨害から将来の世代を救う」ために 1945 年 10 月 24 日に設立された。2015 年はその設立 70 周年を記念する節目の年であり、各種の式典も行われた[1]。国際連合（国連）研究者にとっても国連の業績を評価し、将来の展望について考察する機会でもある。本論では、国際機構の設立と発展を概観し、国連の 70 年の業績と役割を考察し、評価を試みたい。最後に、より広い視野からグローバル・ガバナンスにおける国連の役割と課題、そして展望を考察する[2]。

1　国際機構誕生の背景と国際連合の設立

　国連の 70 年の評価は、より長期的な歴史的展望のもとになされなくてはならない。国際機構は、当然その加盟国である近代国家の成立を前提としており、1648 年のウエストファリア（Westphalia）条約がその原点となる。イニス・クロード（Inis L. Claude, Jr.）は、彼の国際機構論の古典的名著である *Swords Into Plowshares*（初版は 1956 年）において、国際機構の源流を、近代国家成立後の 3 つのヨーロッパにおける潮流に求めている。すなわち、1815 年のウイーン会議と欧州協調、1899 年、1907 年のハーグ・システム、そして 19 世紀中葉に創立された国際行政連合である[3]。欧州協調はナポレオン戦争後の大国間の秩序形成であり、ハーグにおける国際平和会議

は、中小国をも含めたより普遍的枠組みであり、国際行政連合は国際事務局の原型を造り上げたといえる。国際連盟や国際連合との関係でいえば、欧州協調は理事会、ハーグ・システムは総会、国際行政連合は事務局に、それぞれ対比しているといえる。

国際連盟（連盟）はこのようなヨーロッパの国家間システムの歴史的経験に基づいて、人類史上初の加盟国の普遍的参加、かつ安全保障から保健に至る多様なマンデイトを有する一般的国際機構として、42カ国を原加盟国として設立された。連盟は1920年1月10日、ベルサイユ条約の発効により発足し、1946年4月に解散し、その遺産は国連に引き継がれた[4]。従って、連盟は26年という短命に終わっている。しかも1933年には理事国であった日本とドイツが脱退し、1937年にはイタリアが脱退し、1939年にはソ連が除名されるなど、アメリカの連盟への最初からの不参加のみならず、加盟国の普遍性が著しく損なわれていた。1939年に第2次大戦が勃発すると、連盟の多くの任務遂行が不可能になった。連盟の全会一致原則による意思決定の困難さ、勧告のみで拘束力がないこと、理事会と総会との権限配分の不明確さなどの組織的欠陥が指摘されている。連盟の成果としては、常設国際司法裁判所などによる紛争の平和的解決のルールづくり、労働、社会、人道、経済面における国際協力の推進、および中立的国際公務員制度の先駆けなどが列挙される[5]。

国連は連盟の「失敗」を教訓に樹立された[6]。連盟設立の功労者がアメリカ大統領ウドロー・ウイルソン（Woodrow Wilson）であったと同様に、国連樹立の推進者はフランクリン・D. ローズベルト（Franklin D. Roosevelt）であった。1942年1月の連合国共同宣言の「連合国」は後に国連の正式名称となる。1943年10月のモスクワ宣言では「国際の平和と安全のために全ての平和愛好国の主権平等の原則に基づく世界的機関の設置を必要と認める」（第4条）で再確認されていた。1944年8月から10月にかけての、米ソ英中4カ国による、ダンバートン・オークス会談は「一般的国際機関の設立のための提案」を草案し、1945年4月から6月にかけて、サンフランシ

スコにおける「国際機構に関する連合国会議」が開催される。同年10月24日に国連憲章は発効し、1946年1月に第1回国連総会がロンドンで開催された。ローズベルト大統領は連盟規約を上院が批准しなかった教訓を踏まえ、政治指導者と国民に広く広報活動と説得を試みた。その結果として、上院はサンフランシスコ会議の後、約1カ月余りで憲章を批准している。ここで、国連の特色を連盟との比較において検証すると以下の4点を挙げることができる。

（1） 加盟国の普遍性

　1945年発足当時、連合国の主要な大国は全て加盟国であり、51カ国を数えた。枢軸国の日独伊はむろん原加盟国ではなく、憲章第107条に規定されている「敵国」であった。2015年現在で、加盟国数は193カ国を数え、人口10万人以下の国も10指にのぼる。憲章に「脱退」規約はなく、第6条の「除名」処分もこれまで発動されていない。国連はまさに加盟国の普遍性を具現している。

（2） 安全保障理事会の権限

　連盟理事会にも「常任」と「非常任」理事国があったが、常任理事国の数も増減し、全会一致の原則に基づいて、両者に大きな差異はなかった。国連においては安全保障理事（安保理）の常任理事国には手続き事項に関するものを除き、拒否権が付与されている（第27条3項）。安保理は「国際の平和及び安全の維持に関する主要な責任」を負っている（第24条1項）。また安保理の決議は拘束力を有し、加盟国はその決定を「受諾し且つ履行することに同意する」（第25条）ことが規定されている。

（3） システムとしての国連

　憲章第7条は国連の主要機関として、総会、安保理、経済社会理事会（経社理）、信託統治理事会、国際司法裁判所、及び事務局を列挙している。国

連は直属の基金(人口活動)、計画(開発、環境)のみならず、協定によって労働、食糧、教育、保健、開発、通貨、民間航空、海事、通信、郵便、気象、知的所有権、農業開発、工業開発、観光といった広い分野を所管する専門機関と協力している。このように国連システムは人々の生活を支援する世界的ネットワークを形成している。

(4) 国際公務員制度

憲章第15章は「事務局」の国際性、中立性を規定した国際公務員制度の確立を謳っている。これは、連盟規約が第6条「事務局」でその任命手続きと任務を簡単に規定し、国際性や中立性に何も言及していいないのと対照的である。

以上のように、国連は連盟に比較してより強力な権限と任務を帯びて設立された。設立の経緯からも分かるように、「国際連合」は「連合国」の機関として誕生し、憲章もこれまで安保理と経済社会理事会の議席数を改定したのみで、常任理事国は憲章に明記された旧国名がそのまま残っている(第23条)。国連の公用語である中国語の表記では「聯合国」であり、「国連」ではない[7]。機構の名称はその原点と歴史的背景を知るうえで重要である[8]。

2. 国連70年の軌跡

(1) 世界情勢の変容

国連が設立された1945年と70年を経た2015年とでは、世界の情勢が大きく変化してきたことは言うまでもない。例えば、国連が設立されて間もない1945年における世界人口は約25億人弱であり[9]、現在では72億人を超えている。70年でほぼ2.9倍にも増加している。2050年には新たに20億人の増加が予測されており、92億人となる。また、国連原加盟国は51カ国であったが、現在では193カ国とほぼ4倍になっている。その人半は旧植民地の独立によるもので、主権国家システムは地球規模となった。ソ連、ユーゴスラビアの崩壊は東欧における新たな国家群を誕生させた。

世界の地政学的地図も大きく塗り替えられた。米国の地位は1945年当時に比較して相対的に低下したとはいえ、依然として超大国であり続けている。1971年には国連の代表権は台北から北京に移り、1991年のソ連崩壊からは、ロシアがその地位を継承している。連合国の敵国であった日本、イタリア、ドイツも主要な国連加盟国であり、韓国と朝鮮民主主義人民共和国も1991年に国連加盟を果たしている。

　世界経済の規模は拡大し、世界の総生産量は1950年には5兆3千億米ドルであったが、2001年には37兆米ドルを超えているように、約50年で7倍となっている[10]。さらに、2014年現在では世界の国内総生産は77兆8千億米ドルと13年間で、再び2倍強に増加している[11]。このような変化は科学技術の進歩とそれに伴うグローバル化が大きく寄与していることは間違いない。冷戦の終焉は、この過程を真に地球規模に拡大し、国家間の相互依存関係を強化したのみならず、国境を浸透性のあるものに変化させ、企業、民間団体、個人が直接交流を持つことを可能にしている。

　現実主義者のヘンリー・キッシンジャー（Henry Kissinger）は近著において、21世紀の世界秩序には4つの重大な欠陥があるという。それらは、①国家の性格そのものが、様々な圧力によって変化したこと、②世界の政治と経済組織が不一致であること、③大国が協議し協力できる実効性のあるメカニズムが不在であること、それに④アメリカの指導力の低下、を挙げている[12]。ジョージ・ソロス（George Soros）は「国際協力は政治と財政面の双方で下降線をたどり、国連も冷戦終結後の重大な紛争解決には失敗を重ねており、G20も期待外れであった」と指摘している。彼は続けて、すべての分野において、国家、宗派、ビジネスなどの利益が、共通の利益よりも優先しているとして、グローバル秩序ではなく「グローバル無秩序」について語らなくてはならない、と述べている[13]。

　このような言説に対して、リベラル派と呼ばれる研究者は、現実世界には一定の秩序が存在するとして、多国間主義によって現状分析を試みている。後述するグローバル・ガバナンス論も国際機構の世界秩序形成における役割

を重視している。

　いずれの視点から世界情勢を検証しても、冷戦終結後の「新しい世界秩序」に関する淡い期待は、短期間で消滅したことには間違いがない。21世紀に入って直後の9.11テロ事件以降、イラクとアフガニスタンへのアメリカ主導の軍事行動は、安保理常任理事国に分裂と対立をもたらし、2008年のリーマン・ショックによる世界の財政と金融危機は、1930年代の世界恐慌の再来かと危ぶまれた点も確かである。中国の目覚ましい経済的飛躍は、その政治的・軍事的主張へと転換され、アジアにおける政治地図に変化を及ぼしている。ヨーロッパではウクライナ危機、ギリシャの財政危機、ユーロ圏内の不一致と地域ガバナンスに疑問点がつけられている。

　さらに、世界各地では地域紛争と民族紛争が頻発し、国際テロの蔓延とサイバー・テロは、新たな安全保障の課題を突き付けている。世界の経済規模の拡大は、必ずしもその恩恵を平等に分配しているのではなく、国家間そして国内における貧富の差を増大させている。また、人間活動による地球環境の悪化は温暖化をもたらし、森林破壊、生物多様性の危機を生み出している。2015年9月1日に総会が採択した決議は、このような状況を指摘し、「多くの社会と地球の生物維持システムは危機に瀕している」と警告している[14]。それでは、このような、かなり厳しい現状認識に基づいて、国連の活動とその成果を検証してみよう。

（2）　国連の業績

　国連活動の主要分野は：①国際平和と安全保障、②開発と環境、③人権と総括されている。コフィー・アナン（Kofi Annan）事務総長の年次報告書は、大きくこの3分野に統合されて活動報告がなされていたが[15]、潘基文事務総長の報告書は近年、より細分化されているものの、内容からは大きな変化はないといえる[16]。この3分野における国連の活動を総括してみよう。

　① 　国際平和と安全保障

　憲章第6章の平和的紛争の解決は、国連の国際平和と安全保障分野の主要

な役割である。2003年5月に安保理は紛争の平和的解決について討議したが、その際、アナン事務総長は「平和的解決こそが集団安全保障の中核であり」「安保理の活動の大多数は第6章のもとに行われてきた」と指摘している。ブライアン・アークハルト（Brian Urquhart）は「平和的紛争の解決の記録は一般に認められているよりは、はるかに良いものである」と述べている[17]。

　第7章の強制措置は第6章を補完するものであるが、拒否権を持つ安保理の常任理事国の利害が争点となっている場合には機能しない。第51条の個別的・集団的自衛権は、その不備を埋めるための条文である。70年の歴史において、国連は大国間の紛争解決と戦争防止について、重要な役割を果たしてきたといえる。具体的には、事務総長の仲介を例にとると、朝鮮戦争の際に捕虜となった米国人パイロットの釈放をめぐって、ダグ・ハマーショルド（Dag Hammarskjold）事務総長は、総会や安保理決議からは独立した、国連憲章を体現する国際公務員の資格で交渉し、「北京フォーミュラ」[18]と呼ばれる立場から、周恩来首相と交渉し、釈放に成功している。1962年の米ソ間のキューバ危機解消にあたっては、ウ・タント（U Thant）事務総長代理（当時）の仲介は、当事国の面子を立てて、解決に貢献している[19]。

　しかしながら、国連の国際平和と安全保障における最も顕著な貢献は、最近では平和活動とよばれる、平和維持活動であるといえる。最初の平和維持活動は1948年5月に展開された国連休戦監視機構（UNTSO）であるが、武装した軍人が参加した最初の例は、1956年11月に展開された第1次国連緊急軍（UNEF I）である。以来、国連は71の平和維持活動を展開し、2015年7月現在では16の平和維持活動を展開中である。要員数は約12万5千人で、年間予算は82億7千万米ドルとなっており[20]、2015年度の通常予算である約30億ドルの実に2.7倍となっている[21]。要員数と予算額は、国連がいかに平和維持活動を重要視しているかの傍証でもある。

②　持続的開発

　国連の創設者たちは、平和の維持には社会経済的要因が重要であることは

認識していた。憲章前文には「すべての人民の経済的及び社会的発達を促進するために国際機構を用いることを決意」したとして、第9章は経済的及び社会的国際協力について規定し、第10章でその実施機関として経社理を設置している。ただし、留意しなくてはならないのは、現在「開発」または「発展」という場合には途上国が主たる対象であるが、設立時の関心はむしろ原加盟国の経済的「発達」であったことである。1960年代に植民地から独立した40を超す新興途上国が大挙して国連加盟を果たすと、経済的開発は国連の中心的課題となった。1961年12月には「国連開発の10年」が策定され、すべての国の国民所得の成長率を最低年間5%とすることが謳われた。同年、世界銀行には国際開発協会が設立され、途上国への有利な融資を可能とした。1963年には世界食糧計画、1965年には国連開発計画が設立されている。

　1970年代に入ると、「現存する国際経済秩序のもとでは、公平かつバランスの取れた国際社会の発展を実現することが不可能であることが証明された」として、74年には「新国際経済秩序宣言」が総会で採択されている。1980年代になると「国連第3次開発の10年」は採択されるが、経済開発は途上国にとって厳しく、新国際経済秩序での要望はほぼ死文化したとさえ考えられる。ただし1987年に公表されたブルントラント委員会報告『我ら共有の未来』は「将来の世代が彼らの必要と向上心を満たす能力を損なうことなく、今日の世代がこれらを追求する」という「持続可能な開発」概念を提唱し、その後の開発活動の枠組みとなった点は重要である[22]。

　1992年のリオ・サミットでは開発と環境を統合する必要性が公認され、「環境と開発に関するリオ宣言」が採択され、さらに、「気候変動枠組み条約」、「生物多様性条約」そして「森林に関する原則」も採択されている。国連開発計画（UNDP）は1990年に最初の『人間開発報告』を公表し、従来の国内総生産指数で経済状況と成長を表示していた方式に替わって、寿命、知識、生活水準という3つの指標によって国の経済社会状況を把握することを提唱し、経済中心から人間中心へと大きな思考転換を促したといえる。

2000年に入ると、国連は「ミレニアム宣言」と「ミレニアム開発目標」（MDGs）を採択する。MDGsは極度の貧困と飢餓の撲滅、普遍的初等教育の達成、環境の持続可能性の確保など、8つの目標とより具体的な21のターゲットを定め、2015年までに国際社会が達成する枠組みとした。2000年から2015年にわたるMDGsの成果はどうであったろうか？ UNDPによると「MDGsに関しては非常に大きな成功があり、目標とターゲットによって支援された統合的アジェンダの価値」を証明したが、「この成功は、すべての人々にとって貧困の屈辱が終わったわけではない」と結論付けている[23]。総会は2015年以降2030年までの開発目標を「持続的開発目標」（SDGs）として、17の目標と169のターゲットを掲げ、2015年9月に全会一致で採択した。

　開発分野における国連システム全体の業績には、ブレトンウッズ体制と呼ばれる国際通貨基金（IMF）と国際復興開発銀行（世界銀行）の役割が含まれる。IMFは1970年代に固定相場制の維持から加盟国の政策監視へと重点を移し、21世紀に入ると金融支援と技術援助へとその役割を変化させてその存在意義を高めている。近年のギリシャ金融危機においてもIMFは主要なアクターとして登場している。世界銀行は、2010年にはグループの融資、貸出、贈与、保証の総額は586億米ドルを計上し、2014年度には、656億米ドルとなっている[24]。

③　人権と人道支援

　国連憲章はその前文において「基本的人権」を確認し、「人権及び基本的自由の普遍的な尊重及び遵守」（第55条）を謳っている。総会は1948年に「世界人権宣言」を採択し、人権を国連の重要課題の1つとして位置づけた。さらに総会は1966年に「市民的及び政治的権利に関する国際規約」（1967年発効）と「経済的、社会的及び文化的権利に関する国際規約」（1967年発効）を採択し、いわゆる「人権3章典」を、その人権活動の原点とする。総会は、死刑、拷問、女子、子供に関する条約を成立させ、人権は国内問題のみならず国際問題であるとの認識に寄与してきた。1993年に開催された世

界人権会議は「ウイーン宣言と行動計画」を採択し、「すべての人権は普遍的であり、不可分であり、相互依存的であり、相互関連的である」と人権の普遍性を再確認し、国家、国際機構、市民団体等が、いかなる行動をとるべきかについて詳細に規定している。国連人権センターの強化と財源の確保を提唱し、人権高等弁務官の設置を提案し、実現させている。2006年には人権委員会が人権理事会へと改組され、総会の直属機関となった。

(3) 国連評価の基準とグローバル化

　国連の業績はある程度客観的に描写することはできるが、評価はより困難である。それは評価の基準をどこに置くかによって大きく変わるからである。ハマーショルドが述べたとして、よく引用される次の言葉がある。すなわち、「国連は人類を天国に連れていくためにではなく、地獄から救うために設立されたのだ。」[25]　憲章前文にある「戦争の惨害から将来の世代を救う」との目的は、大国間の第3次大戦が勃発しなかった、という点では成功であったと言えよう。同時に、このことは頻発する国内及び地域紛争による死者や、貧困や伝染病による死者にとっては、満足のいく回答とは言えない。なぜなら、彼らは政治、社会、経済的理由によって、自己の能力を発揮する機会に恵まれなかったからである。また、国連を評価するに際して、憲章の掲げる理想と目的と同時に、国連が付与された権限、任務、そして資源との関連で検証する必要がある。

　国連の業績は、平和維持活動や開発といった主に現地での活動と、持続的開発目標の設定や、人権分野での国際規範ないし条約作成などの本部レベルでの活動が相互に関連しあっているのがわかる。国連は政府間協働の枠組みの形成には欠かせない役割を果たしてきている。総会は世界世論を集結させ、具体的な行動計画を策定し実施するための「場」を提供している。ブレトンウッズ機構、計画・基金、そして各種の専門機関は「行動」主体としての役割がより顕著である。例えば、MDGsは総会が採択し、UNDP、ユニセフそして世銀が現地での貧困撲滅や初等教育の普及に努めるという構図であ

る。

　1990年代に入って加速されたグローバル化は、時空を圧縮し、市民空間を拡大させ、非国家アクターの登場と活躍を可能にしてきた。国連をはじめ各種の国際機構、ビジネス、市民社会、また民間団体は、グローバル化によって生じた問題群への対応として期待され、より広い視点からの考察が必要である。国連研究の成果もグローバル化との関係で国連を検討する文献は、かなりの数となっており、国連研究の新たな分野を形成している。国際的研究プロジェクトである、「国連知的歴史プロジェクト」は2010年に、まさに『グローバル・ガバナンスと国連：未完結の道程』を出版している[26]。日本においても研究者の関心は強く、既に2008年には『グローバル・ガバナンスと国連の将来』が出版されている[27]。それでは、グローバル・ガバナンスの概念と理論はどのような背景のもとに登場し、研究者のみならず、実務家やメディアの注目を浴びるようになったのだろうか？

3　グローバル・ガバナンス論の登場と展開

　グローバル・ガバナンスの概念と理論は冷戦終結後の1990年代に入って登場したといえるが、その背景には急速に加速するグローバル化現象がある。国境を越えた、または国境を浸透した、ヒト、モノ、カネ、情報の交流はそれまでの国家間の相互依存関係と異なり、直接的な個人、企業、団体間の交流を可能にした。このようなグローバル化に、いかに秩序を与え、運営していくべきかが、グローバル・ガバナンスの中心的な課題であるといえる。国際関係論におけるガバナンス論の嚆矢となったのはジェームズ・ローズナウ（James Rosenau）の論稿であると言えよう。彼は1992年の論文において「政府はその政策に広範囲な反対に直面しても機能することができるが、ガバナンスとは（少なくともそれが影響する最も強力な）多数が受け入れて初めて機能する法のシステムである[28]」と定義した。彼は続けて、ガバナンスの概念が国際政治研究において特に有効なのは、この分野における人

間活動には中央権威が明らかに欠如しているにもかかわらず、地球的生活を行うなかに、僅少の秩序、すなわち、日常化された取り決めが通常存在することも、同様に明白であるからである[29]」と述べている。ただし、このローズナウが編集した、*Governance without Government: Order and Change in World Politics*（1992）に収録されている論文では、国際制度とレジームを扱った、オラン・ヤング（Oran R. Young）の研究方法に関するものを除いて、国際機構そのものをガバナンスとの関係で検証した論文はない[30]。

グローバル・ガバナンスと国連との関係を直接に論じた報告書は1995年発刊の『地球リーダーシップ‐新しい世界秩序をめざして』であろう。グローバル・ガバナンス委員会による本書はガバナンスを広義に把握し、「個人と機関、私と公とが、共通の問題に取り組む多くの方法の集まり」と定義する[31]。グローバルなレベルでは「ガバナンスはこれまで基本的には政府間の関係と見なされてきたが、現在では非政府組織（NGO）、市民運動、多国籍企業、及び地球規模の資本市場まで含むものと考えるべきである[32]」とする。そして「国連は今後もグローバル・ガバナンスにおける中心的役割を担うべきだというのが、私たちの確固たる結論である[33]」と述べている。その役割を果たすために、一連の国連改革を提案している。

UNDPはグローバル・ガバナンス委員会の報告書に続いて、より具体的な国連の役割を、「地球公共財」を供給するという観点から詳細に論じている。地球公共財とは「全ての国家、全ての人々、全ての世代に恩恵をもたらすという意味において、普遍的傾向を持つ結果（もしくはその中間財）」と定義され、国連は、地球環境、平和的秩序といった最終財を供給する中間財としての役割を有するアクターと位置づけられている[34]。しかしながら、地球公共財を供給するにあたって、3つの弱点があることを指摘する。それらは、①管轄権のギャップ（グローバル化した世界と国家のバラバラな政策決定との乖離）、②参加のギャップ（政府中心で、他のアクターは周縁部に存在）、そして、③インセンティブのギャップ（国際協力への消極性）である[35]。これらのギャップを埋めるために、2003年に公表された続編では4

つの方法を提案している。それらは、①分析道具を改造して公共財供給の現状をより良く反映させる、②利害関係者と政策決定者とを結びつける、③地球公共財の資金調達をシステム化する、④国境、セクターそしてアクター間の橋渡しをする、である[36]。

クレイグ・マーフィー（Craig N. Murthy）は「過去2世紀のグローバル・ガバナンス」と題する論文で、クロードの国際機構の歴史的展開を念頭に、1815年のウイーン会議をグローバル・ガバナンスの出発点として捉えている。マーフィーはグローバル・ガバナンスは主として覇権国の意思によって変化して来ており、19世紀の英国、20世紀に入ってアメリカが主導権を握ってきたが、新興独立国が70年代に入り異議申し立てを開始して、ガバナンスのあり方に変革をもたらしてきたとする。また、情報科学技術の進歩は現在のガバナンスに多大な影響を与えていると指摘する。そのうえで、これから2世紀後のグローバル・ガバナンスを想像することは困難であるが、50年後の世界は世界経済を支える地球規模の制度は依然として希薄で、米国その他の工業国にならんで中国によって形成されるだろうと述べている[37]。

21世紀に入り、グローバル化の進展とととともに、グローバル・ガバナンス論はかなりの注目を浴び続けてきたとは言えるが、その理論と世界の現実との関連性に慎重かつ疑問ないし危惧を表明する論者も増えてきたことも事実である。例えば、グローバル化とガバナンス論で先駆的業績を挙げてきたデイビッド・ヘルド（David Held）は近著において、「多国籍的と超国家的双方の地球的制度の現在のシステムの問題解決能力は、多くの分野において、我々が直面している深刻さを増す危機に対して、効力がないか、責任を果たしていない」と判断している[38]。彼は、世界の財政危機を論じた論文においては、制度的惰性とレジームの増殖は、ガバナンスの分散化を引き起こしていると結論づける[39]。同様の欠陥は世界の安全保障分野においても存在すると述べ、国連安保理での拒否権の行使に見られるように常任理事国は自国の利益を擁護することを第1義的に考え、新興国の権限拡大に抵抗し、国

際テロといった、新たな安全保障の挑戦に有効に対処していないと分析している[40]。地球環境のガバナンスにおいても、財政や安全保障が抱える問題と同様な問題が存在し、多くの条約や制度があるにもかかわらず、権限と役割が分散化し、バラバラで、究極的には弱体であると論じている[41]。確かに、現状では「ガバナンスの不足」がより露呈され始めたことは否めない[42]。それでは、国連加盟国はグローバル・ガバナンス、そしてグローバル・ガバナンスにおける国連の役割をどのように考えているのだろうか？

4. 国連加盟国によるグローバル・ガバナンスと国連の役割

　2010年の第65回国連総会議長はスイスの経済学者、ジョセフ・ダイス（Joseph Deiss）であり、彼は一般討論のテーマを「グローバル・ガバナンスにおける国連の中心的役割を再確認する」と提案し、多くの代表がそれぞれの立場から、国連のあるべき役割を陳述している。ダイス議長は、国連は国際舞台に新たなアクターが登場したことによって周辺に追いやられる危険に直面しており、あまりにも非能率的であり実効性がないと批判されている、と述べ、国連をより強力に、包括的にそして開放的にしなくてはならないと警告している。そのためには、国連は国家間、民間部門、市民社会、そして地域組織との強固な関係を築かなければならないと主張し、総会の活性化、安保理の改革、人権理事会と平和構築委員会の活動を再検討する必要があると述べている[43]。

　このようなテーマの紹介のもと、187の加盟国とオブザーバー代表が意見を述べている。

　テーマそのものを支持し、その重要性を強調した代表は20を超えるが、最も関心を集めた問題は「安保理改革」であり、実に61カ国がそれぞれの見解を表明している。具体的に国名を挙げて改革を主張した代表もあるが、より抽象的に改革の必要性を指摘した者もいる。「総会の活性化」は17の代

表が意見を表明している。「その他のアクター」との協力に言及した代表は6、「事務局改革」については3カ国の代表が意見を述べるに留まっていた。

　安保理常任理事国の演説はどうであったろうか。グローバル・ガバナンスにおける国連の役割に最も包括的かつ具体的に意見を表明したのはイギリス代表のニック・クレッグ（Nick Clegg）副首相であった。彼は、世界は変化したことを①権力地図の書き直し、②グローバル化、③アイデンティテイの流動性を挙げて検討し、多国間主義が問われていることを指摘する。安保理改革についてはG4（ドイツ、日本、インド、ブラジル）とアフリカの常任理事国入りを支持し、国連は抜本的な改編なしにはリーダーシップをとれないだろうと主張している[44]。アメリカのオバマ大統領は自国の外交政策を中心に演説し、テーマには全く言及することはなかった。中国も同様で、テーマそのものをほぼ無視している[45]。ロシアとフランスも具体的なテーマへの言及はなく、「ロシアには安保理の実効性を高める必要があり、その点は安保理の15カ国も合意している」と指摘するにとどめている[46]。フランスは「保護する責任」を1991年に提案したことと、政府開発援助及び国際刑事裁判所の支持を表明したに過ぎない[47]。

　この一般討論を見る限り、ダイス議長が提案した「国連とグローバル・ガバナンス」とのテーマは加盟国代表の注意を喚起し、国連の役割について深い洞察が表明されたとは言い難い。グローバル・ガバナンスにおける国連の役割を正面から論じた唯一の例外が、前出のイギリスだといえる。国連が政府間機関であり、政治家や外交官が国家中心的な思考を抱いてそれを表明することは自然であり、理解はできよう。しかしながら彼らは、議長が危惧する国連の周辺化と批判に対しては、それほどの強い関心を払っていないことが、この一般討論の発言も検証する限り明らかである[48]。他方、国連がグローバル・ガバナンスにおいて有効なアクターとなるには、国連そのものが強化され、他のアクターとの協働が必要ないし不可欠であるとの認識では合意がみられる。

5. 国連はどれだけガバナンス・ギャップを埋めることが出来るか？

　グローバル・ガバナンスは基本的には UNDP の提唱する「地球公共財」をいかに供給するか、との課題に収斂すると考えられる。国家、市民社会、ビジネス、そして国際機構にはそれぞれの役割分担があり、前述してきたように、国連が 70 年の歴史を通じて一定の役割を果たしてきたことは、国際平和と安全保障、持続的開発、人権・人道支援の分野で検討してきた。確実なのは、グローバル・ガバナンスにおいて国連は一つのアクターに過ぎないが、ユニークなアクターであるという点である。ウエストファリア・システムは依然としてグローバル・ガバナンスの基礎であるが、他のアクターとの協働なしには世界秩序を維持発展させることはできない。国連は「諸国の行動を調和するための中心」であるだけではなく、市民社会、ビジネス、さらには草の根的団体との行動を調和させなくてはならない。そのためには、国連がその指導権を確保することが必須であろう。まずは、その正統性が問われ、実効性が問われよう。特に、国連が設立されてからの 70 年間に世界情勢は大きく変容している。その変化する状況に国連が対応できなければ、機構としての存在意義さえ疑問視されかねないだろう。

　ケネス・ボールデング（Kenneth Boulding）は、かつて、国家はその正統性を過去の歴史に負っているが、国連は将来への約束によって正統性を付与されている、と述べていた[49]。

　現在、70 年の歴史を有する国連は、単により良い未来への約束だけではその正統性を確保することはできない。何をしてきたかが問われているし、何ができるかを具体的に提示することが求められている。さらに、どのような政策決定過程を経て、平和、開発、人権分野での活動が決められているか、も問われている。2010 年の総会での一般討論では不完全ながらも、国連の正統性と実効性を高めるための機構改革は論じられた。なかでも、拘束

力を持つ決定を行える安保理改革に多くの代表が言及したのは、驚くに値しない。本論では、国連がガバナンスの不足を補うに必要な3つの条件について考察したい。第1は制度改革、第2にはパートナーシップの構築、そして第3には国際公務員制度の発展と確立である。

（1） 制度改革

　国連憲章の改正はこれまで1965年に安保理の非常任理事国数を6から10に拡大したことと、経社理の議席数を1965年と1973年の2度にわたってそれぞれ、18から27議席へ、そして27議席から54議席へと増加させたことのみである。安保理常任理事国名は第23条に明記されているが、そこには「中華民国」と「ソ連」の国名がそのまま残存している。信託統治理事会は、その任務が完了したにも関わらず、第12章はそのまま憲章に残り、第107条のいわゆる「敵国」条項も死文化したとの合意があるが憲章そのものからは削除されていない。要するに、国連憲章の改正は極めて困難であることの傍証でもある。

　これまでも総会の活性化、経社理の改善、安保理の改革の努力は続けられてきた。ここでは国連改革の中でも、最も重要だと考えられる、安保理改革の軌跡を追ってみよう。冷戦が終結し、国際協力への期待が高まった1993年には、総会に安保理改革作業部会が発足し、1997年には総会議長であったイスマイル・ラザリ（Ismail Razali）は、作業部会での討論を総括した報告書を提出したが[50]合意が得られず、継続審議となった。2004年のハイレベル・パネルの報告書は安保理会改革のための2つのモデルを提唱し、アナン事務総長はこの2つのモデルを2005年の国連サミットに提出した。

　サミットの「成果文書」は、安保理改革は国連改革の最も重要な要件であるとしながらも、安保理が「より広い代表性を有し、能率的であり、透明性を持つことによって、更に実効性と正統性およびその決定の実施を高める」との抽象的な合意に留まっていた[51]。第69回総会議長は、2015年7月に安保理改革に関する加盟国の意見をまとめたテキストを、すべての加盟国に配

布した[52]。総会は 2015 年 9 月 14 日に全会一致で当該テキストを採択した。しかしながら、加盟国の立場は継続審議に合意したのみで、意見の相違は極めて深刻と言わざるを得ない。G4 はテキストを画期的な決定と称賛したが、コンセンサス・グループは、テキストを承認したことは、内容と手続きを支持したものではないと批判している。また、ロシアはより厳しく評し、人為的な予定表に従って改革されるものではないし、加盟国のみが草案を作成できると主張している。中国は、テキストは建設的というよりも、対話が差異をより深刻化させたと批判している[53]。G4 は第 70 回総会が開催されたのを期に、ニューヨーク市で、再度首脳会談を行い、4 カ国の常任理事国入りの要請を確認している。安保理改革の成否は今後の交渉によるが、「画期的」であるか否かは、国連文書にも括弧つきである点に留意する必要がある。国連、特に安保理の抜本的制度改革は、近い将来には期待できないであろう。

(2) 新たな地球的支持基盤との連携

国連は政府間機構であり、加盟国が国連の主役であり続けることは当然であり、加盟国が国連政策と活動を決定するし、将来もそうであろう。同時に、グローバル・ガバナンス論の検討で概観してきたように、国家や国家グループのみでは地球的規模の問題群を解決することが不可能なのもまた事実である。アナン事務総長は就任直後の 1997 年には国連改革に関する一連の提案を行っており、なかでも NGO その他の市民団体は国連の透明性と説明責任の改善に寄与していると評価している[54]。2006 年のアナン事務総長の年次報告書は、国連はビジネスと市民社会との協働の必要を認識し、そのための努力を続けてきたことを強調している[55]。事実、彼は 2000 年には国連グローバル・コンパクトを打ち上げ、国際的に認知されている人権、労働、環境、腐敗防止の原則のもとに、企業活動を行うことを呼びかけた。賛同する企業、NGO の数は 2015 年現在、170 カ国で 12,000 を超える企業、その他の団体が加盟している[56]。MGDs そして SDGs の達成には企業の協力は不可欠である。また、国連は開発のみならず、人権や平和活動においても、市

民社会や国際的 NGO との協力も必須である。2004 年には、アナン事務総長によって任命された、ブラジル元大統領フェルナンド・カルドーソ（Fernando H. Cardoso）を委員長とするパネルの報告書『我ら人民―市民社会、国連、グローバル・ガバナンス』が公表されている[57]。報告書は国連と市民社会との関係を検討し、30 の勧告を提示し、なかでも国連事務局のイニシャティブが国連と市民社会との関係を発展させるうえで最重要であると指摘している[58]。経社理と協議的地位を有する NGOs の数は 1948 年当時の 40 から、2015 年には実に 100 倍の 4000 を超えている[59]。このように、国連と民間部門及び市民社会との連携が強化されつつあるのは事実であり、グローバル・ガバナンスにおける国連の役割を補完することは間違いないであろう。

（3） 国連事務局の役割

　国連の目的には「諸国の行動を調和するための中心」となることが明記されている。総会や安保理がその目的達成のための主要機関であるべきであるが、加盟国の利害の対立もあり、必ずしも十分にその機能を果たしていない。国連事務局は主要な 1 機関として、「調和」を達成する責務を負っているといえる。特に、ビジネスや市民社会といった、新たなグローバル・ガバナンスのアクターとの連携に関しては、事務局が主導的役割を果たさなければならないだろう。問題は、現在の事務局、さらには国連システムの国際公務員制度がその任務遂行に必要な条件を備えているか否かである。2014 年 6 月の時点で、国連本体の職員数は約 4 万 1 千人、計画・基金等を含めると、約 7 万 5 千人で[60]、専門機関を含めても約 10 万人に過ぎない。肥大化する事務局との批判は、職員の広範囲にわたる。そして、世界各地での任務を考慮すると、正鵠を得ているとは言い難い。職員数よりも、より深刻な問題は、職員の短期契約が主流を占め、恒久的契約者は国連本体だけで見ると、わずか 17％に過ぎない[61]。このような契約形態で、憲章が職員に求める「最高水準の能率、能力及び誠実」を確保することは極めて困難であろう。

21世紀の国際公務員制度は転換期にあるといえる。国家公務員制度の発達が国家建設への一つの原動力であったことを想起すれば、グローバル・ガバナンスにおいても、国際公務員制度の発達が不可欠であることは容易に理解できよう[62]。

おわりに：展望にかえて

　国連が設立されて70年の歴史は、グローバル・ガバナンスにおいて、また、現代社会において、国連が必要とされていることを改めて認識させている。21世紀に入って、人類は新たな地球規模の問題群の挑戦をうけている。平和と安全保障問題、貧困、地球環境の悪化、難民の増加、人権侵害、そして冷戦後の国際秩序は、新たな秩序の展望がないまま、大きく変化し始めている。さらに、グローバル・ガバナンスの概念と理論そのものが疑問視されている。国連は単に国際機構としての存続と機能を強化するだけではなく、グローバル・ガバナンスを再生、発展させるための主要なアクターであることを自覚することが求められている。国連は総会の討議を通じて、安保理は政治的決断をし、事務局はそれを補佐し、ある時にはリーダーシップを発揮して、グローバル・ガバナンスの展望を描き、その実現に寄与することが期待されている。その期待に応えるには、やはり、国連自体の制度改革、新たなパートナーシップの構築、そして誠実で献身的な国際公務員制度の発展が不可欠だと考えられる。長い道のりだが、人類が地獄へ落ちないようにするためには、人々の英知と連帯の精神を集約して、国連の場に反映させなくてはならない。

〈注〉

1　2015年6月26日には、サンフランシスコにおける国連憲章採択を記念して、潘基文事務総長主催の式典が米国政治家やカリフォルニア知事、サンフランシスコ市長らの出席のもとに開催された。憲章が発行した10月24日は「国連デー」

として各種の記念行事が行われるが、2015年には国連本部ビルが国連のブルーにライトアップされ、世界で300あまりの建物や建造物もブルーにライトアップされ設立70周年を祝った。
2 明石　康『国際連合―軌跡と展望』岩波書店 2006年は、国連の通史を国連職員としての経験と洞察に満ちた好著である。
3 Inis L. Claude, Jr., *Swords into Plowshares: The Problems and Progress of International Organization,* McGraw-Hill, Inc. Third Edition, Revised, Random House, 1964.
4 　国際連盟については、F. P. Walters, *A History of the League of Nations,* Oxford University Press, 1952を参照のこと。
5 Claude, *op.cit.* Chapter 3を参照。
6 F.S. Northedge, *The League of Nations: Its Life and Times,* Holmes & Meier Publishers, Inc., 1986.参照。
7 　連合国共同宣言で用いられた「The United Nations」を新しい国際機構の名称にすることはローズベルト大統領の意思であり、サンフランシスコ会議でも反対なく採用された経緯がある。日本語で「国際連合」と翻訳したのは日本が連合国と敵対した枢軸国の一員であったために、連合国との直訳は適切ではないと判断されたからだと考えられている。
8 　加藤俊作『国際連合成立史―国連はどのようにして作られたか―』有信堂 2000年を参照のこと。また、Stephen C. Schlesinger, *Act of Creation: The Founding of the United Nations,* Westview, 2003はより詳細に検証している。
9 UN Press Release GA/SM/182POP/775, 7 July 2000.
10 UN Department of Economic and Social Affairs, Population Division, A Concise Report (ST/ESA/SER.A/354 .2014, p. 226.
11 World Bank, World Development Indicators database, 1 July 2015. 米国は、17兆4千億米ドルで1位、中国は10兆米ドルで2位、日本は4兆6千億米ドルで3位であった。
12 Henry Kissinger, *World Order,* Penguin Press, 2014, pp. 367-370.
13 George Soros, "A Partnership with China to Avoid World War," *The New York Review of Books,* July 2015 Issue.
14 UN, Draft outcome document of the United Nations summit for the adoption of the post-2015 development agenda (A/RES/69/315) paragraph 14.
15 UN, *Report of the Secretary-General on the Work of the Organization 2006*

(A/61/1)

16　国連の活動は 8 分野、すなわち①持続的発展、②国際平和と安全保障、③アフリカの開発、④人権の振興、⑤人道支援、⑥国際法の振興、⑦軍縮、それに⑧麻薬、テロである。UN, *Report of the Secretary-General on the Work of the Organization* 2015（A/70/1）.

17　UN Press Release, "Security Council Commit to Wider, Effective Use of Charter Provisions Aimed at Peaceful Settlement of Disputes," SC/7756, 13 May 2003.

18　Brian Urquhart, *Dag Hammarskjold*, W. W. Norton & Company, 1972, p. 105, pp.130-131.

19　Bernard J. Firestone, *The United Nations under U Thant, 196-1971*, The Scarecrow Press, Inc., 2001, pp.11-17.を参照。ウ・タントの自伝には、キューバ危機についての詳細な経緯が述べられている。U Thant, *View from the UN*, David & Charles, 1977, pp.154-194.

20　UN, *UN peacekeeping operations: Fact Sheet*, 31 July 2015.

21　UN, *Assessment of Member States' contributions to the United Nations regular budget for the year 2015*, ST/ADM/SER.B/910, 29 December 2014.

22　World Commission on Environment and Development, *Our Common Future*, Oxford University Press, 1987, p.40.

23　UNDP, "2030 Agenda for Sustainable Development" UNDP home, Sustainable development（access on 2015.9.18）. 2015 年の MDGs の報告によると、極端な貧困に苦しむ人の数は 1990 年の 19 億人から、2015 年には 836 万人へと減少している。

24　世界銀行『年次報告 2014』5 頁。

25　Thomas G. Weiss and Sam Daws, "World Politics: Continuity and Changes since 1945," Thomas G. Weiss and Sam Daws, eds., *The Oxford Handbook on the United Nations*, Oxford University Press, 2007, p.18.

26　Thomas G. Weiss and Ramesh Thakur, eds., *Global Governance and the UN: An Unfinished Journey*, Indiana University Press, 2010.

27　横田洋三・宮野洋一編著『グローバル・ガバナンスと国連の将来』中央大学出版部、2008 年。

28　James N. Rosenau, "Governance, Order, and Change in World Politics," in James N. Rosenau and Ernst-Otto Czempiel, eds., *Governance Without Govern-*

ment: Order and Change in World Politics, Cambridge University Press, 1992, p. 4.
29　Ibid. p.7.
30　Oran R. Young, "The Effectiveness of International Institutions: Hard Cases and Critical Variables," Rosenau, op.cit. pp. 160-194.
31　グローバル・ガバナンス委員会『地球リーダーシップ‐新しい世界秩序をめざして』京都フォーラム監修、NHK 出版、2015 年、28 頁。
32　同上、29 頁。
33　同上、33 頁。同時期に、世界の国連研究者はグローバル・ガバナンスと国連との関係に強い関心を抱いており、「国連システム学術評議会」(ACUNS) が機関誌 Global Governance: A Review of Multilateralism and International Organizations の発刊を開始している。年 4 回発行されるこのレビューは ACUNS の世界的会員に支えられ、国連研究者には必須の文献となっている。ACUNS 年次大会は国連研究者と実務家が集う重要な交流の場を提供している。日本においても、ACUNS に啓発されて 1998 年に「日本国際連合学会」が設立され、翌年、1999 年から機関誌『国連研究』を発刊し始めている。
34　Inge Kaul et al eds., Global Public Goods: International Cooperation in the 21st Century, Oxford University Press, 1999, p. 3.
　　オスカー・シャクター（Oscar Schachter）は「国際公共財はルール（規則）、スタンダード〈基準〉の総体（セット）、紛争解決制度および手続きといった、国際法学者が自らの分野と見做すものを含む」と定義している。Oscar Schachter, "The Decline of the Nation-State and its Implication for International Law, in Politics, Values and Functions: International Law in the 21st Century, eds., by Johnathan I. Charney, D. K. Aanton, & M. E. O' Conell, Martinus Nijihoff Publications, 1997, p.17.
35　Ibid. pp.7.
36　Inge Kaul et al "How to Improve the Provision of Global Public Goods," in Inge Kaul et al eds., Providing Global Public Goods; Managing Globalization, Oxford University Press, 2003, pp.21-52.
37　Craig N. Murphy, "The Last Two Centuries of Global Governance," Global Governance, No.21 (2015), pp.189-96.
38　David Held and Charles Roger, eds., Global Governance at Risk, Polity, 2013, p. 4.

39 David Held and Kevin Young, "From the Financial Crisis to the Crisis of Global Governance," in Held & Roger, *op.cit.* p.171.

40 *Ibid.* pp.181-186.

41 *Ibid.* pp.186-187.

42 Josef E. Stiglitz and Mary Kaldor eds., *The Quest for Security: Protection without Protectionism and Challenge of Global Governance*, Columbia University Press, 2013 参照。

43 UN, Press Release GA/10996, 23 September 2010.

44 UN, Press Release GA/10999, 24 September 2010.

45 UN, Press Release GA/10996, 23 September 2010.

46 UN, Press Release Ga/11006, 29 September 2010.

47 UN, Press Release GA/10004, 27 September 2010.

48 ダイス議長は、一般討論後の国連大学における講演において、すべての地域からの代表が、100回ほど、この問題に関して有意義な討論をしたので満足している旨を表明している。同時に彼は、「我々は国連を強化するのに本当に準備できているのだろうか」、と問いかけて、安保理、総会、経社理、人権理事会、平和構築委員会などの改革、グローバル・ガバナンスにおける他のアクターとの協力強化を訴えている。GA President of the 65th Session at the United Nations University, Tokyo, 29 October 2010 "Reaffirming the Central Role of the United Nations in Global Governance."

49 1992年、京都における国際平和学会（IPRA）での発言で、筆者のノートより。

50 UN, Report of the Open-ended Working Group on the Question of Equitable Representation on and Increase in the Membership of the Security Council and Other Matters Related to the Security Council (A51/47), 8 August 1997, Annex II.

51 UN, *2005 World Summit Outcome* (A/RES/60/1. Para. 153.

52 UN, Letter from the President of the General Assembly to All Permanent Representatives to the United Nations dated 31 July 2015 and the annex.

53 UN, "*General Assembly Adopts, without Vote, 'Landmark' Decision on Advancing Efforts to Reform, Increase Membership of Security Council,*" 14 September 2015 (GA/11679).

54 UN, *Renewing the United Nations: A Programme for Reform; Report of the*

Secretary-General（A/51/950）14 July 1997.
55　UN, *Report of the Secretary-General on the Work of the Organization 2006*（A/61/1）
56　https://www.unglobalcompact.org/wha-is-gc （access date 2015.10.2.）
57　UN, *We the Peoples: Civil Society, the United Nations and Global Governance: Report of the Panel of Eminent Persons on the United Nations-Civil Society Relations*（A/58/817）June 2004.
58　内田孟男「国連と市民社会―事務総長の役割を中心に―」、横田洋三・宮野洋一編著、前掲書、305-312 頁参照。
59　UN, *The United Nations and Civil Society-70 yeas working together: how do we make a difference from Geneva?* Summary report of the meeting at Palais des Nations Geneva, 22 June 2015.（http://www.unorg/ch/80256EDD0068954, access 2015.10.11.
60　UN, *Composition of the Secretariat: Staff Demographics: Report of the Secretary-General*（A/69/292）29 August 2014, p. 16.
61　*Ibid.* p.14.
62　より詳細には、拙稿「国連事務局の改革―国際公務員制度の進化か、退化か？」内田孟男編著『地球社会の変容とガバナンス』中央大学出版部、2010 年を参照のこと。

2　国際連合の70年と国際法秩序：
国際社会と国際連合における法の支配の発展

佐　藤　哲　夫

はじめに

　国際法は国際社会を反映し、国際法の変化・発展は国際社会の変化・発展の反映でもある。同様に、国際組織も国際社会の産物であり、社会の必要に応じて生まれ、社会の変容の影響を大きく受ける。第一次世界大戦までの国際法を伝統的国際法、国際連盟の設立以降を現代的国際法とすれば、現代国際法は、国際連盟（以下、連盟）と国際連合（以下、国連）という国際社会において普遍性を志向する総合的国際組織を始めとする専門機関やその他の国際組織の存在と活動による国際社会の組織化と重なる。その意味で、現代国際法の変化・発展には国際社会の組織化と内在的に結びつく側面が顕著といえよう。例えば、集団安全保障制度は連盟や国連などの国際組織があって初めて可能となるが、そこでは同時に戦争および武力行使が違法化され、伝統的国際法が戦時と平時の二元的構造をとっていたのを平時国際法に一元化するという規範論理構造の点で構造転換がなされたといわれる[1]。

　第二次世界大戦後の国際秩序を基礎づけるものとして設立された国連も、国際社会の70年におよぶ急激な変化・発展の中で創造的展開を遂げてきている。科学技術の急速な発達、それに基づく人々の活動範囲の拡大、また非植民地化による多数のアジア・アフリカ諸国の独立と国連加入、さらには国内政治体制の民主化の進展やグローバリゼーションの進展とそれに伴う非国家主体の影響力拡大など、国際社会の急激な変化・発展に対応する形で、国

際法秩序も大きく変化・発展してきている。

　本論文の目的は、国際法の観点から、これまでの国連の活動を振り返り、その70年の歩みを確認・評価するとともに課題や今後の展望を検討することである。このような目的に照らせば、国際社会を規律する国際法秩序と、国際社会の必要に応じて活動する国連との、両者の相互関係を検討する必要がある。具体的には、まず、70年におよぶ活動の中で国連は国際法秩序にどのような影響を与えてきたのかが検討対象となる。また逆に、国連は国際法秩序からどのような影響を受けてきたのかも問題となる。以下、第一節では、21世紀の国際社会においては国際法秩序の強化・発展が重視されるようになってきているという意味で、国連は国際社会における法の支配の強化・発展にどのように貢献してきたのかを検討する。また、国際社会の組織化が高度化して国連の影響力が増大するとともに、国連という組織およびその活動における法の支配の強化・発展が求められてくるのも当然であるため、この点について第二節で検討を加える。これら両側面の分析を踏まえた上で、それらの課題と展望を第三節で試みよう[2]。

1　国際社会における法の支配の発展に対する国際連合の貢献

　冷戦下においては、基本的な価値の対立を背景として、国際法の実効性が問題とされ、法と力の関係自体が問題の中核を占めていたのであり、人権や民主主義などの実体的な価値を内実として問題とする「法の支配」という用語・概念[3]は後景に退かざるを得なかったと考えられる。「法の支配」という用語・概念が国連文書に頻出するようになったのは、比較的最近のことと思われる。それは冷戦解消後のことであり、欧米の価値に由来するものとして人権や民主主義が強調され、それとともに用いられるようになってきた[4]といえよう。

　国連は、その活動において国際的規範や制度を積極的に形成することを通

して国際社会における法の支配の拡大に貢献してきた。また、法の定立、解釈・適用、執行・強制のいずれの段階でも関係国が自ら行うという分権的構造に内在的な法の脆弱性は、国際組織の存在と活動により、かなり強化されることになった。他方で、国際社会の組織化は、必然的に国際法秩序の変容をもたらしている。以下、これら3つの点を検討しよう。

(1) 国際的規範・制度の形成による国際社会における法の支配の拡大

まず、国連の活動による国際的規範や制度の形成に基づく国際社会における法の支配の拡大の概略を見た上で、近年の法の支配に向けた国連での動きを確認しよう。

a 国際連合の活動における法の支配の発展

国連と専門機関が国際法に与えた影響は巨大なものである。国際的義務の源（法源・法の成立形式）のみならずその内容、主な法形成アクター、さらには国際法や遵守の理解自体をも変容させてきたと指摘される[5]。国連発足後の数十年間にわたり、国際法は急激に発展したともいわれる。第二次世界大戦前には、たいした肉付けもない骨格であったが、国連と専門機関の活動を通して、人間活動のあらゆる分野に拡大した[6]というわけである。このような影響は多様な側面に及ぶものであるが、そのような発展に対する貢献の中核的なものとして、国連による多数国間条約の形成に対する貢献がある。憲章第13条は総会の任務として「国際法の漸進的発達及び法典化」を挙げている。この任務を担当した具体的な機関も数多いが、最も主要なものは国際法委員会である。そして同委員会の実績は「素晴らしい (impressive)」ものと評価されている[7]。

このような発展を象徴的に確認するためには、国連の活動と国際法における新分野の発展との関連を取り上げることも有益であろう。憲章第1条の目的には、①国際の平和と安全の維持、②国際協力の促進、③正義の実現（民族の同権及び自決）がある。

国際協力の促進の一環として、1946年の人権委員会の設立に始まり世

人権宣言と国際人権規約および種々の人権条約の採択、経済社会理事会の下での様々な特別手続の発展を経て、国際人権法が飛躍的に発展した。また、憲章中には環境保護に関する明文規定はないが、1972年の国連人間環境会議での人間環境宣言と行動計画の採択を受けて国連環境計画（UNEP、総会補助機関）が設立され、その後、1992年の環境と開発に関する国連会議（リオ宣言やアジェンダ21などの採択）や2002年の持続可能な開発に関する世界首脳会議（ヨハネスブルグ宣言などの採択）などを経て、国際環境法が発展した。

国際の平和と安全の維持の一環としては、冷戦解消後における憲章第7章に基づく安保理の活動において旧ユーゴ国際刑事裁判所（ICTY）とルワンダ国際刑事裁判所（ICTR）が設立され活動する中で常設の国際刑事裁判所（ICC）が設立され、国際刑事法が飛躍的に発展した。

正義の実現（民族の同権及び自決）の一環としては、1960年の総会決議「植民地諸国・諸人民に対する独立付与宣言」および1961年の同宣言履行のための特別委員会の設置と活動を通して非植民地化が進展して、政治的独立（外的自決）と国連加入により南北問題が顕在化した。発展途上国の「発展」への主張は、1970年代に新国際経済秩序に関する一連の総会決議の採択につながった。これらの主張は基本的に実施されずに終わったが、多様な分野に一定の原則的影響を与えてきている（例えば、一般特恵制度のGATTへの導入、1986年の総会決議「発展の権利に関する宣言」、リオ宣言第7原則「共通だが差異のある責任」、1982年の国連海洋法条約における「人類の共同の財産」としての深海底）。

b　近年の法の支配に向けた国連での動き[8]

以上に例示された国際法の発展の延長上に、近年の法の支配に向けた国連での動きがある。2005年のサミット成果文書を受けて、2006年以降に「国内レベルおよび国際レベルにおける法の支配」が常設議題となってきている。2012年の第67回総会はハイレベル会合を行い、法の支配に関する宣言[9]（決議67/1）を無投票で採択している。当該決議の内容は、国際社会に

おける法の支配に関する共通理解を示すものと考えて良いであろう。

宣言は3部構成であり、前文のほか、第I部は法の支配の内容を、第II部は法の支配に対する国連の各機関の貢献を、第III部は国々や他のアクターによる義務遵守や協力を扱っている。ここでは前文と第I部を紹介しよう。前文では、すべての国家間における政治的対話と協力にとり、また国際の平和と安全、人権および発展という国連の依拠する3本の主柱の一層の発展にとり、法の支配が基本的な重要性を有するとするとともに、法の支配は、国々の友好的かつ衡平な関係の土台であり、正当で公正な（just and fair）社会の基礎であるとも指摘する。

第I部では、まず国際レベルにおける法の支配の重要性が指摘される。国連憲章の目的と原則、国際法と正義、法の支配に基づく国際秩序が、より平和で繁栄し正当な世界にとっての不可欠の土台であり（1項）、法の支配はすべての国家に等しく、また国際組織に適用され、法の支配および正義の尊重と促進がすべての活動の指針となるとともに行動に予測可能性と正当性を与えるべき（2項）とも指摘する。具体的には、憲章の目的と原則に従った平和の樹立（3項）と国際紛争の平和的解決（4項）である。

また、人権、法の支配と民主主義は相互に連関・補強しあうものであり、国連の普遍的かつ不可分の中核的諸価値・諸原則を構成する（5項）こと、そして人権の遵守義務が再確認される（6項）。さらに、法の支配と発展とが相互に連関・補強しあうものであり、法の支配の進展が持続的発展や貧困の撲滅に不可欠であること（7項）、公正で安定的かつ予測可能な法的枠組の重要性（8項）が指摘される。

国内レベルにおける法の支配に関しては、各国の経験の共有（10項）とオーナーシップ（主体性）の重要性が指摘される（11項）とともに、グッド・ガバナンスの原則（12項）、司法の独立（13項）や司法への平等なアクセスの権利（14項）などが再確認される。

また、法の支配は、紛争予防、平和維持、紛争解決および平和構築の核心的要素であり、特に紛争中や紛争後の国々にとっては、移行期正義を含む正

義が持続的平和の基礎であり（18項）、国際人道法の一層の遵守（20項）や移行期正義への包括的アプローチの重要性が指摘される（21項）。さらに、重大な国際犯罪の処罰（22項）のために、ICCの役割が確認される（23項）とともに、国際組織犯罪（24項）、腐敗（25項）およびテロ（26項）との闘いにおける法の支配の重要性が指摘される。

以上のような法の支配の内容理解を前提とした上であるが、法の支配のための国連活動の強化・調整の方法と手段に向けた事務総長報告[10]によれば、国連の最大の成果のひとつは、その支援の下に発展した国際的な規範と基準の包括的体系であるし、国際法の漸進的発達と法典化は国連の活動の動態的な過程であり本質的な一部である（29項）[11]。

そして、確かに、事務総長の指摘するように、最大の課題は、それらの国際的な規範の実施とその潜在力の実現にあり、「国際法違反はいまだにあまりにしばしば為され、責任追及の手段はあまりに少なく、国際法遵守を確保する政治的意思はあまりに弱い」（30項）ことも否定できない。

このような現状認識に立った上ではあるが、先に引用した法の支配の内実を構成する様々な規範、基準、制度、組織の形成と発展に対して、国連の70年におよぶ活動が一定の貢献をなしてきたことも事実である。法の支配に関する宣言（決議67/1）を受けて、事務総長は、国連の活動において法の支配の主流化を優先するという[12]。

(2) 国際社会の組織化による国際法秩序の実効性強化[13]

国際連合と専門機関という普遍性を志向する国際組織を中心とする数多くの国際組織の存在と活動により、ウェストファリア体制と呼ばれる主に19世紀までの伝統的な分権的国際法秩序は構造的な変容を受けてきている[14]。この変容は、国際法の定立、解釈・適用、執行・強制という国際法の実現過程のいずれの段階においても顕著である。以下、これら3つの段階の変容内容を検討しよう。

a　法の定立

　国際組織による国際法の定立への関与の仕方にはいくつかの形態があるが、国際社会の組織化による国際法秩序の実効性強化という観点からは、条約および慣習法という現行の主要な形式的法源（法成立形式）への国際組織の関与が最重要である。

　①　多数国間立法条約

　現代の多数国間立法条約の作成には、必ず何らかの国際組織または国際会議が関わっているといってよいであろう。国連の場合、従来、国際法委員会、人権委員会、女性の地位委員会、宇宙空間平和利用委員会、国際商取引法委員会などの多様な機関が中心となり、数段階の複雑な過程をへて、関係する立法条約を起草・採択してきた。第3次国連海洋法会議や国連環境開発会議も同様である。これらの多数国間立法条約の作成には、様々な発展を見いだしうる。科学技術の急速な発展の影響下に置かれている環境条約では、枠組条約と議定書を組み合わせ、枠組条約では国家の一般的義務や原則または機構と手続を定め、具体的・詳細な措置や基準等を議定書や附属書においてその都度最新の科学的知見に基づいて規定する。

　②　慣習国際法

　国連の下で展開されてきた国際法の法典化および漸進的発展の作業そしてその結果としての数多くの多数国間立法条約が、慣習国際法の形成に大きな影響を及ぼすようになったことである。国際法委員会などの専門的機関や総会の第6委員会、さらには法典化会議などにおいて、国々は起草過程に十分参加する機会と参加意識を持ち、関係規則の内容についてコンセンサスを形成する最適な環境に置かれているといえる。その結果、多数国間立法条約が慣習国際法規則を述べたもの、あるいはその証拠として扱われる例が増大している。こうして法典化プロセスは、慣習法形成を活気づけ、迅速化し、多数国間立法条約と慣習法との調和的な相互作用に導いてきたといわれる。

　③　国際組織の決議

　国々の一般的な行為規範としての慣習法の形成との関わりで、同様に重要

なものは、国際法の定立を目的としてなされる国連総会による法原則宣言である。総会には立法権限が付与されていない結果として、法原則宣言も決議自体としては法的拘束力を有するものではないが、多数の加盟国による所与の法的問題に関する公式の意見表明行為として、国々の規範意識の証拠を提供するものである。このような法原則宣言決議は、多数国間立法条約およびその起草作業の場合と類似の仕方で、慣習国際法の形成に関わりうる。

　b　法の解釈・適用

　国際組織を始めとする多数国間フォーラムは、条約や慣習法の解釈・適用に関与することにより、国際法秩序の実効性強化に大きく貢献している。国際的な規範の一般的な遵守確保を目指すのが国際コントロールの手続・制度であるとするならば、国際法規範の主に2国間の関係における遵守確保を伴うことが多いのが国際紛争の平和的処理の制度である。

　①　国際コントロール

　国際コントロールの展開は、ILOにおける労働問題に限らず、国際人権法、国際環境法、国際的な軍備管理制度などの領域において広範に見られるが、そのほかにも、国際経済法、麻薬の規制、非植民地化、南極の管理などの多様な領域においても様々な仕方で取り入れられてきた。国際コントロールの内容については、それぞれの領域における問題状況に応じて異なっているが、国家報告制度、国家通報制度、個人通報制度、調査制度などに類型化できる様々な履行確保制度が導入されている。国際コントロールの意義は、国際コントロールを実施する機関の解釈が法的に拘束的であるか否かという二分法によっては、十分に明らかにはならない。国際コントロールの一連の措置においては、強制や制裁ではなくて説得と圧力による事実上の方向付けが重要なのであり、結果として、関係規定の解釈も事実上定まってくることに留意すべきであろう。

　②　国際紛争の平和的処理の制度

　紛争の平和的解決が多数国間のフォーラムで扱われる仕組みが増大している。条約の解釈・適用に関する紛争の第3者的機関への付託条項を含むこと

が一般化してきている。また、普遍性を志向する専門的国際組織においては、一般に、設立条約の解釈・適用に関する紛争の解決の仕組みが用意されている。力関係の反映しやすい2国間の紛争解決とは異なり、多数国間フォーラムでの紛争解決には関係規定の解釈・適用という法律的側面が影響を及ぼす機会と程度は一般に大きいということができよう。国際社会の構造上、裁判所の管轄権が紛争当事国の合意に依存してきたために、国際裁判は、原則として限定的な役割を果たすにすぎない。しかしながら、国際裁判所の数が増大し、多様化し、結果として国際法の解釈・適用における裁判所の役割が重要になってきた。

　c　法の執行・強制

　国際法の執行・強制は国際組織にとっても十分に発達した領域ではない。しかし、国際的義務の秩序だった集団的な執行・強制を委ねうる既存の唯一の枠組みは、国際組織の決定によるものであろう。国際組織の決定に基づく国際法の執行・強制に関わる直接的な措置における、非軍事的および軍事的強制措置は、普遍的総合的な国際組織である国連、特に安保理による決定を原則とする。いずれの強制措置においても、国連による措置は安保理の決定にとどまり、強制措置の実施自体は、加盟国によってなされるのが原則である。現代国際法秩序においても実力が主権国家に分散しているという基本的事実が変わらない以上、国際組織としての国連の措置は強制措置の決定にとどまらざるを得ない。

　①非軍事的強制措置

　非軍事的強制措置の決定は、安保理が独占するものではない。しかし、2国間および多数国間の通商条約などが網の目のごとくはりめぐらされている現代国際社会においては、経済制裁などの非軍事的強制措置は、それら既存の国際法上の義務と抵触することになることが多く、国家責任法の下で直接の被害国による対抗措置（復仇）としてその違法性を阻却されるか、あるいは安保理の決定により基礎づけられる必要がある。

② 軍事的強制措置

軍事的強制措置の決定は、原則として安保理により独占されている。一般に認められた唯一の例外は、個別的および集団的な自衛権であるが、自衛権は武力攻撃が発生した場合に限定されているうえに、安保理が国際の平和および安全の維持に必要な措置をとるまでの間の暫定的なものである。安保理による軍事的強制措置においては、憲章第7章が予定した第43条の特別協定に基づく国連軍は実現の見込みは少なく、朝鮮戦争や湾岸戦争を中核とする事例においては「必要なあらゆる措置」を許可する形で、一定の制約を課しながら参加の意志のある加盟国に実施を委ねてきている。

③ 加盟国としての地位に関わる利益の剥奪

現代国際法秩序においては、国々の共通利益の認識を前提として、共通利益の確保と発展のために国々の協力を規律し組織化することを目的とする諸規則によっても構成されている（協力の国際法）。この協力の国際法においては、共通利益に向けた国家間協力の活動が参加諸国にとって重要になるほど、国際組織を枠組みとして展開されるこれら共通利益の協力活動への参加および加盟国としての地位に伴う利益を剥奪することが、もっとも効果的な制裁として機能することになる。この仕組みは、資金援助や技術援助にかかわる経済的な国際組織の他、交通・通信・福祉などにかかわる専門的国際組織において機能しうると指摘される。

このように、国際法の定立、解釈・適用、執行・強制のいずれの段階においても、国際組織の存在と活動が国際法の在り方に基本的な影響を与えてきたことが確認でき、国際社会の組織化が、国際法の構造変容の枠組み・骨組みを提供していると言ってよいであろう。他方で、国家間の制度化と伝統的な対立関係とは共存して弁証法的な絡み合いの関係にあり、国際社会の組織化の進展するなかにおいても、主権国家の併存的な関係・側面がいたるところに顔を出す。国際法の定立および解釈・適用の様々な側面で、個別国家の同意は依然として中核概念である。また、国際法の執行・強制においても、軍事的、経済的その他の実力が各主権国家に分散しているために、基本的に

は国家による実施に依存するところが大きい。

（3）国際社会の組織化による国際法秩序の変容

　国際組織の存在と活動による国際社会の組織化は、必然的に国際法秩序の変容をもたらしている。国連や専門機関などの普遍性を志向する国際組織は、国際社会を代表する立場にあり、そのような機能を果たすことを期待される。そのような事情から、一定の変容は必然的と考えられる。具体的には、国際社会の国際共同体化に基づく国際法秩序の規範構造の変容であり、グローバリゼーションの進展に伴う非国家主体の影響力拡大に対する国際法秩序の対応としての非国家主体（特に NGO）の影響力の取り込みであり、国際法の伝統的な成立形式である条約と慣習国際法を補完するものとしてのソフトロー・制度の展開である。以下、これら3つの点を検討しよう。

　a　国際社会の国際共同体化

　19世紀までの伝統的国際法秩序は基本的に2国間関係の総和に過ぎなかったが、国際社会の組織化が高度化するにともない、国際社会全体が共同体として認識され、国際共同体の法益の保護が求められるようになってきた。具体的には、強行規範（jus cogens）や対世的義務（obligation erga omnes）の承認である。国内法における法律関係にたとえてみるならば、当事者個人間の利害関係事項（債務の不履行など）である民事的法律関係から、単に当事者個人間のみの利害関係事項ではなくて直接に国家全体の利害関係事項（殺人や強盗など）である刑事的法律関係への変更に相当するものであり、象徴的には既に連盟の発足の際に平和維持のための防止措置に関する規定である連盟規約第11条は、「戦争又は戦争の脅威は、連盟国の何れかに直接の影響あると否とを問わず、総て連盟全体の利害関係事項たる」（1項1文）との集団安全保障の理念を声明し、従来の個別的な安全保障（2国間の同盟条約等に基づく勢力均衡政策による安全保障）とは全く異なる立場が採用されていたことが想起される。この立場は国連憲章ではるかに強化され、紛争の平和的解決の義務（2条3項）の下、「その継続が国際の平和及

び安全の維持を危うくする虞のある」(33条1項)紛争については憲章第6章に基づき、また「平和に対する脅威」(39条)が認定されれば第7章に基づき、安保理が一方的に介入する権限を認められているし、第7章では国内問題も例外ではない(2条7項)。

このような動きは、条約法に関するウィーン条約における強行規範(いかなる逸脱も許されない公序規範として、国際法秩序の階層化を示す)の導入(同条約53条、64条)につながったほか、国際司法裁判所(以下、ICJ)の判決における認定を契機として対世的義務の承認につながった。対世的義務は、加害国と被害国との2国間関係とは異なり、1国が国際社会全体に対して負う義務であり、すべての国が当該義務の履行に法的利益をもち、違反国の責任を追及できる。

公序規範としての強行規範が導入した国際法秩序の階層化も、対世的義務が導入した国際義務の構造変容も、「国により構成されている国際社会(国際共同体:international community of States)」という概念が国際組織により現実的なものとなって初めて可能であったという意味で、「国際組織の時代の産物」[15]であると指摘される。このように、国際法の下での国家間の権利義務関係に、従来の水平的な2国間関係に加えて、一方では上位の公序規範による階層化、他方では1国対国際社会という新しい規範構造が導入されたのである。

b 非国家主体(特にNGO)[16]の影響力の取り込み

国際化と呼ばれる伝統的な国家間相互依存の深化とは異なり、グローバリゼーションは世界の社会的統合のプロセスであり、個々人が自由に国境を越えて活動する人間社会への国際社会の社会としての変容であるために、そこでは国々の規制枠組のネットワークに基づく既存のガバナンス制度は十分に対応できないことになると言われる[17]。実際に、グローバリゼーションの進展とともに、非国家主体の影響力が強まり、それらに対する国際法の対応の必要性が指摘されるようになってきた。

特にNGOについては、法の定立、解釈・適用、執行・強制のいずれの段

階でもその関与は増してきている[18]。NGO の国際法への関与のあり方としては、政府への情報提供やロビー活動など国家を通じて関わる方法と、NGO として直接に関わる方法とがあるが、特に後者が注目される。そこでは、専門的知識や経験を踏まえて多数国間条約制度の実効性の向上に貢献したり、市民社会への説明責任を果たすことにより透明性や正当性の向上に貢献することが期待されている。先に触れた人権条約の国家報告制度でのカウンターレポートによる情報提供などの国際コントロールに例示されるように、様々な分野での様々な仕組みの中で様々な役割を果たすようになってきている。

他方で、本論文の文脈で指摘すべきは、これらの役割は、基本的にはほとんどすべて、国連や専門機関などの国際組織あるいは国々により設立された多数国間条約制度の仕組みに参加する形で果たされていることである。一方で、NGO は一般に国内法上の法人格を有して活動する国内法上の主体であり、国際法上は国際法に基づく権利・義務・権限・法人格を有する主体ではなく、事実上のアクターにとどまるのが実情である。そのような NGO は、国際組織の活動やプロセスへの参加を自らの地位や活動の重要性や正当性を示すものとして誇示することができる。他方で、国際組織も NGO の参加を自らの正当性の向上として主張することができ、その意味で国際組織と NGO は「共生関係」にある[19]と指摘される。

このように、国際社会の主要な構成員である国々が、その現代的な必要性から NGO の役割を取り込むための仕組みとして利用するのが、国連などの国際組織であり多数国間条約制度であることに鑑みれば、非国家主体（特に NGO）の増大する影響力に対する国際法秩序の対応は、国連などの国際組織を中核としてなされていると評価することができよう。

確かに、国々は NGO の参加のあり方をコントロールするし関連文書の採択の最終決定を行うという意味では法形成の形式的プロセスに対して強いコントロールを維持しているとも言える。しかし、そのような形式的な見方だけでは、法形成への NGO 参加の増大という政治的社会的現実も当該参加が

国々や国際組織の行動に対しておよぼす影響も見逃すことになるのであり、現在の国際法形成は多層的であり多部分から構成されたものとして認識すべきであるとも指摘される[20]。

　c　ソフトロー・制度の展開

　1970年代以降に顕著になってきたソフトローおよびその遵守に関わる制度の動きも同様である。国際法の成立形式である条約と慣習国際法という2つの形式的法源に対比して、国際組織の非拘束的な決議や国連主催などの国際会議で採択される文書などがソフトローとして大きな役割を果たすようになってきた。この背景には、①アジア・アフリカの新興独立諸国が欧米諸国により形成されアジア・アフリカ諸国に不利な内容の国際法の内容変更をめざすという国際社会の構造変動と、②科学技術の発達による変化の急速化という2つの要因[21]を指摘することができる。特に後者は、その後、国際社会が直面する脅威として「ハイレベル・パネル報告書」が取り上げる脅威認識[22]などにもつながっているし、この種の地球的規模の諸問題に適切に対処するための能力という意味でのグローバル・ガバナンス構築のために、国家や国際組織さらにはNGOなどの非国家主体も含む組織的対応の必要性の議論に至っている。

　ソフトロー・制度についてはさまざまな批判的議論があるが、国際社会が直面する新たな脅威に対して国際法の伝統的な成立形式である条約と慣習国際法によってでは迅速・的確に対応するのが困難であったために生まれてきた現象であり、その意味での必要性は否定できない。その結果、先に「法の定立」に対する国際組織の関与として触れたような状況になってきているわけである。ソフトローが果たす補完的役割を簡潔にまとめてみれば、次のような諸点を挙げることができよう[23]。

　　①　条約を起草する前の地ならしとしての機能（世界人権宣言と国際人権規約、宇宙法原則宣言と宇宙条約など）
　　②　条約の望ましい解釈を示す機能（人権条約上の機関による当該条約の規定の解釈として示される意見など）

③ 条約の実施において技術的規則を提供する機能（ILO における労働条約と対比される勧告、枠組条約や議定書に基づき締約国会議が採択する決議など）

④ 慣習国際法を確認する機能（慣習国際法の構成要素である法的確信を確認するための素材としての国連総会決議など）

本論文の文脈で指摘すべきは、国際組織と NGO が共生関係にあると指摘されるのと同様に、ソフトロー・制度の使用も国際組織や多数国間条約制度の発展と「密接に関わってきた」[24] ことである。これは主に、グローバリゼーションの進展とともに非国家主体の影響力が強まっていることを前提として、国際的な法形成プロセスに非国家主体の積極的な参加を可能とするのがソフトロー・制度であるという事情に基づく[25]。ソフトロー・制度は、国家のみならず、多様な非国家主体に対しても開かれた一定の法的枠組と遵守に向けた義務意識を提供することによって、国際的法形成プロセスに非国家主体を統合することが可能となる点に大きな特徴がある。さらにそこではソフトロー・制度の性質上、新たな不確定の問題に対して、迅速かつ柔軟に、またハードローよりも詳細に、また実験的に規律や解決を試みることが可能という意味で、多くの長所が活用できるとされる[26]。

以上のように、グローバリゼーションの進展に伴う非国家主体の影響力拡大を背景として、国際法秩序は国際組織や多数国間条約制度の発展に基づき、一方では非国家主体（特に NGO）の影響力を取り込むとともに、他方ではソフトロー・制度を展開させてきたのである[27]。

2　国際連合における法の支配の発展

冷戦下においては、国際法の実効性が問題とされたのと同様に、国連などの国際組織においても組織と活動の実効性が問題であった。特に国連が冷戦の対立により翻弄される中では、当然のことと言わなくてはならないであろう。数十年に及ぶ実効性の追求の中で一定の地位を築いた国連は、冷戦解消

後の活性化の中でその正当性が問題とされるようになってきた。この理由としては、国際組織が国家と並ぶ大きな役割と影響力を有するようになってきたこと、国際組織は国際社会の新しい動きへの適応を迫られ、設立条約という合意の内部から、周辺の合法性の点ではグレーゾーンと考えられる領域へ、その活動を展開するようになったこと、国際組織の活動や決定が国内の私人や企業に対して直接に大きな影響を及ぼすようになってきたことなどを指摘することができよう[28]。

このような正当性の要求のひとつの表れは、法の支配の形を取ったとも考えられる[29]。事務総長の指摘する[30]ように、国連が加盟国に対して法の支配を求め実施してきたことを背景とすれば、「国連が法の支配を自らに適用しないのであれば信頼されないことになる」。国連は条約により設立された国際法の創設物であり、その活動は憲章の規定する諸規則により規律される。国際法の適切な諸規則は、国々に適用されるように、必要な修正の下で（mutatis mutandis）国連に適用される。こうして、法の支配の動きの下で、正当性の向上につながるいくつかの考慮が問題となってきている。以下、実効性の追求と正当性の追求の両側面を検討しよう。

（1）国際連合における実効性の追求

国際組織は一つの組織体として実効的な任務遂行に向けた固有のダイナミズムを持っている。国際組織は静態的な傾向を有する国家間条約（設立文書）によって設立・規律されるが、他方で、組織体としてダイナミックな展開を余儀なくされる。ここに見られる、条約としての静態的な傾向と組織体としてのダイナミズムの要請との矛盾・対立は、条約（設立文書）の解釈のプロセスを通して調整されていく。このような設立文書に固有な矛盾・対立が初めて明確に顕在化したのが、1949年の「損害賠償」事件である。そして、この組織体としてのダイナミズムを象徴する法原則は、本事件において確認された「黙示的権限の法理（Doctrine of Implied Powers）」である。このような実効的な任務遂行に好意的な姿勢は、冷戦解消後にも続いてきてい

るが、安保理の憲章第7章に基づく活動はその代表的なものである。

   a 黙示的権限の法理と「損害賠償」事件に始まる一連の事例

　国連が損害賠償請求を行いうるかが問題とされた本事件において、ICJ は、強度の目的論的推論に基づいて、国連が国際的権利・義務を有しうること、そして国際請求により、その権利を主張する能力を有しているという意味で、国際法人格を有することを認定した。さらに国連職員を保護する権限についても、「国際法上、機構は、憲章中にはっきりと述べられていないとしても、必然的推断により (by necessary implication) その任務の遂行に不可欠なものとして機構に付与される権限を有しているものと見なされるべきである」との、一般に「黙示的権限の法理」と呼ばれる画期的な理由付けを示した[31]。

　この法理は、その後の事例においても必要に応じて援用され、国際組織の権限・活動などにおける目的論的推論を象徴するものとなっている。例えば、1950年代にアメリカの「赤狩り」の反共政策の圧力下でアメリカ国籍の国連職員が解雇された事件で、国連行政裁判所はこれらの解雇を違法と判断したが、この関連で総会は国連行政裁判所を総会の単なる補助機関ではなくて司法裁判所として設立する権限を有しているか否かが問題となった。ICJ は、「損害賠償」事件における黙示的権限の法理の一節を引いた上で、国連と職員との間で公平に裁判を下す行政裁判所を設ける権限は、事務局の能率的運営を確保し、最高水準の能率、能力および誠実を確保するためには不可欠であり、憲章から引き出される黙示的権限として基礎づけられるとした。

　また平和維持活動の憲章上の根拠が問題となった「ある種の経費」事件 (1962年) においても、安保理の権限に関して国際の平和と安全の維持のためにとられるすべての措置は第43条の特別協定によりその経費を賄わなければならないとの主張を退けて、そのような議論は安保理が憲章の何らかの他の条文に基づいて行動する可能性を排除するのであり、安保理の権限のかくも制限された見解を認めることはできない、憲章が第43条の特別協定が

未締結のときに、緊急事態に直面しても安保理を無力のまま放置してきたのだと言うことはできないとした。さらに、「機構が、国際連合の目的の1つと明示されたものを達成するために適当であったという主張を正当化する行動をとるときは、そのような行動は機構の権限外のものではないと推定されるべきである」とも指摘した。

b　冷戦解消後における安保理の憲章第7章に基づく活動と「タディッチ」事件（1995年）

冷戦解消後に最も注目を浴びた国連の活動は、活性化した安保理の憲章第7章に基づく活動である[32]。安保理は新たな脅威に対応するとの立場から、憲章第7章に基づく活動として正当化できるものとしてグレーゾーンと思われる領域にも踏み込み多様な活動を展開してきた。これらについては多くの批判もなされ、後に触れるように一定の修正もなされてきている一方で、全体としては実効的な任務遂行として定着してきている。

この点での象徴的な事例は、第7章に基づく非軍事的強制措置の適用としての、安保理によるICTY及びICTRの設立である。これについては、個人の処罰は領域国政府によるべきであり、国連憲章の採択は強制的刑事管轄権を伴う裁判所の設立を予想していなかった旨の批判がなされた。しかしICTYの上訴部は、「タディッチ」事件判決で、安保理による国際裁判所の設立は安保理が自らの機能・権限の行使を同裁判所に委任したことを意味するものではないし、安保理が司法的機能を不法に行使していることを意味するものでもない。安保理は国際の平和と安全という自らの主要な任務の遂行のための手段として、すなわち旧ユーゴにおける平和の回復と維持に貢献する措置として国際的刑事裁判所の形式での司法的機関の設立に訴えたのである、と認定した。

（2）国際連合における正当性の追求[33]

正当性の要求のひとつの表れとしての法の支配は、冷戦解消後に国連の組織と活動において様々に議論されてきた。既に紹介したように、冷戦解消後

の国連において問題とされる法の支配は、人権や民主主義などの実体的な価値を内実とするものであり、人権、法の支配と民主主義は相互に連関・補強しあうものであり、国連の普遍的かつ不可分の中核的諸価値・諸原則を構成するとされている。こうして、人権の主流化、アカウンタビリティ、民主主義が問題とされる。以下では、具体的な動きとして、人権の主流化とアカウンタビリティを検討し、民主主義については、第三節の課題と展望において触れることにしよう。

 a 人権の主流化

 1980年代に世銀の融資したプロジェクトが途上国の環境破壊や人権侵害を引き起こしているという批判がなされたように、国際組織による人権侵害が問題とされるのは、国際組織の活動や決定が国内の私人や企業に対して直接に大きな影響を及ぼす場面の発生と密接に関わる。このような場面は冷戦解消後に安保理の活性化とともに急増した。例えば、1990年代におけるイラクに対する国連安保理の経済制裁の結果として、イラクの政権担当支配層ではなくて、一般大衆に食糧・医薬品の欠乏を引き起こし、国連による人権侵害ではないかとの批判がなされた。しかしながら、安保理の活動において人権侵害が問題にされたのは、経済制裁に限らない。平和維持活動においては、性的虐待や搾取、恣意的拘禁や拷問などが指摘されたし、安保理決議に基づき実施された東ティモールやコソボの暫定統治機構の活動においては、まさに地域住民を直接に統治するという性格から、一層問題となる余地があり、実力の過剰行使や残酷で対面を汚す扱いさらには違法逮捕などが指摘されている[34]。

 このような人権侵害が指摘されることにともなって、安保理の人権遵守義務や安保理活動への適用法規の問題が、さらには国際組織一般の人権遵守義務や当該活動への適用法規の問題が注目されるようになった[35]。実際、安保理を始めとする国際組織の活動の結果として、特定の私人が被害を受けた場合、特に人権が侵害されたと考えられる場合には法的責任が確認され、被害者の救済がなされるのが望ましい。この点で法的責任制度の適用のために

は、国際組織は関係する国際法に拘束されること、特に人権規範に拘束されることが必要であるが、この点は従来必ずしも明確にされてこなかった。

このような背景の下で、1997年の国連改革報告書においてアナン事務総長は国連の活動全般への人権の統合という人権の主流化政策を提案し[36]、様々な国際組織において不均等ながらも取り組んできている[37]。法的責任制度の適用の前提となる国際組織の人権規範被拘束性が不明確であることのみならず、法的責任制度の実現である被害者の具体的な救済のための制度・手続がほとんどないに等しい状態であることは、必然的に、法的責任に限定されない広い概念であるアカウンタビリティという概念の導入につながる。

b　アカウンタビリティ

被害者自身が申立を行うことを認めた制度として、世銀が設立したインスペクション・パネルは注目に値する。活動により被害を受ける外部の私人に対するアカウンタビリティの制度としては、国際組織における初めての試みと言われており、高く評価できるものであろう。しかしこの手続は、申立を行う私人に対して救済の権利を与えるものでも判決を下すものでもない。その意味で法的責任制度ではなくて、アカウンタビリティの制度にとどまる[38]。

活動の失敗の事実関係や原因を探り再発防止に向けた改善をめざすために、国際的な調査委員会を設置し、専門家による独立した調査がなされてきた。冷戦解消後における安保理の活動の問題をめぐるものとしては、1999年に発表されたルワンダでの1994年のジェノサイドにおける国連の行動に関する独立委員会報告書[39]がある。同じ年にスレブレニツァの陥落・虐殺に関する報告書[40]も出されたが、これは国連事務総長によるものである。いずれの場合も被害者個人の救済につながるものではなかった[41]。これらの調査および報告書の公表は、その後の平和維持活動全般の改善を任務としたブラヒミ報告書[42]などを契機として、再発防止につながりうる動きであると評価できるにとどまるものである。

同様の事例は、安保理の活動におけるアルカイダ制裁レジームの変遷[43]

である。「アルカイダ・タリバン制裁委員会」が安保理決議1267 (1999) により設立された後、リスト制裁措置対象のリストからの削除に関する手続の不十分性が問題とされ、ガイドラインの策定・改訂、個人や団体からの削除要請を受け付けるフォーカル・ポイントの設置、さらには独立したオンブズパーソンの設置など、アカウンタビリティの制度改善への動きとして理解できる。

このように、法的責任制度の適用が限られている状況の中で、アカウンタビリティ概念に含まれる様々な方法や手続が試みられてきているのが現状である。

3 課題と展望

以上のように、一方では国際社会における法の支配の発展に対して国連が一定の貢献をする中で国際法秩序自体が変容しつつあること、他方では国連という組織およびその活動における法の支配の強化・発展が求められる中で実効性の追求のみならず正当性の追求がなされていることを踏まえれば、国連に課せられた課題も自ずと明らかとなる。

（1）国際社会における法の支配の発展に対する国際連合の貢献との関連で

もちろん、法の支配における法の内容の正当性向上が求められることは指摘するまでもない。この視点を欠いた法の支配の主張は、法の支配の名による国益の主張というイデオロギーの陥穽に陥ることになる[44]。しかしながら、これはまさに法の支配の根本に関わることであり、一朝一夕に克服できるものではない。国際法が国際社会の反映である以上、国際社会の変化・発展が不可欠であるし、国連などの国際組織は国際社会の産物でありながらも社会の変革を引き出しうる存在であることに鑑みて、国連などが地道にかつ多様に取り組むことが基本となろう。

他方で、事務総長が指摘する最大の課題は、「国際法違反はいまだにあまりにしばしば為され、責任追及の手段はあまりに少なく、国際法遵守を確保する政治的意思はあまりに弱い」(30項) ことである。この点も同様に法の支配の根本に関わることであり、法の支配の実効性確保に向けて国連などが地道にかつ多様に取り組むことが基本となろう。具体的には、まず先に一節二項で簡潔にまとめた国際法の定立、解釈・適用、執行・強制という国際法の実現過程の構造的変容を定着・発展させていくことが求められよう。この構造的変容が基本的には国際組織の存在と活動に基づきもたらされたものである以上、その定着・発展も国際組織の健全で着実な発展により確保される側面が強いと考えられる。

また、このような構造的変容とも重なる点であるが、先に一節三項で指摘したように国際社会の組織化や国際法秩序の変容が現代国際社会の必要性に基づくものである以上、そのような変容の健全な定着と発展が求められる。具体的には、まず国際社会の国際共同体としての公序や一般利益を適切に認定し確保する仕組みが求められる。伝統的な2国間関係における義務違反は被害国による対抗措置や相互性の原則に基づく対応など一定の遵守確保機能が伴う構造であるのに対して、強行規範や対世的義務においては、どのような規範がこれらに該当するか、その違反の発生などの認定に始まり、違反に対する国際社会としての対応の決定や実施などの確保にいたる各段階における適切な手続と決定が求められる。これらのプロセスにおいては、国連は、それらの機能や権限を必ずしも独占するものではないが、中心的な役割を果たすことが求められよう。

グローバリゼーションの進展に伴う非国家主体の影響力拡大を背景とした国際法秩序の対応という文脈で、迅速で柔軟かつ開かれた対応を担保する仕組みとしてのソフトロー・制度が導入されてきたわけであるが、ここでは、既存の国際法秩序を不安定化させずに適正に補完機能を発揮できるような仕組みが求められる[45]。さらに、NGOを中心とする非国家主体を国際法秩序とソフトロー・制度の中に適正に取り込むことが求められる。ここでは、非

国家主体の影響力拡大に対応して、これらの非国家主体の人権遵守とアカウンタビリティの確保が問題となる。ソフトロー・制度もNGOも国連を中心とする国際組織を契機として発展してきたものであり、国連などの組織と活動を改善・発展させて対応することがかなりの程度までは可能な課題であると考えられる。その意味では、このような課題の克服は、以下に触れる国連における正当性の追求にもつながるものである。

（2）国際連合における正当性の追求との関連で

冷戦解消後の国際社会では民主主義重視の動きが強く、国際組織に対しても民主主義の赤字という批判が少なくない。しかしながら、民主主義の観点から国際組織およびその決定の正当性を議論するのは、それほど容易なことではない[46]。現代の国内統治権限の正当化根拠の問題においては、「被治者の同意」が民主主義の中核概念として理解されている。そこに言う「同意」は、単に最初に仮説的に設定される社会契約という「同意」にとどまることなく、民主的選挙による恒常的な「同意」が求められている。政府の政策や権限行使は、憲法の規定する原理・原則・手続という制約に服しながらも、さらに被治者の恒常的な「同意」に基づくことで初めて十分な正当性を有するものと理解されている。

国際組織の活動やその決定が政府の活動や法律に類似するものになってくるほど、そこでは同種の正当性が求められることになろう。単に設立条約に基づいているという意味での合法性だけでは十分とは認識されなくなる。さらに、現実にその活動や決定が設立条約の合意の内部から、周辺のグレーゾーンへ、その活動を展開するようになってくれば、一層の正当性が求められるのは当然である。国際社会の急激な変化に適応して展開することを余儀なくされる国際組織にとっては、正当性の基礎となる「同意」は、常に更新されるプロセスとしての「同意」でなくてはならないであろう。

民主主義の観点から正当性の向上に向けて次のような諸点が指摘されていることに留意したい。まず国内レベルでは、行政府に対する立法府による民

主的コントロールの強化が重要である。国内に重大な影響を有しうる国際組織での決定に参加するのが行政府であるならば、行政府に対する立法府による民主的コントロールの強化が第一歩である。そのためには、普段から関係国際組織における関連する動きについて十分な情報が立法府に提供されている必要があるし、民主的コントロールに対する積極的な姿勢を立法府が維持するためには、マスコミを含む市民社会が国際組織においてなされる決定が国内に及ぼす影響について理解と関心を深めていく必要がある。

さらに国際組織のレベルに関するものとして、近年のアカウンタビリティの制度改善への動きは、この点での課題を簡潔に提示していると考えられる[47]。そこでは、法の支配、政策決定における透明性、情報の公開とアクセス、国際公務員制度の効率的機能と腐敗の防止などが挙げられ議論されてきている。

このように、主権独立国家から構成され、主権平等という法的擬制に基づく国際社会では、国際組織のあり方を検討するに際して、国内における民主主義の議論を直輸入することはできない。民主主義の中核理念である被治者の同意という視点から、一方で国内レベルにおいては国際組織に参加する行政府に対する立法府の民主的コントロールの強化を、他方で国際組織レベルにおいては、アカウンタビリティ概念に含まれる幾つかの方法や手続の導入を指摘することができる。このような動きの中で、先に指摘した、ソフトロー・制度の補完的導入やNGOを中心とする非国家主体の適正な取り込みが期待される。

また、以上のような点を前提とすると、特に国連や専門機関のような普遍性を志向する国際組織については、単に加盟諸国の利益のみを促進する組織ではなく、国際社会のすべての国々および人々の利益のための組織であり、その意味で国際社会（共同体：international community）全体の組織、「公」の組織として位置づけられるべきであり、その担う機能も「公」の機能として見なされるべきであるという考え方が主張されるようになってくるであろう。このような見方は、当然のこととして、そのような組織が充たす

べき正当性の内容についても、「公」の組織としての観点からなされることになり、現状に対する一定の批判的機能を果たすことになるであろう[48]。

〈注〉

1　石本泰雄『国際法の構造転換』有信堂、1998 年、1-32 頁。
2　本論文は、このように広範囲の諸問題を検討するために、筆者の様々な既発表の研究成果にも依拠する必要がある。そのために、一部でそれらとの多少の重複があることをお断りしておきたい。
3　「法の支配」という用語・概念は、一般に、法の内容を問題にしない形式的合法性を意味する場合と、法の内容に一定の市民的政治的権利などの実体的価値を盛り込む場合とに区別される。類似的に、「法治国家」と「法の支配」とが区別される。これらについては、ブライアン・Z・タマナハ、四本健二監訳『「法の支配」をめぐって　歴史・政治・理論』現代人文社、2011 年および大浜啓吉『「法の支配」とは何か　行政法入門』（岩波新書、1589）岩波書店、2016 年などを参照せよ。
4　松井芳郎「『国際社会における法の支配』が意味するもの」『法律時報』第 87 巻 12 号（2015 年 11 月）、9 頁。
5　J. E. Alvarez, "International Organizations: Then and Now," *American Journal of International Law*（hereinafter cited as *AJIL*）, vol.100（2006）, p.326. *See also* J. E. Alvarez, *International Organizations as Law-makers*（Oxford: Oxford University Press, 2005）, p. 17.
6　Ch. Tomuschat, "International Law," in Ch. Tomuschat, ed., *The United Nations at Age Fifty, A Legal Perspective*（The Hague: Kluwer Law International, 1995）, p. 304.
7　C.-A. Fleischhaur and B. Simma, "Article 13," in B. Simma et al. eds., *The Charter of the United Nations, A Commentary*（Oxford: Oxford University Press, Third Edition, 2012）, vol. I, p. 532. この点では、村瀬信也『国際立法』東信堂、2002 年所収の諸論文も参照せよ。他方で、国際法委員会は、現在大きな転換点を迎えているとも指摘される。1970 年代にかけて重要な法典化草案が作成され、手頃な主題が少なくなってきたとも言われるが、課題の選択や作業方法の見直しから委員の責任感の欠如に至る諸問題が指摘されている。この点は、村瀬信也・鶴岡公二編『変革期の国際法委員会　山田中正大使傘寿記念』信山社、2011 年所収の諸論文を参照せよ。

8 国連における「法の支配」の近年の動きについては、次を参照せよ。Th. Fitschen, "Inventing the Rule of Law for the United Nations," *Max Planck Yearbook of United Nations Law*, vol. 12（2008）, pp. 347-380; S. Barriga and A. Alday, "The General Assembly and the Rule of Law: Daring to Succeed?," *ibid.*, pp. 381-408; K. G. Bühler, "The Austrian Rule of Law Initiative 2004‐2008–The Panel Series, the Advisory Group and the Final Report on the UN Security Council and the Rule of Law– The Perspective of Member States," *ibid.*, pp. 409-446; S. Chesterman, *The UN Security Council and the Rule of Law: The Role of the Security Council in Strengthening a Rules-based International System - Final Report and Recommendations from the Austrian Initiative, 2004-2008*, UN Document, A/63/69–S/2008/270, 7 May 2008; R. Janse, "The UNGA Resolutions on the Rule of Law at the National and International Levels 2006-Post 2015," *Max Planck Yearbook of United Nations Law*, vol. 18（2014）, pp.258-285.

9 *Declaration of the high-level meeting of the General Assembly on the rule of law at the national and international levels*, UN Document, A/RES/67/1, 30 November 2012. 紹介文中の項番号は、この文書のパラグラフ番号を示す。この文書を含む国連での法の支配に関する動きについては、松井、前掲論文（注4）、8-14頁が詳しい。

10 *Strengthening and coordinating United Nations rule of law activities: Report of the Secretary-General*, UN Document, A/63/226, 6 August 2008. 紹介文中の項番号は、この文書のパラグラフ番号を示す。

11 憲章に埋め込まれた法の支配の原則は、国家間関係における次のような諸点を含むとされる（25項）。(a) 憲章と国際法の尊重、(b) 平和と安全、発展、人権、法の支配と民主主義は相互に連関・補強しあうものであり、国連の普遍的かつ不可分の中核的価値と原則の一部をなす、(c) 国際法に従った実効的な多国間システムは世界が直面する課題と脅威への対処に不可欠であり、国連の中心的役割が求められる、(d) 国々の主権平等と武力不行使促進の尊重、(e) 憲章、友好関係原則宣言および正義と国際法の諸原則に従う紛争の平和的手段による解決の必要性、(f) 人権、人民の自決権およびすべての者の同権の尊重と保護、(g) 集団殺害犯罪などの重大な国際犯罪からの保護は国が住民に対して負う責任であるのみならず国際社会の責任でもある。

12 *Measuring the effectiveness of the support provided by the United Nations system for the promotion of the rule of law in conflict and post-conflict situations: Report*

of the Secretary-General, UN Document, S/2013/341, para.10, 11 June 2013.
13 この部分の記述は、より詳しく説明した佐藤哲夫『国際組織法』有斐閣、2005年の第 21 章「国際社会の組織化と国際法の定立、解釈・適用、執行・強制」に基づく。
14 See, e. g., M. Ruffert and Ch. Walter, *Institutionalised International Law* (Baden-Baden: Nomos Verlagsgesellschaft, 2015).
15 Alvarez, "International Organizations: Then and Now," *supra* note 5, p. 326.
16 非国家主体は国際組織、NGO、企業、テロ組織など多様なものが含まれる。企業やテロ組織は、主に規制の対象として問題となるため、本論文では、国際法秩序における積極的な役割を検討するとの観点から、主に NGO を取り上げる。
17 H. Owada, "Some Reflections on the Problem of International Public Order," *Kokusaiho Gaiko Zassi*（*The Journal of International Law and Diplomacy*), vol. 102, no. 3 (2003), p. 17; W. H. Reinicke and J. M. Witte, "Interdependence, Globalization, and Sovereignty: The Role of Non-binding International Legal Accords," in D. Shelton, ed., *Commitment and Compliance, The Role of Non-Binding Norms in the International Legal System* (Oxford: Oxford University Press, 2000), pp. 78, 87, 89.
18 最近の研究としては、柴田明穂「国際法制度における NGO の機能と現実」『ジュリスト』No.1299（2005 年 10 月 15 日号）、9-15 頁を参照せよ。See also S. Charnovitz, "Nongovernmental Organizations and International Law," *AJIL*, vol. 100 (2006), pp.348-372 and A. Bianchi ed., *Non-State Actors and International Law* (Surrey: Ashgate, 2009), pp. xx-xxiii.
19 A. Boyle and Ch. Chinkin, *The Making of International Law* (Oxford: Oxford University Press, 2005), pp. 45, 90-92; Alvarez, *International Organizations as Law-makers*, *supra* note 5, p. 610.
20 Boyle and Chinkin, *supra* note 19, pp. 95, 97. 同様に、NGO が国際法上の主体か否かから議論を始める主体論から離れて、特定の NGO に特定の国際法上の義務（例えば人権義務）が適用可能であるかを、国際的実行から政策的考慮にいたる多くの要因に基づいて検討するようなアプローチを採用すべきという。例えば、拷問の禁止が国際社会により基本的価値と認識されるのであれば、その尊重は、国家であると否とを問わず、すべてのアクターにより負われるべきである、と。もっともこの場合には、非国家アクターに義務を直接に課すことは、国々に対して、国際法上の義務の遵守を確保する責任から逃れさせることになるという問題

を伴うために、義務の直接賦課が実効的な執行の仕組みと組み合わされない限り、より実効的な国家中心的パラダイムを放棄すべきではないともされる。Bianchi, *supra* note 18, p. xvii.
21　佐藤、前掲書（注 13）、216 頁。
22　*A more secure world: our shared responsibility - Report of the High-level Panel on Threats, Challenges and Change*, UN Doc. A/59/565, pp. 16-19, paras. 1-16, 2 December 2004.
23　最近の研究としては、山本良「国際法実現過程におけるソフト・ローの機能」『国際法外交雑誌』第 112 巻 4 号（2014 年 1 月）、9-11 頁、柴田明穂「締約国会議における国際法定立活動」『世界法年報』第 25 号（2006 年 3 月）、43-67 頁を参照せよ。See D. Shelton, "Normative Hierarchy in International Law," *AJIL*, vol. 100 (2006), pp. 319-322; Boyle and Chinkin, *supra* note 19, pp. 211-229.
24　Ch. Chinkin, "Normative Development in the International Legal System," in Shelton, *supra* note 17, p. 28.
25　D. Shelton, "Introduction," in Shelton, *supra* note 17, p. 13; Reinicke and Witte, *supra* note 17, p. 94; ; M. E. O'Connell, "The Role of Soft Law in a Global Order," in Shelton, *supra* note 17, pp. 109, 110.
26　Chinkin, *supra* note 24, pp. 30-31; Reinicke and Witte, *supra* note 17, pp. 94-95; O'Connell, *supra* note 25, p. 113.
27　奥脇教授は、現代国際法の秩序の維持・形成機能に大きな変化が生じており、従来二国間で行われてきた外交交渉が多国間の公のフォーラムでなされ、そこには様々な利害関係者が参加し、国家による遵守、透明性、アカウンタビリティの重要性の認識が高まってきているという。奥脇直也「国連法体系における ILC の役割の変容と国際立法」村瀬・鶴岡、前掲書（注 7）、102-103 頁。
28　佐藤哲夫「国際組織およびその決定の正当性──21 世紀における国際組織の課題──」『思想』No.993（2007 年 1 月）、185-188 頁。
29　例えば、ヴォルフラム（R. Wolfrum, "Legitimacy of International Law from a Legal Perspective: Some Introductory Considerations," in R. Wolfrum & V. Röben eds., *Legitimacy in International Law*（Berlin: Springer, 2008), pp. 6-7.）によれば、特定の権威の正当性を引き出す諸要素として、起源 source-、手続 procedure-、結果 result-oriented、あるいはこれらの組み合わせが考えられるという。同様に、ボーダンスキ（D. Bodansky, "The Legitimacy of International Governance: A Coming Challenge for International Environmental Law?," *AJIL*, vol. 93

(1999), p. 612.) も、数多くの正当性理論は、起源に基づくもの、手続に基づくもの、実質に基づくものの、3つの基本的なグループに類型できるという。これらの簡潔な紹介については、佐藤哲夫『国連安全保障理事会と憲章第 7 章——集団安全保障制度の創造的展開とその課題——』有斐閣、2015 年、318-319 頁を参照せよ。

30 *Strengthening and coordinating United Nations rule of law activities: Report of the Secretary-General*, *supra* note 10, para. 27.
31 佐藤、前掲書（注 13）第 6 章および佐藤哲夫「国際組織の法人格：国連損害賠償事件」小寺彰他編『国際法判例百選［第 2 版］』有斐閣、2011 年、80-81 頁。その他の事例を含む詳細については、佐藤哲夫『国際組織の創造的展開——設立文書の解釈理論に関する一考察——』勁草書房、1993 年を参照せよ。
32 全般的に、佐藤、前掲書（注 29）を参照せよ。
33 全般的に、佐藤、前掲論文（注 28）184-202 頁を参照せよ。
34 G. Verdirame, *The UN and Human Rights, Who Guards the Guardins?* (Cambridge: Cambridge University Press, 2011).
35 *See, in general*, A. Clapham, *Human Rights Obligations of Non-State Actors* (Oxford: Oxford University Press, 2006); A. Clapham ed., *Human Rights and Non-State Actors* (Edward Elgar Publishing, 2013); J. Wouters et al. eds., *Accountability for Human Rights Violations by International Organizatios* (Antwerp: Intersentia, 2010); Société Française pour le Droit International and Institut International des Droits de l'Homme, *La soumission des organisations internationals aux norms internationals relatives aux droits de l'homme* (Paris: Editions A. Pedone, 2009).
36 *Renewing the United Nations: A Programme for Reform, Report of the Secretary-General*, UN Document, A/51/950, paras. 78-79 (p. 26), 194-206 (pp. 63-66), 14 July 1997.
37 国連を含む様々な国際組織における人権の主流化の動きの鳥瞰図的概略については、滝澤美佐子「第 10 章　人権の主流化」渡部茂己・望月康恵編著『国際機構論［総合編］』国際書院、2015 年、217-242 頁を参照せよ。このような動きの背景には、冷戦解消後における人権や民主主義の普遍化の下で、人権・人間価値の主流化が進んできていることがある。この点については、阿部浩己「国際法の人権化」『国際法外交雑誌』第 111 巻 4 号（2013 年 3 月）1-28 頁（同『国際法の人権化』信山社、2014 年に収録）、国際法協会（ILA）の研究に基づく M. T.

Kamminga et al. eds., *The Impact of Human Rights Law on General International Law*（Oxford: Oxford University Press, 2009）や Th. Meron, *The Humanization of International Law*（Leiden: Martinus Nijhoff Publishers, 2006）などが進展の著しい実態を分析してきている。

38　S. Schlemmer-Schulte, "The World Bank Inspection Panel: A Model for other International Organizations?" in N. M. Blokker & H. G. Schermers, *Proliferation of International Organizations - Legal Issues*（The Hague: Kluwer Law International, 2001）, p. 510.

39　*Report of the Independent Inquiry into the actions of the United Nations during the 1994 genocide in Rwanda*, UN Document, S/1999/1257, esp. pp. 50-52, 53-59, 16 December 1999.

40　*Report of the Secretary-General pursuant to General Assembly resolution 53/35-The fall of Srebrenica*, UN Document, A/54/549, esp. pp. 107-108, paras. 498-506, 15 November 1999.

41　スレブレニツァの虐殺に関しては、ボスニア・ヘルツェゴビナがジェノサイド条約に基づきセルビア共和国（当時のユーゴスラビア連邦共和国）を相手取って提訴した事件において、ICJ の判決（2007 年）が下された。ICJ は、集団殺害行為が実行されたことは認定したが、当該行為はセルビア共和国には帰属しないとした。また、ジェノサイド条約に基づく集団殺害行為の防止の義務にセルビア共和国が違反したことは認定したが、防止義務の違反とジェノサイド行為による被害との間に十分に直接的かつ確実な因果関係の存在が立証されなかったとして金銭賠償を認めなかった。*Application of the Convention on the Prevention and Punishment of the Crime of Genocide*（*Bosnia and Herzegovina v. Serbia and Montenegro*）, *Judgment, I.C.J. Reports 2007*. この判決の紹介として、湯山智之「判例研究　国際司法裁判所・ジェノサイド条約適用事件（ボスニア・ヘルツェゴビナ対セルビア・モンテネグロ）（判決 2007 年 2 月 26 日）（1）」『立命館法学』2011 年 1 号（335 号）、436-510 頁がある。

42　*Report of the Panel on United Nations Peace Operations*, UN Document, A/55/305-S/2000/809, 21 August 2000. 平和維持活動の改善の動きについては、佐藤、前掲書（注 29）、219-229 頁を参照せよ。

43　この点に関する簡潔な説明と関係文献については、佐藤、前掲書（注 29）、382-383 頁を参照せよ。

44　松井、前掲論文（注 4）、14 頁。

45 Reinicke and Witte, *supra* note 17, p. 97.
46 この点については、日本国際連合学会編『民主化と国連（国連研究第 5 号）』国際書院、2004 年所収の諸論文を参照せよ。ダールは、端的に、国際組織はあらゆる国において人々の生活に重要な帰結をもたらし、その権力と影響力の増大は不可避であるが、おそらくデモクラシー的なものにならないだろう、という。ロバート・A・ダール著、ジャンカルロ・ボセッティ編、伊藤武訳『ダール、デモクラシーを語る』岩波書店、2006 年、102 頁。*See also* R. A. Dahl, "Can International Organizations be Democratic? A Skeptic's View," in D. Held and A. McGrew eds., *The Global Transformations Reader, 2nd Edition* (Cambridge: Polity, 2003), pp. 530-541; L. Levi, G. Finizio and N. Vallinoto eds., *The Democratization of International Institutions, First international democracy report* (London and New York: Routledge, 2014); A. Grigorescu, *Democratic Intergovernmental Organizations? Normative Pressures and Decision-Making Rules* (Cambridge: Cambridge University Press, 2015).
47 特に、国際法協会が 2004 年に採択した「国際組織のアカウンタビリティ」と題する報告書（International Law Association, "Final Report: Accountability of International Organizations," *Report of the Seventy-First Conference*, Berlin, 2004, available at http://www.ila-hq.org/en/committees/index.cfm/cid/9.）が有益である。実際的実務的観点から作成された当該報告書は、「推奨される規則と慣行（Recommended Rules and Practices: RRPs）」をまとめているが、実効的なアカウンタビリティの実現に資する規則や指針を示すという意味で、一連の RRPs は既存の実定法に限定されるものではなく、立法論的なもの、政治的・行政的性格のものも含まれる。具体的には、法的な責任に関する諸規則と救済の仕組みに加えて、次のような政治的行政的な諸原則（principle）が列挙されている。
・「グッド・ガバナンス（good governance）」
・「信義誠実（good faith）」
・「合憲性および機構上のバランス（constitutionality and institutional balance）」
・「監督および統制（supervision and control）」
・「決定または特定の行動に関する理由の開示（stating the reasons for decisions or a particular course of action）」
・「手続上の正規性（procedural regularity）」
・「客観性および公平性（objectivity and impartiality）」
・「相当の注意（due diligence）」

これらの諸原則のなかで、「グッド・ガバナンス」は、その性格上、例外的に、次のような諸要素を含むとされる。
- 「意思決定手続および機構上・活動上の決定の実施における透明性（transparency in both the decision-making process and the implementation of institutional and operational decisions）」
- 「意思決定手続への参加（participatory decision-making process）」
- 「情報へのアクセス（access to information）」
- 「良好な国際公務員制度（well-functioning international civil service）」
- 「健全な財政管理（sound financial management）」
- 「報告と評価（reporting and evaluation）」

　このような RRPs は、国際組織の自律性への配慮も指摘したうえで、国際組織の望ましいアカウンタビリティに向けた法的・政治的・行政的性格の諸原則を包括的にまとめたものであり、今後の実際的実務的な対応や制度設計において重要な意義を有すると評価できよう。

48　この点については、佐藤、前掲書（注29）、362-385頁を参照せよ。

＊本論文は、JSPS科研費（課題番号25380060）に基づく研究成果の一部である。

3　戦後70年と日本の国連外交

大芝　亮

はじめに

　日本の国連外交について、日本での一般的な見方は、おおよそ次のようにまとめることができるだろう。すなわち、冷戦期には、開発援助の面では貢献するものの、平和や紛争解決については、憲法の制約もあり、消極的であった。冷戦後、1992年6月に国際連合平和維持活動等に対する協力に関する法律（略称、国連PKO等協力法）が成立すると、自衛隊が国連PKOに参加し、人間の安全保障を国際社会の理念として主張するなど、日本の国連外交は積極的になった。しかし、安全保障理事会での常任理事国化は、もともと難しい課題であるうえに、日本の経済力にかげりも見え、いよいよ困難になっている。

　このような一般的見方に対して、日本外交のなかの国連政策という視点から、さまざまな問いを立てることができよう。しかし、現在では、日本外交自体のアイデンティティが問われるようになってきている。国連加盟時に、重光葵外相が、日本は東西の架け橋となることを掲げたが、いまや、日本はアジアで唯一の経済先進国でもなければ、唯一の民主主義国でもなくなった。そこで、本稿では、日本の国連外交を内と外から、即ち日本政治および国際政治の観点から、見てみたい。

　第1に、日本の国内政治の研究者、いわゆる日本政治の研究者であれば、日本の国連外交について、どのような問いを設定するだろうか。

　日本の国連外交は、自衛隊の国連活動への参加問題をめぐり、憲法と自衛

隊の海外派遣の問題を日本政治に提起してきた。そこで気になるのが、日本の国内政治では、自衛隊の国連活動への参加といっても、いかなる国連の活動への参加が想定されていたのだろうか、ということである。というのも、国連自身が、試行錯誤のなかで活動を展開しており、その活動内容や性格を変容させてきているからである。

まず、国連憲章では、第7章において、制裁措置を定め、集団安全保障体制を構想している。日本の自衛隊はこれに参加するのか、という論点が設定されたのだろうか。今日的には、われわれは、国連憲章51条に基づく国連軍が組織されていないことを知っているが、これは最初から自明のことではなかった。

次に、日本が国連加盟を準備しはじめた頃、現実に存在したのは、1950年に勃発した朝鮮戦争において組織された、いわゆる朝鮮国連軍であった。これへの自衛隊の参加を想定して、国内で審議が行われたのだろうか。

さらに、国連PKO活動については、1948年の国連休戦監視機構（UNTSO）および1956年の第1次国連緊急軍（UNEF）に始まるが、国連憲章上、規定もなく、1950年代半ば当時、その性格・活動内容などは定まっていなかった。この点で想起されるのは、日本の国連加盟後において展開した国連コンゴ活動（ONUC,1960-1964）である。コンゴ紛争では内戦という状況も見られたために、ONUCは、武力行使をめぐり、UNEFの場合の基本原則からはずれるようになり、さまざまな批判がなされた。国連PKOは試練に立たされたのである。冷戦時代、日本では、国連PKOについて、どのような活動と理解して議論したのだろうか。

冷戦後においても、国連の平和活動は大きく変容している。国内紛争が中心となるにつれて、国連PKOは、かつてのように第3者的な中立性を掲げるのではなく、国際社会の理念や原則、そしてこれらを反映していると想定される安保理決議を忠実に守るという、不偏性を掲げるようになってきた[1]。

また、2001年の9・11同時多発テロ以降、国連の平和活動には、対テロ

という要素が加わり、国連は、NATO や、EU やその他の地域組織などと、それぞれの役割を分担しながら、平和活動に取り組むようになっているとの指摘もある[2]。

このような国連自身の試行錯誤の過程は、日本政治ではどのように理解されていたのであろうか。

第 2 に、国際政治の研究者であれば、日本の国連外交について、どのような点で重要性があると考えるだろうか。日本の安全保障理事会・常任理事国化は、日本外交にとっては重要な問題であることは認識できるとしても、世界という視点からみて、いかなる意味をもつのだろうか。ひとつには、この問題には、パワー配分の変化に応じて、国際秩序が平和的に変更できるかどうかを試す、ひとつのケースとしての意義があるといえよう。

国際秩序の平和的変更について、国際関係論では、いくつかの議論がある。まず、オーガンスキー（A. F. K. Organski）のパワー移行論は、大国のパワーとポジションの乖離が大きくなると、該当する国の不満は高まり、国際秩序の不安定化を招くという[3]。他方、覇権安定論は、これまでは、戦争を経て、新しい国際秩序が形成されてきたのであり[4]、平和的に国際秩序を変更していくことは容易なことではないという。

パワーとポジションの乖離に対応し、国際秩序の平和的変更を導く仕組みも存在する。ひとつの例は、加重投票制をもつ IMF や世界銀行である。IMF や世界銀行では、2010 年の増資交渉の結果、すでに、中国は第 3 位の投票権を有する国になっている。

さらに、フォーラム・ショッピング論も、この問いへの答えを示唆する[5]。国際関係では、さまざまな国際制度・国際組織が形成されており、ひとつの国際組織におけるパワーとポジションの乖離を修正することが難しければ、これに不満をもつ国は、他の国際組織や制度を重用するようになっていく。

経済問題について、かつては G7 サミット（先進国首脳会議）が主導権を発揮した。経済の領域におけるパワーシフトに伴い、G7 諸国の世界経済に

占める比重が低下してくると、G7 サミットに新しいメンバーを加えるべきかどうかが検討された。組織改革で対応しようという考えである。しかし、中国などは、G7 サミットに入る選択肢を選ばず、G20 を重視した。その結果、主導的な枠組み自体が、G7 から G20 へ移ることになった。

日本の安保理・常任理事国化のケースは、国際秩序の平和的変更という国際政治のテーマにいかなる洞察を与えてくれるのだろうか。

本稿では、以上の2つの視点から、加盟交渉時期も含め、戦後 70 年の日本の国連外交を振り返る。そこでは、外交文書を用いた、国連外交に関する歴史研究の成果も参考にする。

1. 占領期から国連加盟まで

占領期から国連加盟までの期間に行われた議論の争点は、おおよそ次のようなものであった。すなわち、日本は、連合国による占領から独立を果たした後、いかなる外交を展開するのが望ましいのか。国際連合に加盟すべきか、それとも、永世中立国をめざし、国際連合には加入しないのか。さらに、憲法9条と国連憲章7章の関係をめぐり、日本は、国連憲章7章に基づく制裁措置がとられた場合、これに参加することができるのかどうか、また、憲法を理由に国連による制裁措置に参加しないことは許されるのか。

井上寿一は、1946 年 4 月、外務省条約局（下田武三条約局一課長　国際連合への参加問題の研究）では、すでにこの点についての議論が行われていたことを指摘する[6]。憲章7章に基づく制裁が非軍事的措置であるかぎり、日本は、新憲法（1946 年 5 月に帝国議会で審議され、同年 11 月に公布）のもとでも、この制裁措置に参加しうるとの解釈を採択していた[7]。一方、永世中立論の支持者は、憲法と憲章7章とは両立しえないという見方であった。

サンフランシスコ講和条約（1951 年 9 月署名）が 1952 年 4 月に発効し、日本は独立を回復した。日本は、国際社会への復帰をめざし、国際機関への

加盟を申請していった。1952年8月にIMF/世界銀行に申請し、承認された。しかし、知日派のエドウィン・ライシャワー（Edwin O. Reischauer）をはじめとして、アメリカの専門家の間では、日本がふたたび軍国主義に進み、戦争に向かうことはないのか、という不安は払拭されていなかった。また、ヨーロッパの旧連合国の間では、自分自身が復興のための資金を必要としているときに、なぜ旧枢軸国である日本に融資する必要があるのだろうかという意見も見られた。ただし、このような否定的な意見が大きな声となることはなかったという[8]。

IMF/世界銀行へ加盟申請した翌月（1952年9月）、日本は国連への加盟申請を行った。安全保障理事会では、理事国10カ国の支持を得たが、ソ連は拒否権を行使し、否決された。同年10月の総会では、賛成50カ国を得て、採択された。しかし、安保理ですでに否決されており、日本の国連加盟は実現しなかった。

1952年11月以降、日本政府は、国連加盟のための対策を検討したが、その政策は揺れた。正式加盟（単独加盟か一括加盟かの両方式あり）をめざすのか、それとも準加盟（投票権なし、総会の討論には参加）をめざすのか。日本外務省は、一括加盟方式の場合、1954年4月には、中華人民共和国と日本の同時加盟案も具体的に検討していた[9]。

事態の進展が期待されたのは、1955年、カナダが、18カ国一括加盟方式を提案した時であった。ソ連も、この案に賛成の意向を示した。1950年に、インドネシアの国連加盟が承認されて以降、新規の加盟申請は承認されないままで、申請国の間からの不満が強まっていたからである。

しかし、新規加盟候補国のなかに、モンゴルが含まれていることに、中華民国が反対した。アメリカ政府による中華民国への説得も功を奏さず、この18カ国案は採択されなかった[10]。

このような状況を踏まえて日ソ国交回復交渉が進められ、同交渉と国連加盟問題はリンクすることになった。1956年10月、日ソ国交回復交渉が成立すると、同年12月、国連総会で、51カ国共同提案として日本の単独加盟が

審議され、全会一致で承認された。重光葵外相は加盟受諾演説において、日本は、「東西の架け橋」となりうることを述べた[11]。

2. 冷戦期の国連外交

（1） 自衛隊の国連活動への参加問題

　日本は、国連加盟にあたり、国連の集団安保構想にいかに取り組むかを検討した。加盟当時に検討すべき課題は、まず、憲章に記された集団安保への対応の仕方であり、次に、当時すでに展開していた朝鮮国連軍であり、さらに第1次中東戦争後、1949年に設置されたパレスチナ難民支援機構（国連監視団）、そして、第2次中東戦争（スエズ危機）後、1956年に設置されたUNEFの活動への対応であった。

　しかし、当時においては、国連監視団やUNEFの活動内容や性格などは、国連自体、いまだ試行錯誤の過程にあった。

　このような状況のなかで、日本に1958年に早くもPKO参加要請がなされたことを村上友章は述べる[12]。国連レバノン監視団の増強を日本が安保理で提案したことから、決議案は否決されたものの、ハマーショルド事務総長により、自衛官10名の派遣が要請された[13]。

　岸信介首相は、非武装のPKOへの自衛隊の派遣は、憲法との関係で問題なしとしながらも、国内政治で紛糾することを回避するべく、事務総長からの要請を拒否した。国内では、日米安保改定をめぐり、政治対立が高まっていたからである[14]。

　国連レバノン監視団について、日本は、その増強を提案しながら、自らは自衛隊員の派遣を拒否するという失態を演じたことから、このようなことを繰り返さないように、外務省は国連局を中心に、PKOへの参加の可能性を探った。折から、佐藤栄作政権に対して、社会党などから国連軍参加と憲法の関係についての問題整理が要請された。こうして、外務省では、1965年から、国連協力法案要綱の作成作業が進められた[15]。

1966年2月、東京新聞により、外務省国連政治課作成といわれる「国連協力法案要綱」がスクープされる。スクープされたものは、実際の要綱とはかなり内容が違っていたという。外務省の案では、国連憲章6章に基づくものを要員の派遣対象と想定していたが、スクープされたものでは、憲章7章に基づく措置が派遣対象とされていた[16]。その結果、国連協力法案は、草稿の段階であったにもかかわらず、社会党をはじめとする野党から批判され、佐藤政権は、憲法は自衛隊の海外派兵を認めないという見解を発表し、事態の収拾を図った[17]。

国連から日本政府に、再度、自衛隊派遣要請がなされたのは、1972年2月に始まるレバノン・イスラエル国境紛争に関してであった[18]。1972年10月、5～6名の軍事監視員の派遣要請がなされた。しかし、田中角栄内閣における大平正芳外相は、文民なら派遣可能としながらも、自衛隊員については拒否した[19]。その理由は、「自衛隊に対する野党の批判、国民世論の微妙な動向に配慮するため」であった[20]。

（2） 安保理・常任理事国化問題

日本は、国際連盟時代に理事を務めていたことを意識していたのか、早くも1957年1月、国連におけるアジア・アフリカグループの会合で、常任理事国をめざす意思表示をした。そして、これを皮切りに、さまざまな機会で、非公式ながらも、意向表明を行っていった。アメリカ議会の一部には、これを支持する見解もだされたが、アメリカ政府は、パンドラの箱を空けるものとして、賛成ではなかった。

しかし、日本の経済大国化に伴い、1971年4月、キッシンジャー大統領特別補佐官は、日本との関係の再検討を国家安全保障会議（NSC）に指示した。アメリカは、日本に対して、一方においては、冷戦軸に基づき、同盟国として見るものの、他方においては、戦後講和の軸に基づき、日本における軍事大国への志向性の動きを危惧し、反米ナショナリズムが高まることを警戒した。実際に、1970年、佐藤内閣のもとで、中曽根康弘が防衛庁長官

に就任し、自主防衛構想を展開し、また、1968年に成立した核不拡散条約（NPT）についても、1970年2月に署名したものの、その後、1976年6月に批准するまでの間、日本は煮え切らない態度を示していた。日本の核武装論は、アメリカでは、それなりに現実味のあるものと見えた。

　1971年6月、ニクソン政権の対日政策文書が作成され、この文書において、「日本のナショナリズムや大国として認知されたいという願望を建設的分野に導いていく」という提案が記された。そして、その実現方法のひとつとして、日本の常任理事国化の要望を支持することが挙げられた[21]。潘亮は、アメリカは、経済大国となった日本が、アメリカから自立して、軍事大国・核兵器国へと進むことを警戒し、日本を常任理事国にすることにより、アメリカにつなぎとめておくことをめざしたという[22]。

　アメリカにとっての課題は、あとは、いつ、これを日本政府に伝えるかであった。

　その間も、1972年4月、佐藤内閣の福田赳夫外相が、国会審議において、安保理常任理事国はすべて核兵器国であることを批判し、日本もまた、核兵器保有の可能性を残していることを示唆した。こうした発言は、アメリカ政府の不安と警戒心を強めた[23]。

　1972年6月、インガソル（Robert S. Ingersoll）・アメリカ駐日大使は、日本外務省との秘密会議において、佐藤政権に、日本の常任理事国化を支持するとのアメリカ政府の正式決定を伝えてきた[24]。

　しかし、アメリカの政策には、3つの点で問題が存在した。ひとつは、いかにこれを実現するかという具体策に関するものである。日本では、国連憲章改正を通じて、これを実現したい希望があったが、アメリカはそれを困難とし、既存の委員会を活用する方法などを主張していた[25]。

　第2の問題は、1971年に、中国・北京政府に、国連における代表権が認められた、という国際環境の変化であった。

　日本は、国連での中国代表権問題では、一貫して台湾政府を支援する行動を採っていた。1970年に、日本は、重要事項指定案を提出し、北京政府の

代表権獲得には3分の2を必要として、北京政府の代表権承認を最後まで阻止しようとした。1971年には、台湾政府を国連から追放しないことを求める逆重要事項指定方式を、アメリカをはじめとする22カ国共同案として提出した。

しかし、当時、国連大使を務めた中川融によれば、日本国内でも、北京政府を国連に入れるべしとする意見が多数であり、また、この22カ国の共同提案国には、西欧の国や南米の国は参加していない状況であった[26]。さらに、アメリカ自身も米中接近を進めていたことを考えると、日本の中国代表権問題への取り組みは、いったい、誰の考えに基づくものだったのだろうか、疑問を感じざるをえない。

それはともかく、北京政府が国連での代表権を獲得することになると、日本の常任理事国化には大きな困難となることは明らかだった。そして中国の代表権獲得は、日本の予想以上に早かったのである。

逆にいえば、1972年6月、ニクソン政権が日本の常任理事国化を支持することを伝えてきたのは、1971年のニクソン・ショックで、アメリカ自身が米中接近を図ることが公表され、さらに中国が国連代表権を獲得したことにより、日本政府が不安感を高めていくと予想したためであった。

第3の問題は、ほかならぬ、日本の政権担当者が、常任理事国化に関心を持ちつつも、国内政治優先であったことである。アメリカでは、いささか拍子抜けの感があったという。その結果、1977年、カーター・福田会談でのカーターによる言明を最後に、この問題は取り上げられなくなった[27]。

3. 冷戦後の国連外交

(1) 自衛隊の国連平和活動への参加

冷戦後において、日本の国連外交の方向を決定づけるきっかけとなったのは、1990-91年にかけての湾岸戦争であった。

湾岸戦争の経験に基づき、まず、日本は、1980年代のODA大国として

の役割に留まらず、地域紛争の解決のために人、特に自衛隊を派遣する方針を明確にした。次に、冷戦直後は、G7を活用することで、日本はリーダシップを発揮することができると期待したが、現実は、紛争の問題については、やはり安保理が中核的役割を担うことを再認識し、常任理事国化を本格的にめざすことになる。さらに、湾岸戦争では、日本政府はアメリカを通じて状況を把握するなど、対米関係の偏重がすぎるのではないかとの批判も国内でなされ、この点での対応の仕方も課題となった。

　1990年10月、日本政府は、早速、自衛隊の海外派遣を可能とする国連平和協力法案を国会に提出した。もとより、この法案は時間的な制約から、国会での成立は難しいことが予想されるなかで、作成されたものであり、同法案をめぐる国会審議は紛糾をきわめ、同法案は廃案となった。

　この国連平和協力法案をめぐる審議を踏まえ、国連PKO等協力法が国会に提出され、1992年6月、同法は成立した。背景には、冷戦期を通して、国連はPKOの経験を積み上げ、その性格・特徴もしだいに明確になっていたことがある。そして国連平和維持活動は、停戦後に展開される、いわば警察行動であることを、日本政府や明石康や緒方貞子をはじめとする国連関係者は説明した。そこでは、自衛隊は、この伝統的なPKOに参加することが想定されていた。

　国内では、およそ1969年の安保自動延長をめぐる時以来の、大規模な反対運動が繰り広げられた。論争では、日本がグローバル・パワーとして国際社会で活躍することをめざすのであれば、一国平和主義を脱却すべきであるとの議論も展開した。一国平和主義ではないとすれば、だれと協力していくのか。国民の間には国連神話もあり、湾岸戦争で対米協力一辺倒の政府の姿勢が批判されたこともあり、国連に対する協力であればよしとする雰囲気は強く、PKO等協力法の成立を手伝った。

　1992年9月、国連PKO等協力法に基づき、カンボジア暫定統治機構（UNTAC）に参加するために、自衛隊ははじめて海外に派遣された。UNTACへの自衛隊派遣は、日本の市民に国連PKOの実際への関心をいっ

そう高め、これに伴い、開発援助のみならず、難民支援や紛争後の復興支援になどにとりくむ NGO も増えていった。

日本政府は、人間の安全保障基金を国連内部に設置することなどを通じて、人間の安全保障を広く国際社会の理念として定着させるうえで、積極的な役割を果たした[28]。そして、人間の安全保障は、日本外交の理念としても掲げられるようになった。1998 年、小渕恵三首相は、ハノイでの演説で、日本外交の理念としての人間の安全保障を語り、さらに、2000 年、森喜朗首相は、人間の安全保障を日本外交の柱のひとつであると述べた。

冷戦後、国連は PKO を積極的に展開していったが、その活動内容は伝統的な PKO からしだいに変容していった。国連憲章 7 章をマンデートとする活動は増え、政府づくりや軍・警察改革にも取り組み、また他の組織と協力してテロ対策にも関与するようになってきた。こうした活動について、国連平和活動という名称が使われるようにもなっている。

果たして、このような国連の平和活動の変化は、日本の国内政治で、どの程度、理解されているのだろうか。国連について、古いイメージが残されたままではないかとの指摘がなされている[29]。2015 年の安全保障関連法案の審議は、こうした点での理解を深める良い機会であったが、徹底した議論はなされないままであった。

（2） 安保理・常任理事国化問題

1991 年 1 月、宮沢喜一首相は、国連安保理サミットで、常任理事国入りへの意欲を表明し、1993 年 9 月には、細川護熙首相が、国連総会一般演説で、同様の趣旨の発言を行った。

当時、冷戦の終結はひとつの時代が終わったことを強く印象づけ、国連についても、設立後 50 年近くを経て、今や組織改革を必要としているとの主張は説得力を持つものだった。原加盟国 51 カ国で始まった国連が、1992 年当時で 179 カ国という加盟国数になったにもかかわらず、安保理事国数は 1965 年の改正で、非常任理事国数が 6 カ国から 10 カ国に増加しただけとい

う事実は象徴的でもあった。

　国連について改革すべき多くの問題のなかで、日本は、なぜ、安保理改革に特に焦点をあてるのか。ポジションの改善のためといえばわかりやすいが、波多野里望・元国連大使は、国連加盟 50 年におけるオーラルヒストリーのなかで、「私は、安保理が国連のすべてだと思っています」といい、安保理では、紛争問題のみならず、その背景にある経済、社会、人権なども含め、結局、すべての問題が議論されるからであると説明する[30]。

　アナン国連事務総長（当時）が 2003 年に組織した国連改革のための専門家会議（ハイレベル・パネル）では、常任理事国の新設案を見送り、従来よりも任期の長い非常任理事国を創出する案だけを報告書に盛りこもうとした。これに対して、原口幸一国連大使（当時）はドイツ、インド、ブラジルとともに、G4 として、事務総長に強力な働きかけを行い、その結果、ハイレベル・パネル報告書には、任期の長い非常任理事国創出案とともに新常任理事国数の増加案が併記されることになった[31]。

　日本は、常任理事国の資格があることを、「代表なくして課税なし」という論理を用いて主張した。日本の国連通常予算分担率が米国についで第二位だったからである。しかし、この主張は世界には通用しないことを、当事者である日本の国連大使も承知していた[32]。

　日本は常任理事国になるべきであるとか、なれる資格があるとの議論は多く展開されたが、他方、なることができるのか、という点での議論は少なかった。

　日本政府は常任理事国をめざす具体的な方法として、ドイツ、インド、ブラジルと組み、G4 案を提出した。たしかに、この 4 ヶ国で頻繁に協議はしていたものの、G4 が公式的に旗揚げしたのは、2004 年 9 月、小泉首相が国連総会に参加した際に G4 首脳会談を開いたことに始まる。必ずしも明確な方針に基づくというよりも、いささか、自然の成り行きという面もあった[33]。安保理改革はミドル・パワーの争いであり、特定国を候補とすれば、他のミドル・パワーの反発を招くことは必至だった。

日本がいう国連安保理の改革案は、G4案を見る限り、単に日本の国益の実現だけをめざすものという認識を強めることにもなった。東南アジア研究者のアチャリア（Amitav Acharya）は、アジアの大国である中国、インド、日本は、グローバル・ガバナンスの問題としてグローバルな多国間枠組みのルールを変更していこうとしているのか、それとも単に国益のため、あるいは自国のポジションを向上させるためだけなのか、注意する必要があるという[34]。

　国益にもなるが、国際社会の共通利益でもある、という論理を展開できてこそ、多国間外交では説得力をもつことはいうまでもない。

おわりに

　日本の国連外交の歴史を、日本政治という視点から整理すると、第1に、冷戦期の歴代内閣では、国連外交の優先度は低く、むしろ、自衛隊の国連への参加は憲法論争とむすびつくために、極力回避されてきた。これは、いわゆる55年体制のなかで、政策論争を展開するような政治が停滞してしまったことが根底にあろう。その結果、安保理常任理事国化について、いくつかのチャンスを失うことにもなった。

　第2に、自衛隊を国連のどの活動に参加させるのかについては、その都度の状況に応じて対応したが、国連PKOのパターン化が進み、伝統的PKOという類型がはっきりとしてくると、対象も明瞭になってきた。

　第3に、冷戦後の国連平和活動の変容についての理解は進んでおらず、相変わらず、伝統的なPKOが、自衛隊の参加対象として想定されているのではないかとの指摘がなされている。2005年の安全保障関連法は、国連の変容についての理解を深める機会であった。憲法との関係に審議が集中したことは、手順からいって当然ではるが、しかし、徹底した論争が行われなかったことは大いに問題である。

　第4に、戦後70年において、日本は、しだいに東西の架け橋というアイ

デンティティを喪失していく。しかし、日本は国連外交を通じて人間の安全保障を日本外交の理念として確立していった。久しく日本外交には理念がないといわれてきていた点への対応として功績は大きい。くわえて、これに基づき、日本はアイデンティティを再確立していくことができよう。

　次に、日本の国連外交を、国際政治の視点から見た場合の考察をしておきたい。最初に述べたように、日本の常任理事国化をめざす外交は、国際秩序の平和的変更をめざす行動のひとつのケースとなる。

　第1に、戦術面での問題はともかくとして、基本的に、既存勢力の抵抗は強い。かつて、英国のクック（Robin Cook）外相がいったように、「壊れていなければ直す必要はない」のが、既得権者の考え方である[35]。

　第2に、日本の安保理・常任理事国化をめぐる交渉過程は、この問題がミドル・パワーの戦いであり、ゼロ・サム・ゲーム状況にあることを示す。というのも、新規の常任理事国が立てられると、その選から漏れたミドル・パワーは相対的に、そのポジションを下げるからである。

　いかにしてゼロ・サム・ゲームの状況を脱するか。国連の安保理改革問題においてだけでなく、広く国際秩序の平和的変更のために欠かせない点である。ゲームの立て方にこそ、外交の知恵が必要だろう。

　第3に、国連を与件として、そこでパワーに見合ったポジションを得ようとするのが、日本の常任理事国化の問題である。しかし、日本の国連外交の歴史をみると、日本自身のパワーの上昇と衰退もあるが、それ以上に、外交の対象としてきた国連自身が変容していることがわかる。

　平和のための国際分業体制、あるいはより広くいえば、グローバル・ガバナンス・システムのなかで、国連をはじめ、多様なアクターのそれぞれに、どのような役割を与えるのか。この役割を決めるのは誰か。演劇に例えれば、ドラマは、だれが主役を務めるかも重要だが、誰がどのような演出を行うのかも出来栄えを決定する。国際秩序は、演出家によっても変わる。これは、日本の役割とするに十分にふさわしいものだろう。日本の常任理事国化をめぐる取り組みの歴史は、国際秩序の平和的変更のための新しいアイデア

を提供してくれる。

〈注〉

1 たとえば、篠田英朗「国連PKOにおける『不偏性』原則と国際社会の秩序意識の転換」『広島平和科学』36号、2014年、25-37頁。
2 篠田英朗「政治と平和構築のダイナミズム」『外交』34巻、2015年、140頁。
3 A. F. K. Organski and Jacek Kugler, 1981, *The War Ledger,* Chicago: University Of Chicago Press.
4 Robert Gilpin, *War and Change in International Politics*, Cambridge: Cambridge University Press, 1981.
5 Marc Busch, "Overlapping Institutions, Forum Shopping, and Dispute Settlement in International Trade", *International Organization*, 64-4, 2007, pp. 735-761.
6 井上寿一「国連と戦後日本外交：国連加盟への道・一九四五〜五六年」189-214頁。『日本外交の危機認識（年報　近代日本研究）』16号、1994年、189-214頁。
7 同上、193頁。
8 行天豊雄「序章　日本と世界銀行の60年」松本悟・大芝亮編『NGOから見た世界銀行—国際機構と市民社会のはざま』ミネルヴァ書房、2013年、2-3頁。
9 井上、前掲論文、201頁。
10 同上、205頁。
11 同上、211頁。
12 村上友章「国連安全保障理事会と日本　1945-72年」細谷雄一編『グローバル・ガバナンスと日本』中央公論社、2013年、193－194頁。
13 同上、193頁。
14 村上、「吉田路線とPKO参加問題」『国際政治』151号、2008年、124頁。
15 阪口規純「佐藤政権期の国連協力法案の検討—内閣法制局見解を中心に—」『政治経済史学』516号、2009年10月、1-25頁。
16 村上、前掲論文、131頁。
17 同上、131頁。
18 同上、132-133頁。
19 同上、134頁。
20 同上、134頁。
21 村上、「国連安全保障理事会と日本　1945-72」、181頁。

22 潘亮「『経済大国化』と国際的地位：安保理常任理事国入り問題をめぐる日米関係」波多野澄雄編著『池田・佐藤政権期の日本外交』ミネルヴァ書房、2004年、167-197 頁。
23 同上、179-183 頁および 183-184 頁。
24 同上、187 頁。
25 同上、188 頁。
26 中川融「二つの中国」国連広報センター編『回想　日本と国連の三十年』講談社、1986 年、131 頁。
27 潘亮「『経済大国化』と国際的地位：安保理常任理事国入り問題をめぐる日米関係」、192 頁。
28 人間の安全保障委員会『安全保障の今日的課題：人間の安全保障委員会報告書』朝日新聞社、2003 年。
29 篠田英朗「政治と平和構築のダイナミズム」『外交』34 巻、2015 年、138-140 頁。
30 波多野里望「新時代を迎えた国連」明石康・高須幸雄・野村彰男・大芝亮・秋山信将編『オーラルヒストリー日本と国連の 50 年』ミネルヴァ書房、2008 年、198-199 頁。
31 原口幸一「対イラク武力行使に揺れる国連」明石康他編、前掲書、290-317 頁。
32 菊地大使は、「彼ら（小国）自身が全体の○.○一％ぐらいしか国連分担金を払っていないのですから、金のことを言われるとそれは嫌なわけですよ。それを日本が『いちばん払ってるんだぞ』というと、彼らとしては『はい、そうですか。じゃあ、日本に入れましょう』というわけにはいかないと思います」菊地清明「終焉に向う冷戦と国連」（明石康他編、前掲書所収）、180 頁。
33 原口、前掲論文、309 頁。
34 Amitav Acharya, "Can Asia lead? Power ambitions and global governance in the twenty-first century," *International Affairs*, vol. 87, no.4, 2011, pp.851-869.
35 Shashi Tharoor, "Security Council Reform: Past, Present, and Future" *Ethics & International Affairs*, vol. 25, no. 4, 2011 (http://www.carnegiecouncil.org/publications/journal/25_4/essay/001.html。2016 年 3 月 8 日取得）。

4 国連事務総長:
選出の歴史と役割の変遷

植 木 安 弘

はじめに

　国連事務総長の仕事を「世界で最も不可能な仕事」と評したのは初代事務総長のトリグブ・リーである。国連憲章では事務総長は国連事務局の行政長と規定されており、国連6つの主要機関の一つを代表する国連の顔である。さらに、事務総長はこれらの主要機関を事務的にサポートする任務に加えて、平和を脅かすような事態が生じた場合に安保理に報告し、その注意を喚起できる権限が与えられている。この憲章第99条が国連の前身である国際連盟とは大きく異なる点で、事務総長の政治的活動の法的根拠となっている。

　本論文では、まず事務総長の選出に当たって、初代の事務総長選出から潘基文の選出までの過程をレビューする。1996年に行われた事務総長選に関しては、筆者の記録を基に特に詳細にそのプロセスを紹介する。そして、事務総長の実際の役割は国際政治の変動とともに変遷しており、また、事務総長の個性やスタイル、信念、アプローチによってもそのあり方、役割、成果、直面した課題が異なっていることから、筆者の国連職員としての経験に基づき、冷戦後の三代の事務総長についてその役割や課題について考察する。

1 歴代事務総長とその選出

（1） トリグブ・リーからブトロス・ブトロス＝ガリまで

　事務総長は安全保障理事会の勧告を経て総会で任命される。1945 年 6 月 26 日にサンフランシスコで国連憲章が採択されその四か月後の 10 月 24 日に効力を発揮したが、国連設立準備委員会の勧告では安保理は一人の候補を推薦するのが望ましいとした。これを受け、総会は翌年 1 月の決議第 11 号でこの勧告を受け入れた。しかし、選択の基準については何らの合意もなかった。

　事務総長選出は最初から大国間の政治的綱引きの対象となり、米国はカナダの駐米大使レスター・ピアソンを推し、ソ連はユーゴスラビア外相のスタノイェ・シミッチを推した。ソ連は、事務総長は北米、イギリス、フランスからは選出すべきでないと主張した。その結果、総会議長選に敗れたノルウェー外相のトリグブ・リーが妥協の候補者として選ばれた[1]。リーはサンフランシスコ会議で国連設立に貢献したことが評価され、また、ノルウェーで労働組合のリーダーだったこともあり、政治的に米ソにも受け入れられやすかった。

　リー事務総長は激化する冷戦の中で国連事務局の体制造りを行い、国連憲章第 99 条で与えられた政治的任務を積極的に果たすことになるが、特に朝鮮戦争勃発時には、現地国連委員会からの報告に基づいて北朝鮮の攻撃を国際平和への脅威と断定して安保理の行動を促した。当時ソ連は中国の代表権問題を巡って安全保障理事会を欠席したため、安保理は決議で「統一指令」軍設立を促し、国連旗の使用を許可した。この時のリー事務総長の態度やその後の事務局運営がアメリカ寄りとしてソ連から冷たい目で見られたため、1950 年秋ソ連はリー事務総長の再選を拒否した。これに対し、アメリカはリーの継続を望み、リーの「再任」を求め、総会で三年の「再任」を認めさせた。しかし、ソ連はこれを違法としてリーを認めず相手にしなかった

め、リーは 1952 年 11 月に辞任した[2]。

　リーの辞任後、新たな事務総長選が始まり、フィリピンやイラン、レバノンからも候補が出され、米国は再度カナダのピアソンを推したが、イギリスとフランスが推したスウェーデンのダグ・ハマーショルドが妥協の候補として選出された[3]。スウェーデンの中立性と政治的バックグランドがあまりない実業家としての経歴やマーシャルプランの実行に寄与した経歴、外交経験などが買われたのである。当初政治的貢献は期待されていなかったが、1956 年のスエズ危機では総会を通じた国連平和維持軍の創設に大きく寄与した。徐々に政治的感覚を発揮し、事務総長の政治的役割を強めていったが、1960 年に起きたコンゴ動乱で国連は再度大きな政治的危機に見舞われ、事務総長はソ連やフランスから批判されることになった。ソ連は事務総長のトロイカ（三人）体制まで主張した。しかし、ハマーショルドは任務の途中 1961 年コンゴの飛行機墜落事故で亡くなった。

　ハマーショルドを継承したのは、ビルマ（現在ミャンマー）出身のウ・タントだった。ウ・タントは学校の先生の経歴の持ち主だったが、ビルマの独立後内閣や外交分野で活躍し、当時ビルマの国連大使を務めていた。アラブ諸国やイスラエルの支持を得、ソ連が西側以外の候補に固執したこともあり、ウ・タントが 1961 年 11 月に事務総長代行に任命され、その後事務総長に任命された。ウ・タントは 1961 年 12 月のキューバの核ミサイル危機で米ソの間を取り仕切り、核戦争回避に貢献したが、ベトナム戦争ではアメリカに批判的だったため、アメリカからは冷ややかな目で見られるようになった[4]。

　ウ・タントが二期 10 年務めた後、事務総長選にはフィンランド、スウェーデン、セイロン（現スリランカ）、イラン、エチオピア、アルゼンチンなどから候補が出たが、選挙戦の後半に出馬したオーストリアのクルト・ワルトハイムが大国の拒否権が行使されなかった候補として最終まで残った[5]。ワルトハイム事務総長は例えば第四次中東戦争終結の一環としての国連 PKO 派遣や拡大する南北対立の中での外交努力を行い、ある程度の成果を上げた[6]。ワルトハイム事務総長は二期 10 年務めた後、三期目を狙い事務

総長選に出馬した。アメリカやヨーロッパ諸国はワルトハイム事務総長継続を支持したが、西側が事務総長職を独占するのを嫌った中国がアフリカ出身の事務総長を主張し、タンザニアのサリム・サリム外相を推した。他の候補で有力視されていた国連難民高等弁務官の経験を持つイランのサッドルディン・アガ・カーンはソ連の拒否権で葬られたため、ワルトハイム事務総長とサリム外相の一騎打ちとなった。15回にもわたる仮投票が行われたが、合意に至らない。結局第三者を探すことになり、ペルー出身で国連事務局で特別政務担当の事務次長の経験のあるハヴィエル・ペレス＝デクエヤルが拒否権の対象とならなかった候補となり、次の事務総長に選出された[7]。

　デクエヤルはフォークランド・マルビナス紛争や湾岸戦争直前に紛争解決に仲介の労を取ったが、功を奏しなかった。しかし、二期目は冷戦終焉期となり、東西緊張緩和にも助けられてソ連のアフガニスタンからの撤退、イラン・イラク戦争の終結、ナミビアの独立などに貢献した。南米出身ということもあり、中央アメリカのニカラグア、エルサルバドル、グアテマラの内戦終結と民主化にも大きな役割を果たした[8]。1980年代にはアメリカの保守派ヘリテージ財団などから強い国連批判があったが、日本の提案などを基に行財政改革を行って凌いだ。そして二期10年に渡り事務総長の職を務めた。国連憲章に事務総長の任期は明記されていないが、こうしてウ・タント、ワルトハイム、デクエヤルと二期10年の慣例が出来た。

　対ワルトハイム選で敗れたアフリカ諸国は、デクエヤル後はアフリカ出身の事務総長を出すべきであるとの考えを持っていた。地域的にも、ウ・タントがアジア、ワルトハイムがヨーロッパ、デクエヤルがラテン・アメリカ出身である。まだ事務総長を出していないのがアフリカであることから、アフリカ諸国の主張には広範な支持が集まった。この場合の「アフリカ」は、北はエジプトなどのアラブ諸国から「サブ・サハラ」と呼ばれているサハラ砂漠以南の「黒いアフリカ」までのアフリカ大陸全域を指す。「黒いアフリカ」出身の事務総長にはまだ抵抗があると言われる中、1991年のアフリカ統一機構（OAU）サミットから本格的な動きが始まった。

アフリカからは何カ国からも候補者の名前が挙がったが、エジプト出身でキリスト教コプト系、外務担当大臣をしていたブトロス・ブトロス＝ガリとジンバブエの上級経済相のバーナード・チゼロが有力候補として残った。チゼロはイギリスと旧イギリス植民地からなるコモンウェルスの支持があった。イギリスは当初ノルウェーのブルントラント首相を推していたが、アフリカ出身者に情勢が傾くとチゼロ支持に代わった。ガリはソ連からの支持とフランス語に堪能な候補者を望んだフランスの支持があった。問題はアメリカだった。アメリカはガリを支持しない態度を取っていた。ブッシュ大統領は当初カナダのムルローニイ首相を考えていたが、先進国からは無理と分かるとパキスタン人で元難民高等弁務官のサドゥルディーン・アガ・カーンを支持していた。ところが、ジェームズ・ベーカー国務長官がオランダのハンス・ファンデンブロック元外相を推したこともあって、統一候補がいなくなり、結局ガリで良いとのことになった[9]。安保理での事務総長選ではアメリカはガリに対しては棄権したとされている。こうして「アフリカ」出身の事務総長が誕生した。事務総長職の地域輪番制が慣例となった。

（2） 1996年の事務総長選挙とアナンの選出

ここで、1996年の事務総長選挙を振り返り、そのプロセスを紹介する[10]。

ガリ事務総長は一期目が終わる1996年にはそれまでの事務総長が二期目を与えられていたことから再選を期待していた。ところが、アメリカはソマリアやボスニア紛争、そしてルワンダでのジェノサイドなどで関係が悪化していたことや、大統領選とのからみで共和党から批判の槍玉にあがっていたガリ事務総長の再選を良しとせず、1996年3月からガリ事務総長に対し再出馬しないよう裏舞台で説得工作を行った。事務総長がこれを受けなかったため、アメリカは5月に「名誉ある退陣」のため任期一年延長を内々提案したが、6月に入り、事務総長は任期5年の二期目を求める決断をした。事務総長は安保理の常任理事国であるフランスから強い支持を得ており、アメリカを除く他の安保理理事国やアフリカ諸国からも強い支持を得られるであろ

うとの読みだった。ただ、アメリカの反対もあり、二期目に当選しても2年で職を退くことも考えていたが、アメリカの意思は固く、この時点で、アメリカ対ガリ事務総長の対決が確定したといえる。アメリカはガリの後任にボスニアでNATOの軍事攻撃を認めたアナンを既に考えていた。

公式な事務総長選出に関する安保理の協議はこの年の11月に始まった。この協議はプライベート（私的）な公式会合という理事国だけの会合で始まった。これには通常安保理をサポートする国連事務局職員も入らないという特殊な会合であった。アメリカはガリ事務総長からアナン選出のためのプロセスに移行させるために、このような非公開の公式会合を開催して再選を頑固に主張するガリ事務総長への不支持を明確に出して一時的にも選挙プロセス外に置き、その間にアナンを選出する戦略に出たのである。投票結果は14対1で、アメリカは拒否権を発動した。

この時の投票方法は公表されていないが、二種類の投票用紙が用意され、常任理事国には常任理事国と書かれた投票用紙が配られ、非常任理事国には非常任理事国と書かれた投票用紙が配られた。両方とも白い用紙だった。秘密投票のため国名は記入されず、賛成か反対か棄権かの投票だった。使用された黒色のボールペンは国連事務局が特別に購入したものだ。どの理事国がどう投票したかが分からないようにするためだ。

アフリカ諸国はその後暫くガリ事務総長支持路線に固執し、安保理の非公開の私的協議でその立場を表明したが、アメリカの態度が不変なため、12月初めにアフリカの二期目を確保するため、新たな候補を出す決断をした。こうして4人の候補者がそれぞれの国から推薦された。ガーナのコフィ・アナン、コートジボワールのアマラ・エッシー、ニジェールのハミド・アルガビッド、そしてモーリタニアのアフメドゥー・ウールドアブダラーの4人。アナンは英語圏出身だが、他の3人は仏語圏出身だ。アナンはPKO担当国連事務次長、エッシーは現役の外相、アルガビッドは元首相、ウールドアブダラーは国連事務総長特別代表経験者だった。

12月10日からまず予備投票が行われた。これは俗に「ストローポール」

と呼ばれる仮投票で、立候補を「encourage」（奨励する）か「discourage」（奨励しない）か、秘密投票するのであった。安保理決議が採択されるには安保理15カ国のうち9カ国が賛成しなければならない。この9カ国には常任理事国も入らなければならないが、最初の投票では常任理事国と非常任理事国の区別をつけない方式を採った。投票用紙は全て白。まず、全体での腹の探り合いである。正式なストローポールではないので「ゼロ投票」とも呼ばれた。結果はアナン支持12票、不支持が2票。エッシーは支持11票、不支持4票。アルガビッドとウールドアブダラーは共に支持7票、不支持5票であった。その他の票は棄権であった。

　この後行われた第二回目のストローポール仮投票では常任と非常任の区別が付けられた。常任理事国は赤色の投票用紙、非常任理事国は白色の投票用紙。焦点は常任理事国の態度であった。結果は、アナン支持10票、不支持非常任3票、常任1票。この常任理事国はフランスと思われた。一方、エッシーは支持が7票、不支持が非常任2票、常任2票だった。この常任は英米と思われた。アルガビッドは支持が5票、不支持非常任5票、常任2票。ウールドアブドラーは支持が3票、不支持非常任5票、常任2票だった。

　12月11日には仮投票が三回行われた。主な動きは非常任理事国によるアナン支持が一つ増えたこと、逆にエッシー支持が一つ減ったことであった。また、他の2候補に対する不支持が6カ国を上回り、選出に必要な9票を取れないことが明確になったことだ。

　12月12日の三日目の仮投票では非常任理事国によるアナン支持が更に2カ国増え、これで支持が13票になった。一方、エッシーの支持は7票のままだが、不支持が非常任理事国3票と1票増え、両者との差が広まった。これでアナン不支持の1非常任理事国にプレッシャーがかかり、この日第二回目の投票でこの国はアナン支持に回った。結果は支持14票となった。最期まで不支持を表明していた常任理事国はこうして支持に回る決断をした。そして、翌12月13日、安保理は公式会合を開催して、正式にアナンを任期5年の事務総長に任命する勧告を決議の形で採択した。この勧告を受け、12

月17日、国連総会は拍手による満場一致でアナンを事務総長に任命した。

（3） 潘基文の選出

　アナン事務総長の二期目はイラク戦争で米国に批判的な態度を取ったために、アメリカとの関係が冷却化したが、アナン事務総長は二期終了前に事務局の指導体制を変えることにより乗り切った。ガリ事務総長とアナン事務総長合わせて15年アフリカがこのポストを占めたため、次はアジアの番との見方が多勢を占めた。

　アナンまでの事務総長選は安保理で秘密のベールに包まれて事務総長候補も公にキャンペーンを張ることはなかったが、事務総長選出プロセスへの不満の声が上がる中、公に立候補を立てるところが出てきた。特に立候補の規定がある訳でなかったため、これは自主的に行われた。先ず名乗りを上げたのが東南アジア連合（ASEAN）に推されたタイのスラキアート・サティラタイ外相だった。それにスリランカ政府推薦のジャヤンタ・ダナパラ元国連軍縮局長が続いた。そして、韓国から推薦された潘基文が名乗りを上げた。ヨルダン政府はゼイド・ラアド国連大使を推薦し、アフガニスタン政府はアシラフ・ガニ財務相を推薦した。インドのシャシ・タルール国連広報局長は自国の外務省から後押しがなかったため、シン首相からの個人的支持を得て立候補した。東欧ラトビアのヴァイラ・ヴィケ＝フレイベルガ大統領はバルト三国の支持を基に名乗りを上げたが、これは女性候補を立てるべく「今平等を」（Equality Now）という女性グループが動いた背景があった[11]。

　米国は当初必ずしもアジアからの事務総長選出に拘らない立場を取ったと言われているが、大勢がアジアの番を支持すると友邦国からの事務総長を望んだ。そして、韓国に目を向けたとされている。問題は中国の出方だった。仮投票は2006年7月と9月に行われた。二回の仮投票では潘が一位、タルールが二位だった。タルールの票の中には常任理事国の「奨励しない」票が一票あった。中国はインドとの関係はまだ改善しておらず、また対韓関係の改善を望んでいたこともあり、潘支持に回った。他の候補者が次々と候補

を辞退した結果、2006年10月に潘が次期事務総長に選出された。

（4） 事務総長選出のパターン

これまでの事務総長選出のパターンを見ると、次のことが分かる。

a) 常任理事国や地域の大国からは事務総長は選出されない。
b) 常任理事国の支持あるいは拒否権の不行使が選出の基準になる。
c) 常任理事国同士が別候補を支持した場合、第三の候補が選出される可能性が高くなる。
d) 常任理事国の中でも米国の態度が大きく影響する。
e) 安保理決議採択には15理事国のうち9理事国の賛成投票が必要なことから、非常任理事国は事務総長選でもある程度の影響力を持つ。仮投票で非常任理事国の支持を多く集めた候補は立場を有利にする。
f) これまでに地域的輪番制が選出基準の慣例となっている。しかし、これは不文律であり、安保理、特に常任理事国の態度で変わりうる。現在、この慣例を崩す要因としては女性候補に重点を置いた場合である。

2　役割の変遷

（1）　事務総長の権限と地位

　事務総長の権限と影響力は一般に思われている以上のものがある。国際平和と安全保障面では安保理の決議を履行する役割が与えられており、国連平和維持活動などではその運営を任されている。国連平和維持軍が最初に設立された1956年のスエズ危機では、平和維持軍の指揮系統や武器の使用等のあり方の決定に大きく貢献し、その後の国連の平和維持活動（PKO）の基礎を作った[12]。

　事務総長は国連PKOの運営ではオペレーション上での指揮権を持つ。通常、政治活動とPKO全般の運営に現地で責任を持つ事務総長特別代表を任

命し、軍事面では指揮官を任命する。国連 PKO は冷戦終焉後急速に拡大し、1990 年前半には 8 万人規模となった。その後一時停滞したが、1999 年から再度拡大の方向に向かい、2015 年には 10 万人を超える規模となっている[13]。中東やアフリカなど紛争解決が難しい地域に送られることが多く、PKO のマンデート（任務）の規定、兵力規模、武力行使の範囲、予算、人員配置などで大きな影響力を行使する。事務総長の勧告が全て安保理に受け入れられる訳ではないが、オペレーションを遂行する上での勧告には相当の重みがある。各国部隊の派遣や撤退などの指揮権はあくまでも各国の最高司令官である大統領や首相が持っている。

　事務総長はこの他にも、紛争の調停やグッドオフィスと呼ばれる仲介、事実調査団の派遣や報告、紛争防止のための予防外交、民主選挙支援や選挙監視、憲法の制定、司法制度の確立、軍や警察組織の改革、紛争後の平和構築など多岐にわたる国連の活動を陣頭指揮する立場にある。

　事務総長にはまた国際条約の寄託者としての国連を代表し、国際法や人権を守るための道義的責任も与えられている。ジェノサイド（大量虐殺）防止条約や、紛争下で一般市民を守ったり捕虜の扱い方などを規定したジュネーブ条約、難民条約、その他の国際人道条約、政治的、経済的、文化的権利などを規定した国際人権規約や子供、障害者、少数民族の権利などを含む各種の国際人権条約、反テロ条約など国際法の守護神としての役割は大きい。これらの国際法に違犯する行為が生じた時には、事務総長は国際法からの解釈に関する声明を発表したり、調査団を派遣したり、違反行為の阻止や対応に影響力を持つ国々に呼びかけたりして行動する。

　また、事務総長の大きな権限には人事権がある。事務総長は国連事務局の副事務総長や事務次長、事務次長補といった政治ポストを任命できる。更に、各種の PKO などを担当する事務総長特別代表や紛争調停や仲介に当たる特使、特定の問題に関する顧問などは直接事務総長の権限で任命できる。国連開発計画（UNDP）やユニセフ、国連大学といった国連が設立した「プログラム」の総裁や事務局長は事務総長の推薦が必要で、国連総会によって

任命される。事務総長はこのような任命に際し、地理的配分や政治的考慮を視野に入れて決定するため、自らの裁量だけで決められるポストは比較的限られているが、それでも100人を優に超える事務次長や次長補などの任命に直接、間接関与できる権限というのは相当なものである。

　事務総長の外交的地位は各国の首相に相当する。必要に応じて各国の大統領や首相、外相に直接電話で会談することができる。毎年9月に幕を開ける国連総会の通常会期の冒頭で演説し、国連の直面する課題について各国にアピールする。各国のリーダーが集まる一般演説では個別会談を行い、紛争や外交的危機、人道的危機などの時には安保理に出向いて緊急の行動を促したり、総会に通常予算やPKO予算の予算書を提出したり、経済社会理事会などで途上国への経済支援や貧困撲滅へのアピールをしたり、とにかく事務総長の活動は幅広い。また、事務総長は1年の半分近くを地域機関の年次総会への出席や紛争地域への訪問、各国の招待に基づく公式訪問、非公式訪問などで過ごすことが多い。外遊中は事務総長の側近や政務官、報道官、コミュニケーション担当官などが付き添うため、国際問題や紛争の危機が起きた時やその他の急を要する問題が生じた時でも、常に国連本部や各国のリーダーと連絡、協議が出来る体制を整えている。

　しかし、国連には国連独自の常備軍があるわけでもなく、独自の財源があるわけでもない。国連PKOは各国からの派遣部隊で構成されており、予算は加盟各国の分担金で賄われている。事務総長は安保理の常任理事国の支持なくしては選ばれない。従って、常任理事国の意向を無視するような行動は簡単には取れない。各国の利害が対立する時などは「四面楚歌」の状況に置かれることも多い。「世界で最も不可能な仕事」にも関わらず、国連を代表する顔として事務総長には大きな期待がかかっている。

　このように、事務総長にはそれ相応の地位や権限と数多くの任務が与えられ、また制約も大きいが、その時の国際政治状況でその役割や活動は大きく影響される。また、事務総長の力量や政治的判断でも評価が分かれる。ここではまず冷戦後三代の事務総長について考察する。

（2） ガリ事務総長の戦い

ブトロス・ブトロス＝ガリ事務総長（以下、ガリ事務総長）は第6代事務総長として1992年から1996年までの一期5年間務めた。ガリ事務総長の選出のプロセスは後述するが、第三代のウ・タント事務総長以来二期10年の任期を務められなかった背景には、冷戦終焉後唯一の超大国として君臨したアメリカとの確執があった。

ガリ事務総長は、就任直後の1992年1月に開催された首脳レベルの安保理サミット会合で要求された冷戦後の国連の役割に関する「平和への課題」報告書を同年6月に発表した[14]。このサミットは冷戦後の新たな国際政治協調を象徴する出来事だった。そして事務総長の報告書は国連を中心とした集団安全保障体制の実践化への期待を背景にしたものだった。

この中でガリ事務総長が特に強調したのが、国際平和と安全保障維持のために国連憲章が想定した安保理常任理事国の協調に基づく本来の集団安全保障体制の構築だった。実際1990年5月31日以来安保理常任理事国は拒否権を行使していなかった。国連が設立された1945年からそれまでは国連の計算で279回の拒否権が使われた[15]。冷戦時代の国連安保理の機能障害の状況が伺える。1990年8月末のイラクのクウェート侵攻そして併合への対処では常任理事国の一致した行動が顕著だった。そのような中で、国連憲章がその第7章で想定したように、国連が加盟国と特別協定を締結し、安保理下の軍事参謀委員会に国連常備軍を結集する構想を実現することを報告書の中で提唱したのであった。

「平和への課題」で新たに提唱された行動には、平和執行部隊の設立とPKOの予防展開があった。平和執行部隊構想は、停戦や和平協定が締結されてもこれを順守しない行動が取られる場合にはこれまで国連は有効に対処できなかったという反省があった。安保理の結束を背景に、平和維持を目的とした軽武装のPKOから停戦や和平協定を力づくでも守らせる、従ってより強力な武装を伴うPKO部隊を設立させる、というものであった。PKOはこれまで紛争防止のために展開したことはなかったが、予防外交の一環と

して紛争の勃発を防ぐ手段としてPKOの予防展開の構想が出てきた。

　もう一点ガリ事務総長が力を入れた視点があった。それは民主化の原則を諸国間、国家内部、コミュニティーの各レベルで推進することであった。そのため、ガリ事務総長は「国際関係の民主化」を訴えた。これは、冷戦終焉後、ソ連の解体に伴ってアメリカが大国として一極構造の頂点に立ったことがある。アメリカが国際政治を思うがままに動かすことになれば国連の役割が無くなる、従って、アメリカに拮抗する勢力を育てることが国連にとっても大事なことだとの信念である[16]。

　ガリ事務総長が力を入れた平和執行部隊はソマリアで試されることになる。ソマリアではバーレ独裁政権が1991年に倒れた後、政権継承を巡って内戦になったが、事務総長特別代表の努力で1992年初頭に停戦が合意され、その停戦監視に国連PKO（UNOSOM）が派遣されることになった。しかし、内戦の再燃や治安の悪化、主力種族（クラン）のアイディード派の抵抗等もあり、UNOSOMはなかなか現地での展開が出来なかった。そのような中で、数年にわたる旱魃のため飢饉が発生した。そのため、アメリカは多国籍軍（UNITAF）を結成することにし、国連安保理の支持を得て1992年末に派遣した。この派遣は功を奏し、危機的な人道状況は改善した。と同時に、多国籍軍の任務を国連PKOに移管することになったが、このPKOに新たに平和執行の任務が与えられることになった。ガリ提案の実践化だった。こうして第二の国連PKO（UNOSOM 2）が1993年3月に設立されたが、アイディード派はこれに抵抗した[17]。同年6月、アイディード派の武器倉庫を査察中にUNOSOM2のパキスタン部隊がアイディード派に攻撃され、25人のパキスタン兵が死亡する事件が起きた。国連安保理はこれを非難し、アイディード逮捕の決議を採択した。

　当時、アメリカは国連事務総長の指揮下に自国の部隊を置くことを嫌い、別途緊急展開部隊を現地に派遣し国連PKOを支援することをしたが、その指揮権はアメリカにあった。ガリ事務総長は始めから民兵組織の武装解除を強く主張したが、アメリカは武力衝突を嫌いこれを受け入れなかった。アイ

ディードの逮捕をめぐっては米国部隊が主導することになったが、アメリカは何らかの政治的解決を希望した。しかし、ガリ事務総長は安保理決議によるアイディード逮捕に拘り、この面でもアメリカと対立した[18]。10月に至り、首都モガディシュの武力衝突で米国から別途派遣された精鋭部隊に多くの犠牲者が出たため、アメリカはソマリアからの撤退を決断した。アメリカの撤退は国連PKOの挫折を意味した。ガリ事務総長は1995年の『平和への課題─追補版』で平和執行部隊構想は時期尚早であったことを認め、これを修正することになったが、ソマリアでの挫折はアメリカ国内での国連、特に事務総長批判を助長させることになった。

ソマリアと同時期、国連にとっての大きな試練はユーゴスラビアの解体とそれに伴う戦争の勃発だった。特にボスニアの戦争ではアメリカと事務総長との乖離が更に深まることになった。ボスニアでの内戦は「民族浄化」に繋がり、民族間での血なまぐさい戦争となった。英仏を中心とした西欧はヴァンス・オーウェン和平案でボスニアの「カントン化」による政治的解決を求めガリもこれを支持したが、アメリカはボスニア系を被害者と定義づけ、セルビア勢力への軍事的圧力を強めた。そしてNATOによる航空攻撃を主張したが、ガリ事務総長は国連PKOへの影響を懸念して国連の主導権を固辞した。ガリ事務総長はまたボスニア戦争への欧米による大規模な肩入れを「リッチマンズ・ウォー」と批判して、アフリカなどの途上国で起きている紛争にもっと目を向けるべきだとしたが、これは特にアメリカには批判的に映った[19]。

アメリカは劣性に立たされたボスニア系の人達を助けるために、1993年4-5月安保理を動かしサラエボやスレブレニッツァなど6つの地域を「安全地帯」と宣言してこの保護を国連PKOに託した。これに際し、ガリ事務総長は、これらの安全地帯を守るためには既に展開している国連PKO部隊に3万4千人規模の増加が必要だと主張したが、アメリカに受け入れられず、当初は僅か50人の軍事監視要員の増加が認められただけで、その後7,600人の増員が認められたが、事務総長の主張とは大きくかけ離れたものだっ

た[20]。1995年7月には安全地帯の一つスレブレニッツァで国連PKOが駐屯していたにも関わらずセルビア系武装集団に占拠され、7千人を超える男性が強制的に連れ去られ虐殺されるという事件が発生した。その後NATOの航空攻撃があるが、その許可に必要な国連とNATOの「二重の鍵」を巡ってもガリは国連の権利を主張した。アメリカは国連の権利をガリからUNPROFOR司令官に委譲させ、外交的にはデイトンでの和平協定でボスニアの内戦が終結したが、ボスニア内戦への対応を巡り、ガリ事務総長はアメリカとかなり鋭く対立した。

　ガリ事務総長はその他にも幾つもの試練に直面した。特に1994年4月に起きたルワンダのジェノサイドへの対応では再度アメリカと対立することになる。国連は多数派フツ族のルワンダ政府と少数派ツチ族率いるルワンダ愛国戦線との間で続いていた内戦で停戦監視のために1993年10月にルワンダに国連PKO（UNAMIR）を派遣していた。1994年1月現地の指揮官ロメオ・ダレール将軍（カナダ）から本部への電報でフツ族がツチ族に対して大量虐殺の準備をしているとのある通報者の情報が伝えられ、武器を隠している倉庫に部隊を送り、武器が発見された場合にはこれを押収したいとの要請が届いた[21]。これに対し、時のアナンPKO局長やオペレーション担当のイクバル・リザ事務次長補は、そのような行為は国連PKOのマンデート（任務）を超えるものとして許可を出さなかった[22]。

　4月6日、ルワンダのハビャリマナ大統領を乗せた飛行機が首都キガリの空港に着陸寸前撃ち落とされた。これはツチ族の仕業だとして、フツ族武装民兵組織がツチ族に対して大量虐殺を始めた。ガリ事務総長は安保理に対して国連PKOを増加してこれに対処すべきだと主張したが、米国は現地の状況を「ジェノサイド」とは認定せず、ガリ事務総長の主張を受け入れなかった。ジェノサイドと認定するとジェノサイド条約下でこれを防ぐための行動を取らなければならなかった。しかし、前年のソマリアでの経験やボスニア戦争への関心の集中などから、新たにアフリカに派兵することを嫌ったのである[23]。国連PKOの主力部隊を出していたベルギーも自国のPKO部隊が

攻撃を受け、穏健派のフツ族の首相を警護していた10人の兵士が殺された後は自国のPKOを削減、撤退させる決定をした。その結果、ジェノサイドは拡大し、約80万人の人達が犠牲になったと言われている。ガリ事務総長にとってもこれは大きな痛手だった。

　国連はカンボジアやモザンビーク、エルサルバドル、ハイチ、エリトリアなどで大きな成果を挙げたが、ソマリア、ボスニア、ルワンダでの痛手は特にガリ事務総長にとっては大きかった。

　ガリ事務総長の苦闘は、ある意味では歴史の犠牲者となったものと言えないこともない。ルワンダのジェノサイドはソマリアの失敗が尾を引くことになったし、ボスニアの安全地帯保護でも事務総長の主張には理があった。しかし、国連側に問題がなかった訳ではなかった。不偏を基調とした伝統的なPKOに強制力を持たせようとしたことはガリ事務総長も後に認めたように時期尚早であったし、ルワンダでも民兵組織の武器を押収していれば状況は変わったかも知れない。ボスニアで明確になったように、伝統的なPKOの概念で内戦が突き付けるあらたな状況に対処しようとしたことにも無理があった。試行錯誤の時代ではあったが、ガリ事務総長にとっては冷戦後唯一の超大国となったアメリカとの関係を良好に保てなかったことが命取りとなってしまった。ガリ事務総長はアメリカの支持が得られなかった理由として、議会を握ったアメリカの共和党の国連批判、特にガリ事務総長批判と1976年が大統領選挙の年でクリントン大統領側が国連批判に対抗しようとしたためだとしているが[24]、「Secretary」（行政長）よりも「General」（将軍）と批判されたようにガリ事務総長の自己主張型の政治スタイルと理念追求型のアプローチが国連内外で多くの敵を作ってしまったことも大きな原因であった。

（3）　コフィ・アナン事務総長の功績と苦渋

　アメリカによるガリ事務総長降ろしが幕を閉じ、コフィ・アナンが次期事務総長に任命されたのは1996年12月17日だった。任務開始は翌年の1月

だったため、その準備は僅かに二週間足らずだった。しかし、国連事務局から上がってきた初の事務総長誕生だけに、国連内外での人脈は厚かった。それまでの事務総長は自国出身の側近を連れてくることが慣行だったが、アナン事務総長は前身のPKO局長時代の側近をそのまま登用した。

　事務局の主要ポストは政治的な配慮からまず常任理事国の意向を反映する形になった。フランスが最後までガーナという英語圏出身のアナン選出に難色を示していたが、アナン支持の代償にPKO局長職を要求したとされた。事実、PKO局長にはフランス人が任命された。PKOは国連の花形活動である。その国連PKOを自国の外交政策と合致させ有効に利用したいと思ったのは当然である。自国の支援するフランス語圏の候補者を選出させることは出来なかったが、それに代わるものを手に入れる常任理事国のしたたかな外交戦術であった。アメリカは財政を握る管理局ポスト、イギリスは政務局ポスト、ロシアはジュネーブ事務局長ポスト、中国は経済社会局ポストをそれぞれ獲得した。

　アナン事務総長が先ず手がけたのが、ガリ事務総長の失脚の原因となったアメリカとの関係の修復であった。アメリカがアナン事務総長選出の立役者だったこともありクリントン政権とは関係が良かったが、問題は予算権限を握る議会であった。共和党は1994年の選挙で勢力を奪還し、国連を敵視してきたヘリテージ財団の影響などを受け、国連への分担金滞納で政治的プレッシャーをかけていた。アメリカは当時国連予算の25％を分担しており、その滞納はしばし国連を財政難に陥れた。そのため、アナン事務総長は何度もワシントン参りを行い、関係修復を試みた。共和党の指導者でノースカロライナ出身のジェシー・ヘルムズ議員が一つの鍵だった。アナン事務総長はヘルムズ議員のいるノースカロライナまで赴き個別に接触した結果、ヘルムズ議員をして「私はこの男が好きだ」と言わせることに成功した。こうしてアメリカとの関係を修復したアナン事務総長は、次にアメリカが深い関心を持つイラクの大量破壊兵器問題に取り組むことになった。

　事務局上がりの事務総長として重きを置いたのが事務局内の改革だった。

アナン事務総長はガリ事務総長のトップダウンの事務局運営に批判的だった。ガリ事務総長は、例えば、安保理へのパイプ役として前インド大使のチンマヤ・ガレカーンを事務総長代表として任命したが、非公式協議で国連事務局側の活動説明はガレカーンが行った。そして、非公式協議の模様は直接ガレカーンからガリ事務総長に報告されることになった。そのため、他の現局への情報の流れが悪くなったのである。アナン事務総長は自叙伝の中で、例えば、ソマリアの国連PKOはほとんどガリ事務総長自らが兵員提供国と交渉したため、PKO局は政策決定過程から外されており、特に、アイディード逮捕に当たってアメリカの精鋭部隊が派遣されたことについては知らされていなかったと述懐している[25]。

アナン事務総長は、政策形成について国連全体を引き込むために四つの執行委員会を設立した。平和と安全保障、経済社会問題、人道問題、開発問題の四つである。それぞれ担当局ないし機関が調整役となった。平和と安全保障では政務局が、経済社会問題では経済社会局が、人道問題では人道調整室が、そして開発は国連開発計画（UNDP）が会合を主催し、政策の取り纏めを行うことになった。また、国連とビジネス界を結びつけるためにグローバルコンパクトを導入し、雇用や人権、環境などの分野で国連の原則をサポートし、企業の社会的責任の概念を広げるのに貢献した。芸能界との協調も重視した。というのは、国連の活動サポートに芸能界の著名な人々が関わることで、国連の目的や理念、活動への理解とサポートが広がるのである。そのために、「平和のメッセンジャー」などを任命した。

アナン事務総長にとっての大きなチャレンジは1999年にやってきた。コソボ問題と東ティモール問題がほぼ同じ時期にやってきたのである。ボスニア戦争が終結した1995年、次の危機はコソボだと言われた。コソボの大多数はアルバニア系である。しかし、コソボは14世紀にセルビア人がオスマントルコと戦って敗北した場であることもあり、ユーゴスラビア（セルビア）は容易にコソボに拡大自治権を与えようとはしなかった。コソボ独立運動が次第に武装化し、1998年にはセルビア軍との間で衝突を繰り返した。

ユーゴスラビアはコソボの武力弾圧を開始し、「民族浄化」的な様相を表してきた。多くのコソボ人が難民化し、人道危機が起きたのである。
　これに対し、米欧は、親ユーゴスラビアのロシアが安保理で拒否権を有していることに鑑み、安保理の許可なく、NATOによる空爆でこれを打開しようとした。そして、1999年3月下旬、遂にNATOの空爆が始まった。この空爆は6月上旬まで続き、結局ユーゴスラビアが停戦を条件にコソボからのユーゴ軍の撤退と国連などの機関の関与を受け入れた。この安保理の許可無しの武力行使については、アナン事務総長は武力行使を許可できる唯一の安保理の権威を守ることの重要性を強調しながら、コソボの規模の大きな人権侵害行為が発生した場合に、これに対処すべく安保理が行動を取れない時には国連そのものの存在意義が問われるだろう、と暗に武力行使の例外的行使を支持する姿勢をみせた[26]。
　東ティモール問題については、アジアを襲った経済危機でインドネシアのスハルト大統領が退陣した後、後任のハビビ大統領の歴史的決断で、東ティモールにおいて「ポピュラー・コンサルテーション（国民協議）」と呼ばれる住民投票が国連によって行われることになったが、これにより東ティモールの独立への「歴史的窓」が開いた[27]。投票結果は8割近い住民がインドネシアへの併合案を拒否し、結果的に独立への意思表示が明確になった。
　問題は投票結果の公表後に起きた併合派民兵組織による騒乱だった。民兵組織の背後にはインドネシア軍がいた。東ティモール全土が焼野原となり、25万人の東ティモール人が西ティモールに避難した。この危機でアナン事務総長は人道的介入の必要性を説き、多国籍軍の形成を支持し、インドネシア政府に対しても多国籍軍の受け入れを促した。この時の精力的な動きは、ルワンダやボスニアのスレブレニッツァで許した大量虐殺から国連が、そしてアナン事務総長自身が学んだ教訓でもあった。アナン事務総長は1999年末、ルワンダとスレブレニッツァでの大量虐殺に関する調査報告書を公表している[28]。そして、その教訓は後に「保護する責任」という考え方に繋がっていく。

アナン事務総長は一期目の業績が評価され、さらに5年の任期が与えられたが、2001年9月11日、アルカイダによる同時テロ事件が起き、それが次第にアナン事務総長の運命を変えていくことになる。アルカイダを匿っていたアフガニスタンのタリバン政権が倒れた後、アフガニスタンの再興は国連を中心に行われていった。しかし、アメリカの関心はイラクに移り、イラクの大量破壊兵器開発隠蔽とアルカイダの連携を主張し、国際社会を二分化させながらも、自らの一方的主張を通してイラクの体制変化を求める決断をした。そしてイラク戦争が始まったが、この件で、アナンはBBCのインタビューで「イラク戦争は違法」との見解を示し、アメリカの逆鱗に触れた。さらにアナンを窮地に陥れたのは、イラク戦争後「石油と食糧交換計画」で国連上級職員がイラクから賄賂を受け取ったとの疑惑に関しアメリカが調査を要求してきたのと、息子のコージョーがこの計画で、勤務先の契約受注に父親の影響力を利用したのではないかとの嫌疑がかかったことがあった。調査の結果、「石油と食糧交換計画」の担当者はクロと断定され[29]、息子についてはネポティズムの事実はないとのことになったが、コージョーはこの会社を辞めた後もお金を貰い続けていたことが後日判明したため、アナンは父親として苦しい立場に置かれてしまった。そして、二期目の後半には新たな事務局改革を余儀なくされることになった。

一期目に大国アメリカとの関係を修復したアナンではあったが、二期目にしてアメリカ政権との関係が悪化し、事務総長の政治的基盤の弱体化に繋がった。国連内外の信頼も厚くカリスマ性も徐々に発揮したが、アナンは「Secretary」から「General」的になったところで頓挫したと言える。

（4） 潘基文事務総長の苦闘

韓国の外相をしていた潘基文がアジアからの対立候補のインドのシャシ・タルールやスリランカのジャヤンタ・ダナパラ等を抑えて第8代事務総長に選出されたのは2006年10月だった。選出の裏にはアメリカの強い後押しがあった。

アナン事務総長が長年の国連経験から国連の立場をよく理解し、温和な話し方ではあったが筋の通った内容で流暢な英語で自らの見解を述べていたのと比べ、外部からの、しかも長年韓国の外交畑を歩んできた潘事務総長は、語学力の問題に加え国連の立場を良く理解していなかったこともあり、当初躓いた。例えば、イラクのサダム・フセインが処刑された問題では死刑を肯定するような発言を行い、国連のそれまでの立場が理解できていないことを露呈した[30]。また、高級人事では副事務総長を含めその任命にかなりの遅れを取った。

　しかし、潘事務総長は当初から幾つかの優先課題を打ち立てていた。政治的にはアフリカや中東の紛争解決への努力であり、国連内部では事務局改革だった。就任当時はスーダンのダルフール紛争やコンゴ民主共和国東部の内戦などが焦眉の課題であり、アフリカ連合サミットへの出席やコンゴ訪問などを通じて精力的に関与していくことになった。事務局改革では、全ての政治任命者に辞表を出させ、新たな指導体制を作っていった。拡大しつつあるPKOや政治派遣団、平和構築派遣団などを機能よくサポートしていくために新たにフィールドサポート局（DFS）を設置するなどした。また、硬直化している人事体制を改革するために、複雑な職員の契約形態を簡素化したり、人事異動の柔軟性、特に本部とフィールドの職員の異動（モビリティー）を高める努力をしてきた。

　潘事務総長はその後幾つもの優先課題を加えている。貧国の削減や初等教育の普及、妊産婦の死亡率の低下、HIVエイズの減少などを盛り込んだミレニアム開発目標（MDGs）の推進や2015年以降のミレニアム開発目標に代わる持続的開発目標（SDGs）設定準備、さらに、気候変動への新たな取り組み、テロへの対処などグローバルな問題の解決に対し国際社会の協調と行動を積極的に促している。「アラブの春」への対応では自由と民主主義を求める大衆の動きを支援し、シリア紛争ではアナン前事務総長やベテラン国連外交官のラクダール・ブラヒミを調停者に任命して解決の道を探ったが、政治的解決の条件が揃っていない中の調停には困難が伴った。シリアの化学

兵器使用と撤去問題では安保理の後押しを得て、化学兵器禁止機関（OPCW）との協調の下にシリアからの化学兵器撤去に成功した。

　潘事務総長は西洋型組織の国連にアジア的思考を導入し、国連のあり方を徐々に変えていっている。アジア的思考の典型は「自ら模範を示すことによってリードする」というもので、朝早くから夜遅くまで仕事に励むことにより国連職員に公僕としての模範を示している[31]。しかし、超過密の仕事を職員に強制することは出来ず、西側側近の中には仕事と生活のバランスを考え、あるいは自分のキャリア形成を重視して離れていく職員もいる。また、潘事務総長は調整型の官僚的アプローチで、知的にリードするタイプではないとの見方をする人もいる。アジア的なものには道徳、倫理の徹底やチームワーク、効率の良さなどもある。アナン時代の「石油と食糧交換計画」や調達問題でのスキャンダルや、PKO要員の性的搾取問題などもあり、職員の道徳、倫理向上のためのトレーニングを行ったり、職員の評価基準の改革を行ったりしている。

　潘事務総長は加盟国との関係には特に慎重に対処しており、特にアメリカとの関係ではアメリカの政策と相反するようなことはほとんどしていない。密接過ぎるとの批判もあり、特に中東ではそのイメージが強いが、安保理常任理事国との関係では慎重な対応をせざるを得ない。歴代の事務総長が常任理事国に批判的な発言をしたり、行動を取って政治的に困難な状況に置かれたことを考えると、細い綱の上を歩かざるを得ない事務総長としては苦しいところである。潘事務総長は大きな失敗もない代わりに大きな成功といったものもない。それは何もしていない、何らの成果もないということではないが、官僚的な慎重さや英語での表現力の問題もあり、「感動を与えない」とか「平凡」、「カリスマ性が無い」といった批評が多い。その意味では「General」ではなく「Secretary」的な事務総長である。

おわりに

　国連事務総長にとっては選出の際も在任中も常任理事国との関係を維持していくことが極めて重要となる。冷戦時代は東西の政治対立の中でゼロ・サム・ゲームを強いられることが多く、一方の立場を支持する行動を取ると他の一方からの反発を受けるという難しい選択を迫られることが多かった。冷戦後の世界では唯一の超大国となった米国との関係が極めて重要になった。米国と主導権を争ったガリは二期目を拒否権で葬られ、イラク戦争で米国を批判したアナンは米国から内部改革を余儀なくされた。潘は米国との関係を維持するために米国に対しては追随的な態度を取ることが多い。

　国際政治が徐々に多極化の時代に移行していく中で、事務総長の役割も徐々に変遷していくことになる。米国は政治的にも、軍事的にも、財政的にも依然大きな影響力を保っているため、米国との関係を維持することは必須だが、米国追随的な行動では国連の意義がなくなる。そのため、事務総長は国際社会の良心として行動しつつも極めて高度な政治的判断と手腕が必要とされる。Secretary としての仕事は当然としても、General としての行動をどの程度、そしてどのように取っていくかが事務総長の力量と成果の判断材料となろう。

〈注〉

1　Thant Myint-U, The UN Secretariat: A Brief History 1945-2006, International Peace Academy, NY, 2007, p.8.
2　Trygve Lie, In the Cause of Peace, New York: Macmillan Co. 1954, 第2章。
3　詳細は Thant Myint-U, ibid. p.24.
4　Leon Gordenker, The UN Secretary-General and Secretariat, London and New York: Routledge, 2005, p.12.
5　詳細は Thant Myint-U, ibid, pp.56-57.
6　Kurt Waldheim, In the Eye of the Storm, Bethesda, Maryland: Adler & Adler,

1986 参照。

7 デクエヤルは自ら立候補せず、キャンペーンも行わなかった。どの国が自分を推薦したのか知らないと述べている。Javier Perez de Cuellar, Pilgrimage for Peace: A Secretary-General's Memoir, New York: St. Martin's Press, 1997, pp. 26-27.

8 詳細は Javier Perez de Cuellar, ibid, 参照。

9 Boutros Boutros-Ghali, ibid, pp.7-12.

10 安保理における事務総長選は非公式に行われるため公式記録はない。筆者は1996年当時事務総長報道官室に勤務して安保理でのプロセスを外から記録していた。

11 Thant Myint-U, ibid, pp.115-117.

12 スエズ危機での国連初のPKO部隊設立やそのあり方へのハマーショルド事務総長の貢献については、Brian Urquhart, Hammarskjold, New York: Knopf, 1972 第7章参照。

13 国連が毎月発行している UN Peacekeeping Fact Sheets 参照。2015年7月現在平和維持軍、軍事監視要員、文民警察の総数は約106,000人である。さらに文民職員が約18,000人展開している。

14 詳細な定義や諸提案は Report of the UN Secretary-General: Agenda for Pace 国連文書 A/47/277 - S/24111, 17 June 1992 参照。

15 Anjali V. Patel, The UN Veto in World Affairs 1946-1990, Sarasota, Florida: UNIFO Publishers, 1992, pp.467-486.

16 Boutros Boutros-Ghali, Unvanquished; A U.S.-U.N. Saga, New York: Random House, 1999, pp.318-320.

17 Stephen F. Burgess, The United Nations under Boutros Boutros-Ghali, 1992-1997, Maryland and London: The Scarecrow Press, Inc., p.68.

18 ガリ事務総長はエジプトで外務担当国務大臣をしていた時にソマリアも担当し、バーレ政権や反アイディード派の暫定政権を支持したこともあり、アイディード派はガリ事務総長には非協力的だった。Boutros-Ghali, ibid, pp.92-107 参照。

19 Richard Holbrooke, To End a War, New York: Random House, 1998, pp. 174-175. ホルブルックはボスニア紛争でのガリの対応が、米国がガリの二期目を阻止する原因となったとしている。また、アナンによるNATOの航空攻撃の許可が米国のアナン支持に繋がったとしている。

20　Boutros-Ghali, *ibid*, p.86.
21　Romeo Dallaire, *Shake hands with the Devil: The Failure of Humanity in Rwanda*, New York: Carroll & Graf Publishers, 2004.
22　Kofi Annan with Nadar Mousavizadeh, *Interventions: A Life in War and Peace*, New York: Penguin Books, 2013.
23　Bill Clinton, *My Life*, New York: Alfred A. Knopf, p.593.
24　Boutros-Ghali, *ibid*, p.7.
25　Kofi Annan, *ibid*, pp.44-45.
26　Kofi Annan, *ibid*, p.96. アナンの声明とその背景が説明されている。
27　Ian Martin, *Self-determination in East Timor: The United Nations, the Ballot, and International Intervention*, International Peace Academy Occasional Papers, 2001; United Nations, *The United Nations and East Timor: Self-determination through popular consultation*, 2000（DPI/2152）参照。
28　*Report of the Independent Inquiry into United Nations actions during the Rwanda genocide*, 国連安保理文書 S/1999/1257, 16 November 1999 ; *Report of the Secretary-General pursuant to General Assembly resolution 53/35: the fall of Srebrenica*" 国連総会文書 A/54/549, 15 November 1999.
29　*Independent Inquiry Committee into the United Nations Oil-for-Food Programme, Manipulation of the Oil- for- Food Programme by the Iraqi Regime*, October 27, 2005, http://www.iic-offp.org/story27oct05.htm.
30　Colum Lynch, "New U.N. Chief Defends Death Penalty for Hussein," *The Washington Post*, January 3, 2007.
31　Tom Plate, *Conversation with Ban Ki-moon*, "Giants of Asia" series, Singapore: Marshall Cavandish Editions, 2012.

II

独立論文

5　国連と国際的な刑事裁判所
アフリカ連合による関与の意義、課題及び展望

藤 井 広 重

はじめに

　　　　国際刑事法は、人間性の最も闇の部分に取り組んでいる。しかし同時に、この社会が如何にして、可能な限りの暴力や侵害行為をくいとめようと試みるべきであるのかといった<u>問い</u>（強調筆者）についても、取り組んでいるのである[1]。

国連が創設以来取り組んできた国際の平和と安全を維持するための多様な活動において、国際的な刑事裁判所への関与は比較的新しい試みである。第二次世界大戦後に、ニュルンベルク及び東京に特別軍事法廷が設置されたが、勝者の裁きであると批判を受けた。この批判の高まりは、国際的な刑事裁判所の設置を通し個人の責任を追及する国際刑事法が、平和と安全保障の名の下に海外で軍を展開しようとする国にとって諸刃の剣であることを示した。このため、国連創設後の早い段階で、国連国際法委員会により、常設の国際刑事裁判所設置に向けた議論が始まったが、同裁判所の設置を想定したジェノサイド条約の成立を受けてもなお、約半世紀の間、これらの検討が具現化されることはなかった。冷戦期、明らかにそこに欠けていたのは、必要性ではなく政治的意思であった。国際的な刑事裁判所は、冷戦終結後の90年代に入り、アドホックな国際刑事法廷が安保理決議によって設置されたことを皮切りに、2002年に常設の国際刑事裁判所（ICC）、そして現在も複数

のハイブリッド刑事法廷が活動している。

　しかし、この90年代以降に見られる新たな取り組みは、現代の平和活動において、もはや欠かせないメカニズムへと認識されつつある。事実、紛争後の地域では、ICCによる管轄権の行使もしくは特別刑事法廷設置の議論が国連を中心に交わされ、不処罰文化の終止を通し、復讐の連鎖を断ち切ることで、持続性のある平和の確立が目指されている。敷衍すると、第二次世界大戦後に、戦争責任を有する者を裁くことを目的に設置された軍事法廷に比べ、より複雑かつ多様な役割が求められている現在の国際的な刑事裁判所は、その必要性の議論を超え、法的及び政治的に様々な要因を絡めながら活動しているのである。そして、国際的な刑事裁判所が直面する多岐に渡る課題は、一筋縄ではいかない紛争後の国家再建と国際社会の平和と司法を巡る理想と現実のダイナミズムを描いている。特に、近年顕著になってきたアフリカ連合（AU）による国際的な刑事裁判所への関与は、これまで国連が主導してきた国際的な刑事裁判所を取り巻く課題の解決に、AUが国連とともに取り組むパートナーとなり得る一方で、アフリカ諸国がICCに対して抱えている反発の現れであることも含意している。この分野への関与を強めてきたAUの意義と課題に関し、国連とICCとの関係性を踏まえた理論的検討が求められている。

　以上の関心から、本稿では2015年11月までの動向を基に国連とAUが関与している国際的な刑事裁判所の設置をめぐる議論に焦点を当て、複雑になった国際的な刑事裁判所の現状を整理することを契機に、紛争後の社会における平和と司法をめぐる課題の一環を明らかにすることを目的とする。そこで第一に、ICCが管轄権を行使する際に直面している課題を考察することで、ICCとアフリカの対立について紐解き、AUでの議論を紹介する。そして第二に、常設かつ普遍性を有するとされるICCによる活動開始後も、今なお検討が続けられている一時的な措置としてのハイブリッド刑事法廷の必要性について明らかにする。ここで注目すべき点として、これまで国連が主導してきたハイブリッド刑事法廷の設置を、アフリカではAUが主導しよ

うとする傾向が見られるため、本稿での考察を通し、今後の国際的な刑事裁判所を取り巻く展望を論じる。

1 国際刑事裁判所の現状と課題：
アフリカからの反発の拡大

　ICCがこれまでに管轄権を行使した地域はすべてアフリカにおいてである。これがICCはアフリカを狙い撃ちしているとの反発を招く引き金となっており、ICCが直面する制度的限界がこのアフリカからの反発を拡大させている。そこで本節では、ローマ規程第13条に定められたICCが管轄権を行使するための三つのトリガーメカニズム（①締約国による付託、②検察官自身による発意、③安保理決議による付託）に焦点を当てながら、国連及びAUとICCとの関係性について整理し、アフリカ諸国が反ICCの姿勢を強めるに至った背景を明らかにする。

（1）　国際刑事裁判所による管轄権の行使
　ICCは、「国際刑事裁判所に関するローマ規程（以下ローマ規程）」に基づき設立され、同規程第1条において、「裁判所は、常設機関とし、この規程に定める国際的な関心事である最も重大な犯罪を行った者に対して管轄権を行使する権限を有し、及び国家の刑事裁判権を補完する」と定められている。この補完性がICCの基本原則であり、あくまで国内の司法機関に訴追の意思若しくは能力がない時に限り、最終的な手段としてICCが管轄権を行使するのである。だが、ICCは法執行機関を有しておらず、国家からの協力が必要不可欠であり、訴追の意思や能力がない国家からは、実質的な協力を得ることができないため、ローマ規程採択当初、現実にICCが事件を扱い、捜査・訴追を行う可能性は限りなく低いのではないかとも思われた。そこでICC検察局は活動開始から暫くして、ポジティブ・コンプリメンタリティ（Positive Complementarity）と呼ばれる戦略に基づき、ローマ規程締

約国に自身の国で起こった事態（situation）を自ら ICC へ付託させた[2]。そもそも締約国による付託は、例えば締約国である A 国が B 国を ICC に付託することが想定されていたが、ICC 検察局は B 国が B 国自身を ICC に付託するように働きかけたのである。

これまでにウガンダ、コンゴ民主共和国（DRC）、中央アフリカそしてマリの事態が自国政府によって ICC へ付託されており、これら自己付託された事態は、当事国政府自身が ICC による捜査・訴追を求めていることを意味する。このため、ICC は協力的な政府の下、捜査・訴追を行うことが期待でき、また現実に訴追という形で、設立当初はその執行力が疑われていた ICC も目に見える成果を挙げることができた。しかし、自己付託時に疑いがかけられていた政府側の被疑者を ICC は訴追できていない。これは、結局のところ受入国政府との協力関係を維持することが優先されており、また、受入国政府が、そもそも表向きは ICC による捜査を受け入れるが、限定的な情報にのみ ICC 検察局をアクセスさせ、反政府側のみを訴追できるよう関与している可能性もある。つまり、ICC という国際的なお墨付きの下で、反政府活動に従事した者に処罰を与え、政府の正統性を高める国内政治の道具として ICC が利用されているのである。更にウガンダの事例では、政府は自己付託した当初、反政府勢力である神の抵抗軍（LRA）の ICC での訴追に意欲的であったが、その後 LRA と和平交渉を再開したことで、恩赦を含んだ和解を優先させ、ICC がこれ以上同国に介入しないよう求めた[3]。結果、同国政府が ICC による捜査・訴追に対し反対の姿勢を強めたことにより、同国内で被疑者の逮捕に至った事例はまだない。2015 年 1 月にようやく ICC より逮捕状が発布されていた LRA のメンバーとされるオングウェン（Dominic Ongwen）が中央アフリカにて米国を中心とした多国籍部隊に発見され確保された。これを受け、ウガンダ政府は自国で裁判を行うとし、同氏の引き渡しを強く求めたが、同氏は現地で展開中の国連平和維持活動（PKO）MINUSCA によってハーグへ移送された。ウガンダ政府による ICC への一連の反発は、自己付託時には政治的意思決定が介在する以上、現政権

を取り巻く環境に合わせ、ICC が政治利用される可能性が高いことを示唆している。

　検察官による自己の発意に基づく捜査は、2007/2008 年ケニアで起こった選挙後の暴動事例に対し 2010 年に行使された[4]。検察官による自発的な捜査は、他のメカニズムに比べ政治的意思決定を介在しない。故にローマ規程草案時より多くの反対がありながらも、より独立かつ公平なメカニズムとしてローマ規程に盛り込まれた[5]。しかし、ICC 検察局によって訴追されたケニヤッタ（Uhuru Kenyatta）は、訴追当時は同国の一国会議員でしかなかったが、ICC による司法介入が欧州による新植民地主義であるとネガティブキャンペーンを展開し、また同時に ICC によって訴追されたルト（William Ruto）との政治連合を成立させた。この結果、2013 年大統領選挙に勝利し、ケニヤッタは大統領に、ルトも副大統領に就任した。これにより本件は、現職の大統領と副大統領が国際的な刑事裁判所によって訴追される初めての事例となり、その行方が注目されたが、AU からの反発はこれまで以上に激しく[6]、また ICC 検察局が求めた資料が同国政府から提出されない等、捜査は行き詰まり、2014 年 12 月に証拠不十分のため ICC 検察局によってケニヤッタへの訴追が取り下げられることになった[7]。ルトの訴追は継続しているが、ICC へ本件に関して証言した者が危害を加えられたり、ハーグへの出廷を拒む者が現れたりするなど、証人および被害者の保護が深刻な課題となっている。やはり ICC による捜査・訴追を望んでいない政府からはローマ規程締約国であろうと十分な協力を得ることができず、権力の座にある者を訴追する限り、実効性のある証人や被害者の保護に ICC 自身が如何に取り組むべきか問われている。ICC が、政治的意思決定から距離を置き、ICC 検察官による自発的な管轄権の行使が独立かつ公平なメカニズムとして、その役割を果たそうとすればするほど、捜査対象となった地域で孤立しているのである。

（2） 国連と国際刑事裁判所

　国連憲章第7章下の安保理決議によって1993年に設置された旧ユーゴスラビア国際刑事法廷[8]（ICTY）及び翌94年に設置されたルワンダ国際刑事法廷[9]（ICTR）は、司法機関としての独立性を有しながらも国連憲章第29条に基づく安保理の補助機関に位置付けられている。しかし、ローマ規程に基づきオランダのハーグに設置されたICCは、独立した裁判所であり、国連の一機関ではない。そこで、ICCと国連は、2004年10月4日にICC・国連間交渉による関係協定を締結している。この協定は様々な局面におけるICCと国連との関係に法的根拠を与えており、例えばこの協定の第6条に則り、ICCは2005年より毎年、国連総会に対し活動報告書を提出している他、ICCが管轄権を行使した地域に展開していたPKOからICCが現地で効果的な活動を実施することができるよう協力を得ている[10]。また近年は、ICCと安保理の制裁委員会との協力に関しても言及されている[11]。そして、これらの業務を円滑に行うためICCはニューヨークの国連本部内に連絡事務所を設置している。

　ローマ規程も管轄権行使のトリガーメカニズムに関し、ICCと安保理との強いつながりを示しており、それが同規程第13条（b）と同規程第16条である。同規程第13条（b）は、安保理は決議の採択によってICCが管轄権を行使すべきであると疑われる地域の事態をICCに付託することができることを定めており、これまでにスーダンのダルフールとリビアの二つの事態が安保理によってICCへ付託されている。両国はローマ規程の締約国ではないが、安保理によって付託されれば、ICCは非締約国に対しても管轄権を行使することができる。これは、締約国による付託や検察官自身の発意による管轄権の行使がローマ規程の締約国に対してのみ可能であることとは異なる。このため、安保理による付託は、ICCが普遍性を有すると言われる所以であり、また遡ってみても、ローマ規程草案当初から安保理がトリガーメカニズムの一端を担うことに対し大きな抵抗はなかった[12]。それは、安保理が国連憲章第24条において、国際の平和及び安全の維持に関する主要な責任

を負い、責任に基づく義務を果たすことが期待されているからである。他方で、同様の理由でローマ規程第 16 条には国連憲章第 7 章に基づく安保理決議によって訴追を延期することが可能であると定められている。なお、同規程第 115 条（b）は、ICC の財源として、ローマ規程の締約国が支払う分担金の他に、安保理付託に関し国連からの資金提供も想定されている[13]。

しかし、現実にはこの安保理と ICC をつなぐ管轄権行使のメカニズムが効果的に機能しているとは言い難いことに注目したい。第一に、安保理常任理事国による拒否権が挙げられる。例えば、2014 年 6 月に米国の後押しもありフランスによってシリアの事態に関する ICC への付託決議が提起されたが[14]、中国とロシアが拒否権を行使した。また、ウクライナを巡っても幾度と無く ICC への付託が言及されたが、具体的な進展は見られなかった。政治的利害が絡み合う地域では、平和と安全の維持に主たる責任を負う安保理と、公的地位に関わらず個人の責任を明らかにする ICC との間に溝が生じ、例え大規模な人道法違反行為が疑われていようと、ICC は安保理付託によって管轄権を行使することができない。

第二に、仮に安保理決議によって事態が ICC に付託されたとしても、その後の安保理からの協力が不十分である。これまで ICC はローマ規程締約国会議にて同規程を批准している安保理メンバー国に対し、両者の独立性を尊重しながら具体的な協力関係構築を目的とした勧告を行っており[15]、既に指摘した PKO との協働事例も見受けられる。しかし、安保理自身が 2009 年に付託したスーダンのダルフールでの事態については課題が多い[16]。ICC は、スーダンのバシール大統領に対し 2009 年に逮捕状を発布したが、現在まで同大統領は逮捕されてはいない。同大統領は、ローマ規程締約国を含めたアフリカ諸国を訪問しており、事態を付託したはずの安保理からも、訪問を受け入れた国に対し外交的努力が積極的に行われたことはない。そもそもローマ規程批准の如何を問わず、ローマ規程第 9 部の協力義務には強制力がないため、安保理が付託した事態に対する安保理自身の働きかけは ICC の捜査・訴追にとっての追い風となる。しかし、これまでに安保理から具体的

な対応が示されたことはない。

　これら安保理とICCとの関係は、そもそもローマ規程を批准していない米国、中国、ロシアといった拒否権を持つ安保理常任理事国が、安保理決議以外のトリガーメカニズムに基づいてICC管轄権行使の対象となることはないにも関わらず、自らアフリカの事態をICCに付託している矛盾が指摘されている。そして、このことは、大国によるアフリカへの一方的な司法介入と受け取られかねない。ICCの独立性に影を落としながらも、ICCが管轄権を行使するにあたって、当事国や国連からの協力を前提に捜査・訴追を行っている現状は、ICCの制度上の限界を如実に示している。

（3）　アフリカ連合と国際刑事裁判所

　現在進行中の紛争地を抱えるAUはICCに対し微妙な立ち位置を迫られている。まず前提として、アフリカ自体がローマ規程全123加盟国中、地域別にみれば最も多い34カ国が批准していることからも、即座に国際刑事司法の発展に否定的であるとは言い切れない。しかし、AUによるICCへのあからさまな批判は、ICCによる捜査・訴追がスーダンそして、ケニアの国家元首に及んだことに端を発する[17]。国家元首の訴追は、政治的共同体であるAUの安定を脅かしており、2009年AU総会においてICCへの非協力決定が下された[18]。ICCは2010年にエチオピアのAU本部内に連絡事務所を設置する等[19]、AUとの協力関係の維持を試みているが、逮捕状が発布されているスーダンのバシール大統領がアフリカ諸国への訪問を逮捕されることなく繰り返しており、大きな改善にはつながっていない。例えば、チャドは2009年AU総会にて、ICC非協力決定に対し難色を示していた。このため、2010年7月に同国で開催されたサヘル・サハラ諸国国家共同体サミットへのバシール大統領の訪問は、チャドが同大統領をICCの要請に従って逮捕する可能性があるために叶わないと推測された。しかし、最終的にチャドは政治的利益を優先し、同大統領の訪問をICCの要請に従わずに受け入れた[20]。そして、AUは、ICC非協力決定に従って行動したチャドは罰される

べきではないとの立場を示す決定をAU総会にて行った[21]。

またこれと同時に、ローマ規程第16条に基づくICCによる訴追の延期が安保理に対して働きかけられている。まず、2009年にAUは安保理に、ICCによるバシール大統領の訴追を延期する決議を採択するよう求めたが、安保理は公式に議題として取り上げることはなかった[22]。次に、ケニアのケニヤッタ大統領のICCでの訴追について、同国から2013年に安保理に対し、訴追の延期が求められたがこれも叶わず[23]、同大統領の訴追がICCで取り下げられたあとも、ルト副大統領の事件に対し、2015年10月に二度目となる訴追延期を同国は求めた。だが、これまでに安保理は、具体的な事件に対して同規程第16条に基づいた決議を採択したことはない[24]。

そこで、ケニアを中心にAU独自の措置としてアフリカ版ICCと呼ばれる「司法及び人権アフリカ裁判所（African Court of Justice and Human Rights）」の設置に向けた議論が加速することになる。このアフリカ版ICCは、AUが2009年に「人及び人民の権利に関するアフリカ裁判所（ACHPR）」の組織改編に取り組み、この時にACHPRと、2003年議定書のみで活動していない「アフリカ連合司法裁判所（Court of Justice of the African Union）」を統合することが提案されたことにより、ICCの事項的管轄権内のジェノサイド、戦争犯罪及び人道に反する罪といった犯罪から、テロ、海賊行為及び汚職等にまで及ぶ広範な管轄権を有している[25]。何よりこの裁判所が注目を集めるきっかけとなったのが、2014年の第23回AUサミットでの修正議定書案の採択である[26]。この修正案で追加された46条Abisは、在任中の国家元首及び政府高官への訴追免除規定であり[27]、これは二つの点から大きな問題を抱えている。一つに公的資格に関係なく管轄権を行使できることを可能としたローマ規程第27条と矛盾していること。例え司法及びアフリカ人権裁判所が、訴追免除規定に基づいた決定を下したとしても、ICCが管轄権を行使する可能性は高く、この訴追免除規定をめぐってはICCとAUとの間で更なる軋轢が生じるのではないか。そしてもう一つに、重大な人道法違反行為時に介入する権利を定めたAU制定法4条（h）

及び不処罰を非難・否定している同法（o）とも矛盾している点である。仮に 46 条 A bis を含む議定書に則って司法及び人権アフリカ裁判所が活動を開始すれば、地位を失えば訴追される恐れのある国家元首による長期独裁政権の誕生をアフリカで促すことにつながる。同規程を巡っては、今後の検討課題が多く、また、2015 年 11 月の時点において、同修正議定書は活動開始に必要な 15 カ国以上からの批准には至ってはいない[28]。この新しいアフリカの裁判所を巡ってはアフリカ諸国内でも亀裂が見られるとの指摘もある[29]。

以上から、二点をまとめる。まず、ICC が行使する管轄権は現実には非常に限定的であり、前向き後ろ向きを問わず政治的意思決定が介在してしまい、AU から ICC がアフリカを狙い撃ちしているとの批判を拡大する所以になっていること[30]。もう一つに、ローマ規程締約国であったとしても ICC への協力義務を果たすとは限らず、当事国からの同意がなければ ICC は効果的に捜査・訴追を行うことができず、AU による ICC 非協力決定に対しても ICC は為す術がなく、ICC の制度的限界を如実に露呈している。このため、ICC は万能な特効薬ではなく、紛争後の平和構築において国際社会が国連を通して ICC とは異なる国際的な裁判所を選択し得る可能性が残される[31]。そこで現在、ICC 活動開始後を中心に、一時的な措置として設置・検討が行われている国際的な刑事裁判所を考察することで、この議論をさらに深めたい。

2. ハイブリッド刑事法廷設置をめぐる近年の動向

一つの仮定として、2002 年より常設かつ普遍性を有する ICC が活動を開始したことによって、これ以降、国際的な刑事裁判所がアドホックに設置される必要はなくなるのではないかと考えられた。しかし、ICC が直面している課題は、ICC が万能ではないことを如実に示しており、現在もシリア、ス

リランカ及びアフリカ諸国で一時的な措置としての国際的な刑事裁判所設置に向けた検討が続けられている。そこで本節では、ICC 設置後もこれらの検討が続けられている背景を踏まえながら、国連が関与した国際的な刑事裁判所の発展を辿りつつ、現在 AU が関与している国際的な刑事裁判所の設置に向け、如何なる検討が行われているのかを明らかにする。

(1) 第一世代から第二世代へ

まず本稿では、ハイブリッド刑事法廷は国連が関与した第二世代の国際刑事法廷と呼称されていることを参考に[32]、国連憲章第 7 章下の安保理決議によって 1993 年に設置された ICTY 及び翌 94 年に設置された ICTR を国連が関与した第一世代の国際刑事法廷に分類する。これら二つの裁判所は、純粋な国際刑事法廷として、ICTY はオランダのハーグに、ICTR はタンザニアのアルーシャ（上訴審はハーグ）にそれぞれ設置された。ここで、純粋な国際刑事法廷と表現したのは、後に紹介する第二世代と異なり、準拠法が裁判所規程並びに国際人道法及び人権法等の国際法であり、国際職員と国際判事によって裁判が進められているためである。

これら第一世代の国際刑事法廷は、費用対効果の面で深刻な課題が指摘されている。それは、あくまで一時的な措置として導入された両法廷が、それぞれに年間約 100 億円を超える予算を必要としながら、実質約 20 年間にわたって捜査、訴追及び公判を継続したためである[33]。これに対し、安保理では 2003 年に完了戦略を採択し、これまでに何度も閉廷のための議論が行われてきたが、当初の計画通りには進まず、一度設立した国際法廷を閉廷することが非常に難しいことが明らかになった[34]。最終的に 2010 年に国際刑事法廷残余メカニズム（International Residual Mechanism for Criminal Tribunals）を安保理決議によって設立し[35]、2012 年 7 月より ICTR 及び 2013 年 7 月より ICTY の機能を段階的にこのメカニズムへ移行している。

第一世代の国際刑事法廷が長期化した原因として、管轄権の問題が挙げられる。まず、両国際刑事法廷は、国内の裁判所に優越する管轄権行使の権限

を有しており、これは、紛争後の国家機能が脆弱な国では独立かつ公平な裁判が期待できず、一見すれば目的に資する権限のようにも思える[36]。だがリソースに限りのある国際刑事法廷では抱えきれない数の公判を維持することになり、人的及び資金的な面での限界を露呈することになった。そもそも国内の刑犯を訴追する場合と異なり、大規模な人権侵害の事案を扱う国際的な裁判所は、膨大な量の証拠を精査する必要に迫られ、また、数多くの証人からの調書や時に出廷して証言を求めるとなると、延々として審議が進まないのは当然であろう[37]。そこで両国際刑事法廷は、被疑者をいくつかの条件下において、国内法廷への移送を始めた[38]。また、ICTYでは規程第1条において1991年1月1日以降に発生した犯罪に管轄権を行使することができると定められており、1990年代後半から衝突が激しくなったコソボの事例に管轄権を行使すべきか議論がなされた。このため、1999年9月に当時のカルラ・デル・ポンテ（Carla Del Ponte）ICTY検察官が、旧ユーゴの指導者達を訴追することが優先されるため、コソボでの事例に関しICTYは管轄権を行使しない旨の声明を発する必要に迫られた[39]。

次に訴追後の課題として、当事者の不在が指摘されている。これは、ICTY・ICTRともに紛争地とは異なる国で公判が開かれていたため、紛争の影響を受けた人々を置き去りに裁判が進められていることへの批判である。設置当初は、被害者も遠く離れた地で行われている裁判に関心を持たず、一般に国際刑事法廷自体が認知されていなかったため、存在自体知らない者も決して少なくはなかった[40]。この批判の高まりを受け、両国際刑事法廷が現地でのアウトリーチ活動に力を入れ始めたのは、設置後数年が経ってからであり[41]、この反省より、国際的な裁判所による現地社会への司法介入が与える効果は、不処罰文化の終止だけにとどまらず、紛争の影響を受けた社会の平和構築に如何に貢献するのかも改めて考えられるようになった。

もちろん、両国際刑事法廷での審議や判決の多くは、国際刑事法の発展にも貢献した。特筆するならば、ICTYは初めて紛争下の性的暴力に関する罪に対し判決を下し、またこの時認められた罪が男性間による事例であったた

め、同罪に関する画期的な判例となった[42]。ICTR では、初めてジェノサイド罪を法的に認定し、その構成要件を明らかにした[43]。しかし、これらの成果がありながらも、上記に指摘された課題のため、実務上も国連予算審議委員会が、2000 年にコソボ戦争と民族犯罪裁判所（KWECC）の設置に関して、三つ目の国際刑事法廷設置よりも国内の司法機関に国際職員を配置する方が望ましいとの立場を示している[44]。

　そこで両法廷の設置以降、第二世代に分類されるハイブリッド刑事法廷の設置が続くことになる。第一世代の国際刑事法廷が安保理決議による純粋な国際裁判所として運営されたことに対し、第二世代は当事国による同意の下、国際的及び国内的特徴を有し、既存の国内資源を基礎に設置される傾向にある。また、ICTY と ICTR の両組織構造がほぼ共通していたことに対し、第二世代は、統一的なモデルが存在するわけではない。例えば、コソボと東ティモールで設置されたハイブリッド刑事法廷は、当時それぞれの地域で PKO が暫定行政のマンデートも受け展開していたことに由来する。重大な人道法違反行為に対処するため、コソボでは、国連コソボ暫定行政ミッション（UNMIK）[45]の関与によって規則 64 パネル[46]が、東ティモールでは国連東ティモール暫定行政機構（UNTAET）[47]の関与によってディリ行政裁判所特別パネル[48]が活動を行い、これらは、両地域における司法機関の機能が実質的には PKO によって担われていたため、それぞれの国連事務総長特別代表によって、各 PKO マンデート枠内の措置として設置された。また、シエラレオネやカンボジアの事例では、国連が両国と合意文書を締結することで、ハイブリッド刑事法廷が設置された。これらに共通する主たる特徴を抽出するならば、①国際法だけではなく国内法も適用され、かつ②国内と国際職員並びに国内及び国際判事によって構成されている。また、多くの事例では③予算が第一世代のように国連の分担金からの支出で運営されるのではなく、受入国も主たる拠出国として想定された任意拠出である[49]、という三点が挙げられる。

（2） 国連が関与するハイブリッド刑事法廷の動向

a ローマ規程非締約国における議論

　混迷を極めるシリアの現状に対し、ICC による管轄権行使が議論されたが、2014 年の安保理による ICC への付託決議に中国とロシアは拒否権を行使した。翌年の国連総会でも潘国連事務総長が安保理に対し ICC への付託を求めたが[50]、これまで同地域をめぐる特に米国とロシアを中心とした根本的な政治情勢に変化はない。このため、ICC とは異なる国際的な刑事裁判所が検討されている。例えば、その一つがシリア事実調査委員会のメンバーであるデル・ポンテが主張した、第一世代の国際刑事法廷設置についてである。同氏は、ICTY の検事だった経験に基づき、第一世代の方が、ICC より迅速に事態に対応でき、ICC では一つの事態から数人が訴追されていただけだが 100 人規模の訴追が可能であり、そして、過去の事例と比べても多くの被害者や証人がいるためシリアから近い場所で法廷を設置すべきであると主張した[51]。確かに、シリアでの重大な人権侵害に関与したものは 100 人を超えると指摘されており、これらの人数を裁くことができる司法メカニズとして、第一世代の刑事法廷も選択肢の一つにはなり得る。しかし、この勧告が安保理のテーブルに挙がったとしても、この法廷を支える資金的課題や安保理内のシリアを巡る政治的亀裂が解消されたわけではない。同様にウクライナの事例では、2014 年紛争発生当初より、ICC による介入が議論されたが、同地域の政治情勢を見るに、常任理事国内での意見の不一致が明らかであり、安保理決議による ICC への付託は現実的ではなかった。そこでヨーロッパ諸国が中心となり、ウクライナにローマ規程第 12 条 3 項に基づき ICC の管轄権受諾宣言を行わせ、ICC 介入のための条件を整えた一方で、安保理では、2014 年 7 月 17 日に 298 名が死亡したマレーシア航空の旅客機 MH17 の撃墜事件に関する事故調査チームの報告を基に国際刑事法廷設置に向けた安保理決議採択を目指した[52]。しかし本件も、2015 年 7 月にロシアの拒否権によって頓挫している[53]。このことは、政治的思惑が絡む地域において、安保理での意思決定を通し国際的な裁判所を設置することが、ほぼ不

可能であることを示している。

　このため、ローマ規程非締約国に国際的な刑事裁判所を設置するならば、当事国の同意に基づき設置されるハイブリッド刑事法廷がより現実的な選択肢と言える。例えば、レバノンでは2005年2月にハリリ元首相が大規模な爆弾テロによって暗殺され、これを受け安保理は国連憲章第7章下の独立事実調査委員会を設置した[54]。調査委員会の勧告を受け、同国政府はハイブリッド刑事法廷設置に同意し、2007年に安保理決議によってレバノン特別法廷（STL）が設置された[55]。他の大規模な人道法違反の事例とは異なるが、本件に関わったとされる被疑者がヒズボラの構成員であったため、同国政府との緊張関係をできるだけ緩和し、同国政府による司法への介入を国際的な裁判所を設置することにより防止することで、より独立かつ公正な裁判を実施し、両者の緊張関係からもたらされる更なる紛争の危機を回避することも目指された[56]。このため、STLは紛争予防の性格も有している。また、裁判所とは異なるが司法権限を有する組織として、グアテマラで不処罰に対する国際委員会（CICIG）が国連と同国政府の2006年合意によって、同国内に独立した司法機関として2007年9月から活動を開始している[57]。この合意は、同国で特に問題とされている違法な武装集団をはじめ政府による汚職事件等、国内の機微な事例に対し、同国司法機関への補完的役割を果たすことを目的に締結された。このためCICIGは国際及び国内職員から構成され、逮捕状の発布はできないが、法的に捜査・訴追に係る証拠を収集することが認められている。

　さらに目下、設置に向けた検討が進んでいる国として、スリランカ及び南スーダンを挙げることができる。スリランカでは国連人権高等弁務官事務所（OHCHR）より2002年から2009年まで同国で行われた重大な人権侵害に関する報告書が2015年9月に公開された[58]。そして、この報告書において、同国の未だ脆弱な司法と被害者や証人を保護できていない現状を指摘し、ハイブリッド刑事法廷設置が勧告された。2015年1月に新たに就任したマイトリーパーラ・シリセーナ大統領のもと、この勧告によって同国が過去の人

権侵害並びに不処罰とどのように向き合うのか注目を集めている。また、南スーダンでも 2015 年 8 月に締結された和解合意においてハイブリッド刑事法廷設置が盛り込まれた。ここで、更に特徴的なことが AU による関与であるため、次項で改めて詳述する。

　b　ローマ規程締約国における議論

　ローマ規程締約国においても、ハイブリッド刑事法廷設置が検討されている。2015 年 4 月 22 日に中央アフリカ議会はハイブリッド刑事法廷設置のための国内法を可決した[59]。同国ではすでに ICC が管轄権を行使しており、2005 年と 2014 年に二度の自己付託が行われている。また、中央アフリカだけではなく、2004 年から ICC が管轄権を行使している DRC でも OHCHR の報告書を基にハイブリッド刑事法廷設置が議論されている[60]。しかし、そもそも ICC が介入している地域にハイブリッド刑事法廷を設置することは、ICC が機能していないのではないかといった疑念を生みだす。この点、ICC 検察官自身から ICC とハイブリッド刑事法廷とによる管轄権行使を組み合わせたアイディアが提示されている。2009 年当時 ICC のオカンポ（Luis Moreno-Ocampo）検察官は、2007/2008 年ケニア選挙後の暴力に関し、三方面アプローチを提唱した[61]。これは、最も責任のある者を ICC が、その他の人権侵害に関与した者を特別刑事法廷が、そして過去の事実を明らかにし将来の再発防止につなげる措置として真実和解委員会のメカニズムを導入することを意図していた。ケニアではこの時に想定された特別刑事法廷の設置には至らず、国際的な刑事裁判所による介入は ICC のみとなったが、この提言は、ICC 検察局自身が ICC による訴追と地域社会に残すことができる効果に関する限界を認識していることを示唆している。

　デル・ポンテが指摘したように、ICC はこれまでに正義の利益に資する責任ある者のみを訴追しており、その所在地がハーグに置かれていることからも多数の被疑者を訴追できるメカニズムとして予定されてはいない。つまり、単独での介入に限界のある ICC を補完する措置としてハイブリッド刑事法廷の導入が効果的であると考えられているのである。中央アフリカの事

案に関する独立調査委員会の報告書でも、ハイブリッド刑事法廷の導入が同国における能力強化につながることが期待されている[62]。中央アフリカが今後のモデルケースとなり得るのか、ICC とハイブリッド刑事法廷の協働を考えるうえでの試金石となっている。

　ICC 設置後もなぜ、ハイブリッド刑事法廷設置の議論が続けられているのか。それは、ICC が捜査・訴追を効果的に行えていない制度的限界と密接に関連しており、前もって当事者からの捜査・訴追に係る協力への同意を取り付けたうえで設置できるハイブリッド刑事法廷が、より現実的な選択肢となっているためである。この点、ICC も自己付託の戦略を推し進めたが、政治的側面が強く、ICC の独立性・公平性にまで疑義が向けられてしまった。また、ICC が訴追できる被疑者の数は多くなく、管轄権行使後も紛争が継続している地域がある。これらを鑑み、ICC 自身もハイブリッド刑事法廷との協働を考慮に入れている。故に、ローマ規程締約国もしくは非締約国、あるいは ICC が管轄権を行使した地域か否かに関わらず、重大な人道法違反行為が疑われる地域では今後もハイブリッド刑事法廷設置の議論が止むことはないと考察できる。しかし、これらのハイブリッド刑事法廷はすべて当事国の同意があってこそ設置可能なのであり、近年の ICC への AU による反発は、国際的な刑事裁判所設置をめぐる議論をより複雑にしており、AU 自身がこれまでに比べより積極的に国際的な刑事裁判所への関与を試みることへとつながっている。そこで以下では、ハイブリッド刑事法廷設置に向けた議論において、具体的な事例を基に、その存在感を増してきた AU の動向を明らかにする。

（3）　アフリカ連合が関与するハイブリッド刑事法廷の動向

a　アフリカ特別裁判部

　初めて AU がハイブリッド刑事法廷の設置に関与したのは、2012 年 8 月のセネガル政府との合意によって 2013 年 2 月に設置されたアフリカ特別裁判部（EAC）である。EAC はセネガルの首都ダカールの裁判所内に設置さ

れ、ローマ規程第13条に定められたICCの時間的管轄権外である1982年から1990年の間にチャド国内で発生した人道に反する罪、戦争犯罪及び拷問に関して管轄権を有している。EACは、国内の司法枠組みの中で設置されてはいるが、設置国が関与していない他国で起きた犯罪行為を裁く点でこれまでのハイブリッド刑事法廷の管轄権とは異なる特徴を持っている[63]。これは、EAC規程には明記されてはいないものの、以下の理由から1990年よりセネガルに亡命している前チャド大統領イサン・アブレ（Hissène Habré）の訴追がその主たる目的だからである。

　普遍的管轄権を有するベルギーの裁判所は、アブレ政権下に重大な人権侵害行為を受けた被害者達の訴えを審理した結果、アブレへの逮捕状を2005年に発布しセネガル政府に同氏の引き渡しを求めた。セネガル政府はこれを受けAUに判断を仰いだ。本件に関しAUは賢人アフリカ司法委員会を設置し、同委員会は2006年の報告書で"アフリカの選択"としての刑事法廷設置を提言したものの[64]、AUはアブレの訴追が亡命先であるセネガルの国内問題として本件に関し積極的な行動は起こさなかった。だが、ベルギーからセネガルへの引き渡し請求に関して国際司法裁判所（ICJ）が判決を下すことになり、ICJは、セネガル政府が拷問等禁止条約6条2項及び7条1項に違反しており、訴追を行うための適切な措置を取らねばならないとの判決を下した[65]。これにより同事態への関与を強めたフランス及び米国による国際的な圧力に加え、2012年マッキー・サル（Macky Sall）大統領の就任を機に、セネガルにアブレを起訴するためのメカニズムがAUの主導により設置されることになった。EACは、アブレのみを起訴するためのメカニズムとして設置されたわけではなかったが、他の被疑者がチャド国内に滞在しており、この者たちの引き渡しをチャド政府が拒否したため、実質、アブレただ一人を起訴するための法廷となった。

　設置に至る経緯からも不処罰回避のための政治的妥協として設置された側面が強いとも言える。だが、EAC設置による波及効果も指摘されている。2015年3月25日チャド刑事法廷は、アブレ政権下の治安要員20名に対し

殺人、拷問、誘拐、恣意的拘禁の罪で有罪判決を下した[66]。本件に関しては、2000年の時点で被害者達により、司法当局に訴えが提起されていたにもかかわらず、実質的な審議が行われていなかった。この変化は、EACが有する管轄権の範囲内にある被疑者に関し、チャドが自国の司法で不処罰に対応しようとした結果である。

b 南スーダンハイブリッド刑事法廷

最後に、2015年11月時点における、南スーダンハイブリッド刑事法廷（HCSS）の設置動向に関して紹介する。まず、南スーダンはローマ規程の締約国ではない。この理由として、そもそも種々ある人権条約のまだほんの一部しか批准していない点も指摘できるが、政治的な事情も垣間見える。南スーダンの隣国であるスーダンとケニアは現職の大統領をICCによって訴追されたため、ICC批判の急先鋒に立っている。これに南スーダン政府は地理的及び経済的にも重要な両国と歩調を合わせ、キール（Salva Kiir）大統領もアフリカの指導者達をICCが訴追することに対し否定的な立場を表明している[67]。このため、同国ではこれまでローマ規程批准に向けた具体的な進展は見られない。

南スーダンでは2013年12月に政府側と前副大統領側との対立をきっかけに大規模な暴力が発生した。これを受けUNMISS人権部が翌年5月に報告書を公開する一方で[68]、AUも南スーダン事実調査委員会（AUCISS）を2014年3月6日にオバサンジョ前ナイジェリア大統領を長に設置し、2013年12月の衝突に関する事実及びこれに対する説明責任の果たし方を勧告するための調査を行った。AUCISSは、2014年10月に報告書を完成させたが、2015年1月にAU平和安全保障理事会によって南スーダンの和平交渉が進まないうちは同報告書の無期限非公開が決定された。その後、2015年5月に米国のケリー国務長官がケニアを訪問した際、南スーダンでのハイブリッド刑事法廷設置を選択肢に含めたアカウンタビリティ発展のために500万米ドルの拠出を表明し[69]、2015年8月に政府間開発機構（IGAD）によって主導された「南スーダンにおける衝突の解決に関する合意文書」の第5章

に、HCSS 設置が盛り込まれた。ここで注目すべき点として、アフリカが主導しアフリカの法的メカニズムに従った組織として、HCSS の設立が企図されている点であり、この進展を受け AU 委員会は 2015 年 9 月に AUCISS の報告書を開示した[70]。

HCSS の目的は、2013 年 12 月 15 日から南スーダン国民統一暫定政府期間完了までの間に発生した国際法及び関連する南スーダンの国内法への違反行為に対し責任を有する個人を調査及び訴追することである。特徴的なのは、HCSS が国民統一暫定政府、AU そして UN の三者による覚書（MOU）への署名によって設置され、裁判官、検察官及び弁護人は AU 議長と国連事務総長によって選定かつ任命される。そして、これらの者は、南スーダン人とアフリカ出身の者によって構成されると定められており、アフリカ（人）による解決を目指している点である。確かに近年、地域機構による関与が国際的な介入への正統性を高めていることが論じられている通り、今回のような AU による関与は、南スーダン政府が国際的な刑事裁判所の設置を受け入れやすい環境を創出していると言える[71]。例えば UNMISS 人権部による報告書では、同国政府が訴追の意思もしくは能力を有しないならば、国際的な支援によるハイブリッド刑事法廷が選択肢として勧告されており、これはローマ規程第 17 条に見られる補完性の原則を意図したものである。だが少なくとも、現実には訴追の意思が当事国から示されなければ、ハイブリッド刑事法廷は設置できない[72]。つまり、当事国の意思を担保する存在として AU が関与しており、この点、今後のアフリカにおけるハイブリッド刑事法廷設置交渉において AU の関与は非常に重要な意味を有する。だが一方で、司法及び人権アフリカ裁判所の訴追免除規程に示されるように、不処罰への取組みよりも地域の安定や政治的和解を優先するための隠れ蓑につながる恐れがあることにも注意しなければならない。当事国、国連、そして AU の三者で設置されるハイブリッド刑事法廷がアフリカにおける新たな傾向となるのかが注目される。

おわりに

　本稿では設置経緯に焦点を当て、ICC が直面する課題を背景にそれぞれの事例に適した国際的な刑事裁判所の設置に向けた模索を国連と AU が関与した事例により明らかにした。そこで、期待された普遍的かつ常設の裁判所として設置された ICC だったが、アフリカでのみ管轄権が行使され、更に制度上の限界から、司法機関の根幹をなす独立性及び公平性にまで疑義が向けられたことが、アフリカによる ICC 批判を拡大する要因ともなっている。だが、ICC による管轄権の行使に対するアフリカからの反発は、少なくとも ICC が不処罰文化を終止する執行力を有していることも示している。また、ICC が管轄権を行使している地域においても、ハイブリッド刑事法廷が設置され、ICC との協働が試みられている。このため、一時的な措置としての国際的な刑事裁判所は、重大な人道法違反が疑われる地域において今後も設置が検討され、同時に AU が地域の政治的意思を尊重しながらアフリカによる解決を目指し、国際的な刑事裁判所に関与しようとする傾向は続くと考えられる。そして、本稿で明らかになった新たな潮流に対し、国連がどのような関与を選択すべきか、国際的な裁判所を巡る国連、AU そして ICC の三者の関係性を捉え直すことの重要性が浮かび上がってきた。

　冷戦後、急速に発展を遂げてきた国際的な刑事裁判所は、その期待と成果との間に溝が生じている。一方でその必要性が議論され、他方でその正統性に警告が鳴らされている国際的な刑事裁判所を巡るパラドックスは、平和と司法そのものの意味を国際社会に突き付けながら、紛争後の平和構築に国際的な刑事裁判所が如何なる役割を果たすべきであるのか改めて投げかけている。それは、決して ICC の意義が、判決の数ではなく、管轄権を行使した地域にどのような遺産を築いたのか、といった議論からも明らかである[73]。今後、国連を中心に国際社会が、不処罰文化の終止を通して持続性のある平和の達成に向け、国際的な刑事裁判所にどのように関与することができるの

か、また、AU が主導する国際的な刑事裁判所との間で、どのような関係を築くべきであるのか、明確な戦略的ビジョンが求められている。アフリカの国の中には、司法への国際的な介入がアフリカの主権を侵害していると批判する[74]。だが、このことは同時に、国際的な刑事裁判所の設置を通し国際刑事法が適用された数だけ、更なる暴力や侵害行為を可能な限りくいとめようと、試みられているということも忘れてはならない。

【謝辞】本稿は、国連学会第 17 回研究大会での報告を基に加筆・修正を行った。同研究大会での報告時にコメントを下さった本学会員の皆様並びに本稿作成時に ICC 被害者信託基金の野口元郎理事長及びライデン大学の Carsten Stahn 教授より多くのご教示を賜った。また、内閣府国際平和協力本部事務局・国際平和協力研究員として 2014 年 11 月から 12 月に実施した米国及び南スーダンでの現地調査も本稿作成にあたり示唆に富むものであった。皆様に感謝申し上げたい。

〈注〉

1　Antonio Cassese, "The Role of Internationalized Courts and Tribunals in the Fight Against International Criminality," in *Internationalized criminal courts: Sierra Leone, East Timor, Kosovo and Cambodia*, edited by Cesare P. R. Romano, André Nollkaemper, and Jann K. Kleffner（Oxford University Press, 2004）p.13.

2　ICC Office of the Prosecutor, "Report on Prosecutorial Strategy," 14 September 2006.

3　See Chris McGreal, "African search for peace throws court into crisis. Uganda fears first crucial test for tribunal could prolong brutal 20 year civil war," *The Guardian*, 9 January 2007; Chris McGreal, "Museveni refuses to hand over rebel leaders to war crimes court," *The Guardian*, 13 March 2008.

4　管轄権行使に至った分析及び検察官による自発的捜査の別事例であるコートジボワールとの比較研究として、Hiroshige Fujii, "The Impact of ICC Interventions on Kenya, the Ivory Coast and Human Security -A Comparative Analysis from the Initiation of Investigations to State Responses-," *Journal of Human*

Security Studies, Vol.4, No.1 (2015), pp.47-52.
5   *See* William A Schabas, *An Introduction to the International Criminal Court 4*th *ed*. (Cambridge University Press, 2011), p.168.
6   *See* AU Document, Exe/Assembly/AU/Dec.1, Oct.2013.
7   The Prosecutor v. Uhuru Muigai Kenyatta, Notice of withdrawal of the charges against Uhuru Muigai Kenyatta, ICC-01/09-02/11, 5 December 2014.
8   UN Document S/RES/808, 22 February 1993.
9   UN Document S/RES/955, 6 November 1994.
10 UN Document, A/68/314 para.102, 13 August 2013.
11 ICC Document, ICC-ASP/12/42 paras.49-50, 14 October 2013.
12 *See* William A Schabas, *op, cit.*, pp.176-177.
13 これまでローマ規程第115条（b）に基づいて国連から安保理付託に対するICCへの資金の提供はない。ICC検察官は、リビアの安保理付託（UN Document, S/RES/1970, 26 February 2011.）を受けた同年の報告書にて資金の状況によっては捜査を行うことができないとの警告を発している。ICC Office of the Prosecutor, "Second Report of the Prosecutor of the International Criminal Court to the UN Security Council Pursuant to UNSCR 1970 (2011)," para.53, 2 November 2011.
14 UN Document, S/2014/348, 22 May 2014.
15 ICC Document, ICC-ASP/6/Res.2 Recommendation 51, 14 December 2007.
16 UN Document, S/RES/1593, 31 March 2005.
17 *See* AU Document, Assembly/AU/Dec.221 (XII), February 2009.
18 AU Document, Assembly/AU/Dec.245 (XIII) Rev.1.July 2009.
19 ICC Document, ICC-ASP/8/Res.3, 26 November 2009.
20 当時の両国は国境紛争を抱えていたが、バシール大統領はチャド訪問時に記者に対し「両国は過去に問題を抱えていたが、今はその問題は解決した」と述べている。"Chad Refuses to Arrest Omar al-Bashir on Genocide Charges," *The Guardian*, 22 July 2010, accessed 15 November 2015, http://www.theguardian.com/world/2010/jul/22/chad-refuses-arrest-omar-al-bashir.
21 AU Document, Assembly/AU/Dec.482 (XXI), May 2013.
22 AU Document, Assembly/AU/Dec 245 (XIII) Rev.1, July 2009.
23 UN Document, S/2013/624, 22 October 2013.
24 これまでに採択された安保理決議は、安保理により承認された国連PKO及び

多国籍軍等の活動に参加するローマ規程非締約国からの要員について、同規程第16条に従い安保理が別段の決定を行わない限り、捜査又は訴追を開始しないよう要請していたが、12ヶ月の期限付きであり一度延長された後、現在は更新されていない。UN Document, S/RES/1422, 12 July 2002.

25　*See* AU Document, EXP/MIM/IV/Rev.7, 15 May 2012.

26　AU Document, EX.CL/846（XXV）Annex 5, 15 May 2014.

27　*See* Dire Tladi, "The Immunity Provision in the AU Amendment Protocol-Separating the（Doctrinal）Wheat from the（Normative）Chaff," *Journal of International Criminal Justice*, vol.13, pp.3-17,（2015）.

28　Art.11 of the Amendment Protocol.

29　Author's interview with William R. Pace（the Convenor of the Coalition for the International Criminal Court), New York, 1 December 2014.

30　*See* "African Union condemns 'unfair' ICC," *BBC News*, 11 October 2013, accessed 15 November 2015, http://www.bbc.com/news/world-africa-24489059.

31　野口元郎「国際刑事法の文脈から見た国際刑事裁判所」村瀬信也・洪恵子共編『国際刑事裁判所　最も重大な国際犯罪を裁く』東信堂、2008年、306-307頁。

32　Daphna Shraga, "The Second Generation UN-Based Tribunals : A Diversity of Mixed Jurisdictions" in *Internationalized criminal courts: Sierra Leone, East Timor, Kosovo and Cambodia*, edited by Cesare P. R. Romano, André Nollkaemper, and Jann K. Kleffner（Oxford University Press, 2004）pp.15-38; 明石康『国際連合　軌跡と展望』岩波書店、2006年、160頁。

33　これらの批判を踏まえICTYの支出について詳細な分析も行われている。David Wippman, "The Costs of International Justice," *The American Journal of International Law*, Vol.100, No. 4（2006), pp.861-881.

34　*See* UN Document, S/RES/1503, 28 August 2003; UN Document, S/RES/1534, 26 March 2004.

35　UN Document, S/RES/1966, 22 December 2010.

36　ICTY規程第9条、ICTR規程第8条及びICTY・ICTR両手続き証拠規則9。

37　2002年にはICTYの年次報告書で高位の者以外は、管轄権を行使できたとしても適切な国内裁判所で訴追を行う方針が示されていた。UN Document, A/57/379-S/2002/985 para.218, 4 September 2002.

38　ICTY・ICTR両手続き証拠規則11bis。2005年ICTYで初めて移送された事例として、*Prosecutor v. Radovan Stanković,* Case No. IT-96-23/2-PT, 17 May

2005.

39 ICTY Press Release, *Statement by Carla Del Ponte Prosecutor of the International Criminal Tribunal for the Former Yugoslavia on the Investigation and Prosecution of Crimes Committed in Kosovo*, PR/P.I.S./437-E, 29 September 1999.

40 この理由の一つに挙げられるのが翻訳の問題である。翻訳に全体支出の13%が充てられICTY・ICTRともに最大の拠出項目であった。Thordis Ingadottir, "The Financing of Internationalized Criminal Courts," in *Internationalized criminal courts: Sierra Leone, East Timor, Kosovo and Cambodia*, edited by Cesare P. R. Romano, André Nollkaemper, and Jann K. Kleffner（Oxford University Press, 2004）p.285.

41 安保理決議でもアウトリーチへの取り組みについて言及されている。UN Document, S/RES/1503 para.1, 28 August 2003.

42 *Prosecutor v. Tadic*, Case No. IT-95-1-A. Judgment, 15 July 1999.

43 *Prosecutor v Jean-Paul Akayesu*, ICTR-96-4-T, 2 September 1998.

44 UN Document, A/55/624, 13 November 2000. また、シエラレオネ特別裁判所設置に向けた議論の際、米国国連大使が、「費用が高く、遅い3つめの国際刑事法廷を設置したくはなかった」と発言している。Barbara Crossette, "U.N. to Establish a War Crimes Panel to Hear Sierra Leone Atrocity Cases," *The New York Times*, 15 April 2000.

45 UN Document, S/RES/1244, 10 June 1999.

46 当初、KWECC設置が検討されていたが、予算のめどがつかず、また国際的な関与は、UNMIK規則2000/6によって達成されたため、KWECCは廃案となった。だが、同規則では審理の際、国内判事が国際判事よりも数的に優位であったため、中立性が保障されていないとの批判を受け、UNMIK規則2000/64が公布された。

47 UN Document, S/RES/1272, 25 October 1999.

48 2000年に提出された東ティモール調査国際委員会の報告書では国連の関与による国際人権法廷の設置が勧告された。UN Document, A/54/726-S/2000/59, 31 January 2000. 安保理はインドネシア政府とUNTAETがそれぞれに過去の重大犯罪に対処することになったため上記委員会の報告書を受けても行動を起こさなかった。しかし、現実にはインドネシア政府がUNTAETに被疑者の引き渡しを拒む等、非協力的であったため特別パネルの執行力は不十分であった。

49 ハイブリッド刑事法廷の先駆けとなったシエラレオネ特別法廷は自発的拠出によって運営されることになったが、国連事務総長はこれでは裁判所の安定した運営が困難だとし、懸念を示していた。UN Document, S/2000/915 para.70, 4 October 2000.

50 UN Statement, "Secretary-General's Address to the General Assembly," 28 September 2015, accessed 15 November 2015, http://www.un.org/sg/statements/index.asp?nid=9043.

51 Julian Borger, "Call for Special Tribunal to Investigate War Crimes and Mass Atrocities in Syria," *The Guardian*, 17 March 2015.

52 UN Document, S/2014/903, 16 December 2014; UN Document, S/2015/551, 20 July 2015.

53 UN Document, S/2015/562, 29 July 2015.

54 UN Document, S/RES/1595, 7 April 2005.

55 UN Document, S/RES/1757, 30 May 2007.

56 詳しくは、二村まどか「国際刑事裁判の発展と安保理の働き-レバノン特別法廷の設立に関する一考察」『国際安全保障』第37巻3号（2009年12月）、103-120頁。

57 Agreement to Establish the International Commission against Impunity in Guatemala (CICIG), accessed 15 November 2015, http://www.cicig.org/uploads/documents/mandato/cicig_acuerdo_en.pdf.

58 UN Document, A/HRC/30/CRP.2, 16 September 2015.

59 *See* Peter Snyder, "Central African Republic Government Establishes Special Criminal Court," *JURIST*, 23 April 2015.

60 OHCHR, "Report of the Mapping Exercise Documenting the Most Serious Violations of Human Rights and International Humanitarian Law Committed within the Territory of the Democratic Republic of the Congo between March 1993 and June 2003," August 2010. なお本報告書で明らかにされた2002年7月以前の侵害行為に関してはICCの時間的管轄権外であることもハイブリッド刑事法廷設置を勧告している理由の一つである。*Ibid.*, para.1026.

61 ICC Press Release, "ICC Prosecutor Supports Three-Pronged Approach to Justice in Kenya," ICC-OTP 20090930-PR456, 30 September 2009.

62 UN Document, S/2014/928, 22 December 2014.

63 *See* Emanuele Cimiotta, " The First Steps of the Extraordinary African

Chambers : A New Mixed Criminal Tribunal?," *Journal of International Criminal Justice* Vol.13, Issue1 (2015), pp.177-197.
64 AU Document, "Report of the Committee of Eminent African Jurists on the Case of Hissene Habre," paras.16, 22 and 27, 2006.
65 Questions Relating to the Obligation to Prosecute or Extradite, *Belgium v. Senegal*, Judgment, I.C.J. Reports 2012. Para.121.
66 *See* William Helbling, "Chad Court Sentences Habre-Era Police Officers for Torture," *JURIST*, 25 March 2015; Human Rights Watch, "Chad: Habré-era Agents Convicted of Torture", 25 March 2015, accessed 15 November 2015, https://www.hrw.org/news/2015/03/25/chad-habre-era-agents-convicted-torture.
67 *See* Hannah McNeish, "South Sudan's President Says 'Never' to ICC," *Voice of America*, 23 May 2013.
68 UNMISS, "Conflict in South Sudan: A Human Rights Report," 8 May 2014.
69 U.S. Department of State Press Statement, "South Sudan: United States Provides Support for Justice and Accountability," 5 May 2015, accessed 15 November 2015, http://www.state.gov/r/pa/prs/ps/2015/05/241927.htm.
70 AU Press Release, "The African Union Releases the Report of the AU Commission of Inquiry on South Sudan," 27 October 2015, accessed 15 November 2015, http://www.au.int/en/content/african-union-releases-report-au-commission-inquiry-south-sudan.
71 *See* Chester A. Crocker, Fen Osler Hampson & Pamela Aall, "A Global Security Vacuum Half-filled: Regional Organizations, Hybrid Groups and Security Management," *International Peacekeeping*, Vol. 21, Number 1, February 2014.
72 例えばブルンジでは2002年の事実調査委員会による報告書を受け、その後もハイブリッド刑事法廷設置の議論がなされているが、未だ実現には至っていない。UN Document, S/2005/158 para.57, 11 March 2005.
73 The ICC Office of the Prosecutor, "Paper on Some Policy Issues before the Office of the Prosecutor," p.4, September 2003.
74 *See* "President Kenyatta's Stinging Attack on ICC and Europe," *Daily Nation*, 12 October 2013, accessed 15 November 2015, http://www.nation.co.ke/news/politics/Uhuru-Kenyatta-AU-Summit-ICC/-/1064/2029784/-/nrgocgz/-/index.html. なお、これらの批判をかわすため、ICCはコートジボワールの事例

において、自発的な捜査ではなくアフリカのローマ規程締約国による付託を促したことがある。詳しくは Hiroshige Fujii, *op. cit.*, pp. 52-53.

6　平和構築と「適切な居住の権利保障」：
国連平和維持活動の可能性

矢　野　麻　美　子*

はじめに

　21世紀に入っても止むことのない武力紛争は幾多の都市、コミュニティを破壊し文民の平穏な暮らしを犠牲にしてきた。国連人権理事会の第2代適切な居住に関する特別報告者（以下「居住特別報告者」という。）ラケル・ロニック（Raquel Rolnik）は「適切な居住の権利の侵害は武力紛争……に寄与する、あるいはその結果となり得る。貧困者や社会で周縁化された人々は過度な影響を受ける。既存の脆弱性に対処することは……紛争の影響を予防し緩和するために重要な役割を担う。」[1] と述べる。紛争を通じた「適切な居住の権利（the right to adequate housing）」（以下「居住の権利」又は「居住権」という。）[2] の侵害は大概にして社会的弱者に向けられ、その保障をいかに図るかは平和構築そして復興・長期的開発の観点からも重要な課題である。
　国連は1990年代より紛争解決と平和構築における人権保護の重要性を強調している。紛争直後の復興に向けた初動的段階において活動する国連平和維持活動（以下「国連PKO」という。）は近年多機能化し[3]、活動に人権を統合し、人権保護を任務として付与されるものが大半となった。紛争直後の社会的混乱の状況下で人権侵害を監視、調査し、防止する主体として、国連PKOは国連の人権保障の取組みにおける重要なアクターの一つである[4]。人権の不可分性原則から、居住権もまた基本的人権として人権保護活動の対

象に含めて考えることが可能であり、国連 PKO が文民の居住権についても保護活動を行うことは、平和構築及び長期的開発の視点から重要であると考える。

本稿は平和構築における居住権保障の重要性を踏まえた上で、国連 PKO による居住権保護の取組み事例の現状と課題を明らかにし、その上で政策的な提言を試みるものである。構成としては、議論の前提として居住権の内容、要素、法的性格、他の人権との不可分性・相互依存性を確認する。次に国連文書、決議と指針、これまでの国連 PKO の取組み事例を確認し、その現状と課題を考察する。それらを踏まえ、国連 PKO が実施しうる保護活動を戦略、作戦、戦術レベルの各段階に応じて検討し、政策提言を行う。

1　適切な居住の権利

（1）　法的枠組み

居住の権利は、主に社会権規約 11 条 1 項に定められた「十分な生活水準の権利」（the right to an adequate standard of living）の一つとして認識される権利であり、経済的、社会的、文化的権利を享受する上で主要な権利とされる[5]。その他多くの人権条約においても居住権に関する規定がある[6]。国際人道法には、軍事的必要性では正当化されない不法で恣意的な財産破壊や横領は戦争犯罪である、とする居住権と重なる保護規定がある[7]。国際会議で採択された宣言や行動計画も、居住権の性格を明らかにし、締約国政府が実現へ向けて献身することの必要性を確認する（例：1996 年の国連人間居住会議が採択したハビタット・アジェンダ 61 段落）[8]。

（2）　定義と要素

社会権規約委員会は、居住権は他の人権や人権原則と不可欠に結びつくため狭義に解釈してはならないとする[9]。同委員会による一般的意見 4 は、居住権は生来的な個人の尊厳の観点から、単に物質的な「住居」（housing）と

表1　「適切性」の考慮要素

1. 占有の法的安全
2. サービス、物質、設備、インフラの利用可能性
3. 支払可能性
4. 居住適性
5. （社会的弱者の）アクセス可能性
6. （職場や学校、病院等へのアクセスを可能とする）立地の適性
7. 文化的充足

（UN Committee on Economic, Social and Cultural Rights (CESCR), *General Comment No. 4: The Right to Adequate Housing(Art. 11(1) of the Covenant)*, UN Document, E/1992/23 para.8, 1 January 1992 より筆者作成）

読むのではなく居住に係る様々な要素を考慮した「適切な居住」（adequate housing）と理解すべきとする[10]。ミルーン・コタリ（Miloon Kothari）初代居住特別報告者は同権利を「全ての女性、男性、若者、子供が、安全な家とコミュニティを得て、平穏と尊厳において生活する権利」と定義する[11]。

適切性（adequacy）について一般的意見4は最低限の考慮要素を提示する（表1）。これによれば居住権は住居の物質的な満足のみならず、法的安定性、インフラへのアクセス、社会的弱者への考慮、文化的充足など、法的、精神的、文化的側面をも考慮した権利であることがわかる。コタリ初代居住特別報告者はこれらの要素をさらに発展させ、環境財・サービス（土地と水を含む）、金融へのアクセス、剥奪からの自由、情報・能力・能力構築、意思決定への参加、再定住、安全な環境、（身体の）安全とプライバシー等の追加的要素を含む14の要素を提示する[12]。

（3）　法的性格

国連人権高等弁務官事務所（OHCHR）と国連人間居住計画（UN-HABITAT）は一般的意見4及び7[13]を踏まえて以下の通り説明する。まず、居住権は自由権（freedoms）の側面がある。例えば住居からの強制立退きや恣意的な破壊、取り壊しからの自由、個人の住居やプライバシー、世帯への恣意的な介入からの自由、住居の選定、生活場所を決める自由、移動

の自由等である。また請求権（entitlements）としての側面も有する。占有の安定を求める権利、住宅土地財産の返還を求める権利、適切な住居への平等で非差別的なアクセスを求める権利、そして国家や地域レベルでの住宅に関する公的意思決定に参加する権利等である。国の責務は単に住宅提供だけではなく、ホームレス化を予防し、違法な強制立退きを阻止し、差別を明らかにし、最も脆弱なマイノリティに着目し、全ての個人に占有の安定を保障し、居住環境を適切とすることとする[14]。このように居住の権利は住宅土地財産に関する様々な問題を考慮し、自由権的側面も多く有する。居住権を端的に社会権と区分することはできず、複合的な法的性格を持つ権利といえる（人権の不可分性）[15]。

さらには少数民族や女性・子どもがスラムや不安定なシェルターに居住を強いられ、公式の住所を有さず、教育や医療、就労機会、選挙参加へのアクセスが阻害されることはプライバシー権、職業選択の自由、教育を受ける権利、平等原則、水を得る権利、参政権、少数者の権利、女性・子どもの権利、そして難民・国内避難民（IDPs）の権利とも関連する。文民の住宅財産破壊、安全な難民・IDPsキャンプの不足、インフォーマル居住区の治安の悪化は生命に対する権利とも密接に関連する。居住権はあらゆる基本的人権の実現と密接に相互依存し（人権の相互依存性）[16]、個人が幸福を追求する上で不可欠な生存の基礎となる権利である。特に生命に対する権利は、緊急時や紛争下においても国家がその遵守義務を逸脱することのできない権利（non-derogable rights）とされるため[17]、同権利と相互依存する局面では居住権についても国家は義務から逸脱不可能であるといえよう。個人の尊厳に資する基本的人権として他の人権と同様に法的価値、重要性があり保護する必要がある。

（4） 国際的支援の在り方

地域的な紛争の影響が国際的に波及する今日においては、紛争後の脆弱国家の自立と開発のために国際社会が適切な支援を行うことは、国際社会の平

和と安定の維持ために必須といえる。もっとも、上述の通り、居住権の法的性格は問題毎に様々であるから、その侵害態様や被侵害利益を個別具体的に検証し、法的性格の局面に応じて国際的支援の在り方を適切に変える必要がある。例えば難民・IDPs に対するシェルターや公共住宅の提供といった社会権が問題となる局面では、当該国政府の予算不足が課題であるから、国際社会による物資や資金援助が特に求められる。自由権侵害、財産権侵害や平等原則違反、適正手続違反が問題となる局面では、国際社会が当該国政府に対し、権利侵害を即座に止めるよう不作為を勧告する必要がある。住宅土地関連法令の不備、民事紛争解決のための調停裁判制度の欠缺等、司法・立法上の課題については法整備等の技術協力が重要である。

(5) 補論:「居住の権利」と「HLP 権」の関係

紛争後国の住宅土地財産問題 (housing, land, and property issues) に対処する際に居住権でなく「住宅土地財産権 (housing, land, and property rights)」(以下、「HLP 権」という。) という権利が主張されることも多く、実務上広くこの用語は使用されている。居住特別報告者や社会権規約委員会は居住権保障の取組みにおいて土地財産の問題も対処することがあるので[18]、「居住の権利」と「HLP 権」が対処する問題は非常に類似しており両者の関係が問題となる。

ノルウェー難民評議会 (NRC) によれば、住宅土地財産と紛争の関係が注目され始めたのは 1990 年代からであり旧ユーゴスラビア地域で住宅土地の問題が深刻だったことが背景にある。財産権はフォーマルな所有権の問題や土地の公用化に関する問題のみ対処するため、セルビアやコソボで問題であった賃貸借やインフォーマル住居、慣習の問題なども対処できる HLP 権という複合的な権利が主張されるようになったという[19]。

NRC は HLP 権の主要な法的根拠として居住の権利を挙げる[20]。HLP 権を提唱するスコット・レッキー (Scott Leckie) とクリス・ハギンズ (Chris Huggins) も「居住の権利は最も包括的に法的に全ての住宅土地財産に関す

る権利を明らかにする。」[21] とする。もっとも HLP 権は「元来の住処（original home）」「常居所（place of habitual residence）」の概念を居住権や財産権に比べてより的確に表すとする説明もある [22]。

　人権条約の条文上では、居住権と財産権は明記があるものの土地の権利に関する規定はない [23]。なぜ社会権規約では土地の権利を記載せず居住権の中で土地の問題を扱うのだろうか。レッキーとハギンズによれば、土地の権利を国際人権法の規範として明記するか否かを巡る論争は、（入植者による土地支配から脱却し土地の国有化を図るという）非植民地化のための闘争と冷戦によるイデオロギー闘争の影響を受け、社会権規約における土地の権利規定の導入については合意に至らず、土地の権利は明記されなかったという [24]。現在土地の権利を人権規定として導入する動きもあるが、依然国家主権（統治権）を理由とした反対がある。これら経緯より人権条約上では土地の権利規定がないため、人権理事会や社会権規約委員会の活動においては土地の権利と密接に関連する居住権を広義に解釈し、居住権保障の取組みの中で関連する土地の問題についても対処する運用がなされているのではなかろうか。

　かくして居住権と HLP 権の保護範囲は広く重なり合うこととなる。もっともレッキーとハギンズは HLP 権は既存の国際人権法、人道法、難民法を法的根拠としても普遍的に認められる人権との見方を示しており [25]、HLP 権は居住権に比べてより直接的に土地問題への対応が可能とも考えられる。このように考えるならば、HLP 権は居住の権利を包摂し、より保護範囲が広いといえる。

　それでも尚、本稿では HLP 権ではなく居住権を中心的に選択して論ずる。なぜなら現時点で明文上の根拠があり、国際人権規範として確立された、より強力な権利といえるのが居住権であると考えるからである。HLP 権がより広域を保護範囲とするならば政策的・啓蒙的視点からは有用である [26]。しかし現状では国際人権法上明文規定を欠き、条約委員会の一般的意見もなく、裁判規範性においても疑問がある。国連 PKO が付与された人権

保護任務の遂行として住宅土地財産問題に対処する場合があれば、その法的根拠となる人権規範としては現時点では社会権規約 11 条 1 項を中心とする居住の権利が中心となるだろう。そして国際人権法上、確立した権利であるからこそ、国連の人権理事会や各人権条約委員会を中心とする国連の人権保障メカニズムを通じた対処も可能となる。そのため本稿では居住の権利を選択し中心に据えて議論を行う[27]。

もっともそれは HLP 権を否定するものではない。HLP 権についての国際的な認知は増え、土地の権利を人権として条文化しようとする動きも見られる[28]。条文化されると、今後は土地にかかる人権問題について国際人権法違反として土地の権利を直接主張しうることとなる。その場合 HLP 権を中心に据えて議論することも有力となろう。

2 国連 PKO と人権保護任務

人権は平時においても紛争時においても適用されるものであるが、紛争時、紛争後の居住権の侵害は特に深刻となりやすい。ロニック第 2 代居住特別報告者によれば、紛争後の国においては、復興初期段階での政策の選択、あるいは政策の不履行、人権と土地の占有に関する問題の見過ごしが、復興と開発の長期的な成功若しくは失敗を決定付ける要因となるという[29]。そこで居住権保護の取組みは和平合意後の紛争直後の初期段階、つまり安定化と平和の定着期において開始する必要がある。このような時期にフィールドで主要な役割を果たすのが国連 PKO であり、居住権保護との関係でも潜在能力は高いと考える（図 1）。そこで本稿では近年主流となる複合型国連 PKO（特に国連 PKO と国連カントリーチーム（UNCT）を一体的に運用する「統合ミッション型国連 PKO」[30]）に着目して考察を加え、紛争後国で居住権保護活動を行う政策的可能性について提言を行う。

国連 PKO と人権保護任務の発展としては、まず 1990 年代から人権によるアプローチと人権保障メカニズムを紛争解決と平和構築に適用する重要性

図1 複合型国連 PKO のコア・ビジネス

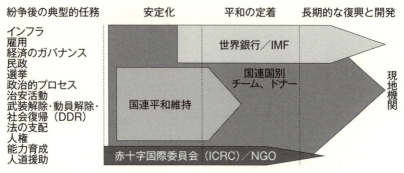

（出典：UN DPKO and DFS, *United Nations Peacekeeping Operations: Principles and Guidelines*, 2008, 邦訳版 16 頁）

が認識され始めた[31]。1992 年 6 月のブトロス・ブトロス＝ガリ（Boutros Boutros-Ghali）国連事務総長による『平和への課題』（A/47/277-S/24111）は、国連の平和活動の中で「紛争後の平和構築」に言及し、その任務は人権保護も含むとする[32]。1997 年にコフィ・アナン（Kofi A. Annan）国連事務総長は『国連の再生：改革に向けたプログラム』（A/51/950）において、国連の中核的活動である平和と安全保障、経済・社会問題、開発協力、人道問題に人権を統合する方針を提示した[33]。2000 年の『国際平和活動パネル報告書』（『ブラヒミ報告書』）では人権を PKO 活動に統合する重要性を強調し、そのために OHCHR の計画と準備機能を強化すべきとした[34]。そして OHCHR は国連 PKO の人権部門（Human Rights Component）の政策・方法論的指針や軍事・警察部門の人権指針の開発、強化を行った。国連平和維持活動局（DPKO）と共に、権利に基づくアプローチ（Rights-based approach）の国連 PKO 軍事部隊の活動への適用についての概念や資料を普及させた[35]。例えば、国連 PKO による「文民の保護」活動を解釈する 3 つのアプローチとして「権利に基づくアプローチ」「持続可能な保護の形態としての安定化と平和構築」及び「危害からの身体的保護」が挙げられており、権利に基づくアプローチが文民の保護活動へ適用されている[36]。

2008年の、DPKOとフィールド支援局（DFS）による『国連平和維持活動：原則と指針』によれば、平和構築とは国家の紛争管理機能を強化し、紛争の発生や再発のリスクを低め、持続可能な平和と開発の基礎を築くための幅広い方策を指す。これは複雑で長期的なプロセスであり、武力紛争の根深い構造的な要因を包括的に対処することによって実現する[37]。国連 PKO は原則として停戦または和平合意の履行支援を目的に展開するものであるが、複合型国連 PKO においては紛争再発防止のために平和構築活動を伴う必要があり、その重点分野の一つとして法の支配と人権尊重の強化を挙げる[38]。そして複合型国連 PKO の大半は人権侵害の監視や調査、受入国の各アクターの能力強化を行うことにより人権を保護、促進するマンデートを付与されるとする[39]。

このように、国連は平和構築における人権保護の重要性を認識し、人権の保護促進を国連 PKO の重要な任務として位置付け、人権を国連 PKO の全ての部門、活動、過程において統合するよう努めている。人権の中でも優先的に保護すべき事項はあるといえるが、人権の原則である不可分性・相互依存性からは、いずれの人権についても国連 PKO が保護することが人権保護マンデートからは理論的に可能なはずである。そして生命に対する権利や少数民族の権利、女性・子どもの権利、難民・IDPs の権利等、特に紛争後国において緊切の対処が必要とされる権利と相互依存する深刻な居住権侵害については、国連 PKO が保護活動を実施する必要があり、平和構築に資するものと考える。

3　紛争と居住権保障に関する国連文書

紛争後国で住宅土地財産問題に対処するために、これまで様々な国連の指針、決議、勧告が採択されてきた。2004年の『紛争および紛争後社会における法の支配と移行期正義に関する国連事務総長報告』（S/2004/616*）は、住宅土地財産問題の解決を平和構築過程の重要な要素で、法の支配の不可欠

な前提とし、国連 PKO の活動にも言及する[40]。

2005 年に国連の経済社会理事会は難民・IDPs の住宅財産返還についての「ピネイロ原則（Pinheiro principles）」[41] を採択した。これは財産返還、賠償、帰還支援実施の重要な政策指針である[42]。同原則は難民や IDPs の恣意的又は不法に略奪された住宅土地財産の返還・賠償請求、元来の居住地への任意的帰還を権利であるとし、政府の優先課題とする（原則 2.1、2.2、10.1）。国際機関による支援、和平合意及び国連 PKO マンデートにおける住宅土地財産返還請求権への言及を原則とする（原則 22.4、22.6）。ピネイロ原則は策定以来多くの国連機関、NGO 等により参照されてきた。他方課題として、同原則は財産返還を基本とするが、現在はむしろ帰還民の別地域への移住・再統合が問題であるため対応が十分ではない点がある。また、土地財産登記制度が不十分な国あるいは慣習やインフォーマルな土地占有制度への適用が難しいこと、土地紛争の構造的原因に対処できないことが指摘されている[43]。

2007 年の『武力紛争における文民の保護に関する国連事務総長報告』（S/2007/643）は、住宅土地財産問題の対処にはより包括的で組織的な一貫した国連全体のアプローチが必要とする。同アプローチに含むべき内容として、国連 PKO の活動に住宅土地財産問題対処を含め、強制立退きや不法収用を阻止すること等を挙げている[44]。

2007 年の「開発に基づく立退きおよび移動に関する基本原則およびガイドライン」は、強制立退きに対する国際的な保護基準強化のためコタリ初代居住特別報告者が作成した、強制立退きの際の人権保護と救済策の指針である。同指針は紛争時に限らず普遍的に適用されるものであるが、救済策として補償、返還、帰還、再定住および生活再建における国家や管轄当局の義務、個人の権利等の規定があり[45]、紛争後国の再建過程における原則としても非常に有用である。

ロニック第 2 代居住特別報告者は、2010 年に紛争後・災害後の復興と居住の権利に関する年次報告を行った。住宅は社会資産であり、社会の安定、

貧困削減、開発に重要であること、居住権を人道支援、再建、開発事業の計画、準備、実施に主要な要素として取り込むこと、占有の安全、住民参加、多機関間の連携が重要であること、和平合意で住宅土地に関して言及すること、及び国際社会の支援の必要性等を指摘する[46]。

以上の通り、様々な文書で住宅土地財産問題の対処の必要性、国連PKOの役割が言及されている。これらの文書は国連PKOが居住権保護活動を行う際の重要な指針となるはずである。

4　国連PKOミッションによる取組み事例

国連PKOによる取組み例はこれまで多くはないものの、比較的積極的な取組みがなされた2つのミッション事例がある。これらを参考に、紛争を通じた居住権侵害の態様及び国連PKOの取組みを確認する。それらを踏まえて国連PKOによる居住権保護活動の現状と課題を考察する。

（1）　国連東ティモール暫定行政機構（UNTAET）

ロニック第2代居住特別報告者は、東ティモールは土地占有の安定化への対処の失敗がもたらす危険を示す例であるとする。2010年の調査報告によれば、独立のための国民投票が行われた1999年8月以降のインドネシア統合派民兵による暴動により67,500戸（全住宅ストックの40％）が居住不可能な状態となった。およそ70％のインフラ基盤が破壊された。土地権利記録も破壊あるいは奪取された。900,000万の総人口中750,000人が国内外へ避難した。避難民の放置住居は、住居を破壊された他者により占有された。数年後、帰還民の多くは自己の住居が他者により占有されており、立退きを拒絶される、あるいは立退きと引き換えに保全や修繕費用の賠償支払いを請求された。不動産占有の不保障と住宅土地財産を巡る緊張の高まりがまん延し、2006年から2007年の暴動へと繋がった。この暴動により150,000人（総人口の15％）が土地住宅を放置して避難した。放置住居は二次的に占有

され、ディリの 6,000 戸が破壊されるか又は多大に毀損した[47]。

このような状況下で実施された UNTAET の活動は以下のとおりである。1999 年 10 月、国連安保理決議第 1272 号により UNTAET が設立され、全ての立法司法行政含む権限が与えられた。土地財産ユニット（Land and Property Unit: LPU）が設置され、住宅土地財産問題の包括的対処を試みたが、東ティモールの複雑な経済社会状況や住宅土地財産対処の困難性から進展は阻まれた。LPU は財産請求の申立てを記録する権限のみ与えられただけであり、後述の UNMIK で見られたような土地請求委員会の設置や、土地の権利登録作業の権能付与は、LPU が国連事務総長特別代表（SRSG）（東ティモール担当）に提言したものの却下された。主要な業務は土地紛争仲裁制度の監視と、放置された公共財産を一時的な賃借権により分配することに留まり、住宅土地財産問題解決のための進展は少なかった[48]。ロニック第 2 代居住特別報告者は、国連下の移行期政府と新政権は主要な占有を巡る問題に十分に対処できず、その失敗は 2006 年から 2007 年に起きた暴動の引き金の一つとなったとも見うる、と指摘する[49]。もっとも LPU は組織的に住宅土地財産の返還課題に対処するための詳細な政策提言を行っており[50]、その記録は今後の国連 PKO で同様の事態が生じた場合の対処策として大いに参考となる。

（2）　国連コソボ暫定行政ミッション（UNMIK）

和平合意で財産返還に関する規定をし、国連難民高等弁務官事務所（UNHCR）や上級代表を始めとする国際社会の積極的支援により難民や IDPs の帰還、財産返還が促進された例としてボスニア・ヘルツェゴビナが有名である[51]。同モデルに習い国連 PKO が直接に住宅財産問題に対処した例が UNMIK である[52]。

民族紛争が深刻であったコソボでは 1999 年 3 月の北大西洋条約機構（NATO）の旧ユーゴスラビアに対する空爆により数十万人のアルバニア系住民の住宅財産が破壊され避難民となった。1999 年 6 月に紛争が終結し

UNMIK の暫定統治が始まると、帰還するアルバニア系住民からの迫害・報復を恐れた約 260,000 人[53]のセルビア人等が今度はセルビアへと避難した[54]。コソボ国内ではロマ人数千人も迫害され、スラムやゴミ捨て場に居住を強いられた。紛争により当時のコソボの住宅戸数のおよそ半数が放置され居住不可能となった。帰還したアルバニア系住民は、元来の住居が破損、破壊されていたため、避難したセルビア系住民や少数民族が放置した住居を占有し、不法な財産の二次的占有が急増した[55]。

1999 年以前のコソボの制度は、財産取引を十分に登録せず土地台帳や財産権記録が不正確で信頼できないものであり、紛争中の財産記録の破壊がこの状況をさらに悪化させた。旧ユーゴスラビア政府は 1999 年の撤退時に財産記録を移転し、土地台帳記録の大部分はセルビアへ移転され、多くの地方自治体は財産記録を喪失した。これらの事情により財産所有者を正確に判定することが非常に困難となった[56]。

このような状況において実施された UNMIK の活動は以下の通りである。SRSG（コソボ担当）は UN-HABITAT の提言に基づき、1999 年 11 月に UNMIK1999/23 決議をし、住宅財産総局（the Housing and Property Directorate: HPD）と住宅財産請求委員会（the Housing and Property Claims Commission: HPCC）を設立して 1999 年から 2008 年まで活動し、住宅財産を巡る紛争の解決を試みた[57]。UNMIK の任務（マンデート）を付与する国連安保理決議第 1244 号[58]は、前文において「全ての難民と強制移転させられた人々が安全にそれらの者の住居へ帰還する権利」を再確認する。そして UNMIK の主要な責任として「全ての難民と強制移転された人々の、安全で、妨害のない、コソボにおける住居への帰還を確保すること」（11 段落 (k)）と定め、この規定が HPD/HPCC 設立の主な根拠となったと見受けられる。居住権がマンデートに明記されているわけではないが、「住居への帰還」は元来の住居の返還という居住権が保護する問題を含むと解せる[59]。そして「人権の保護と促進」（11 段落 (j)）も主要な責任に含まれている。そのため HPD/HPCC の活動を居住の権利実現のための保護活動としても解

釈しうると考える。

　HPD/HPCC の事物管轄は NATO の空爆のために財産を放置して避難した者で、財産が不法占有され返還が明らかに不可能な者の請求等に限られていた[60]。HPD は法的調査、訴訟準備を行い、請求を裁決のため HPCC へと移送する。加えて、放置された居住用財産を避難民の住宅需要に対処し提供するため管理した[61]。HPCC は HPD 内に設置された終審の司法機関であり、裁決の執行は HPD が行う[62]。執行としての強制立退は当初は HPD の担当官が UNMIK 警察と NATO 主体の国際安全保障部隊（KFOR）の支援を受けて実施した。後に UNMIK 警察の指示のもとその役割は現地のコソボ警察に移行している[63]。

　2007 年時点で 26,790 件の請求が裁決処理され、UNMIK の取組みは成功と評価する見方もある[64]。他方 HPD の任務には制約があり、財産損失、毀損についての損害賠償は含まれておらず、適法で緊急の財産権問題に限って対処するのみであった。また、HPD の運営を通じて資金調達が最も困難な課題であったとの指摘もされている[65]。このような活動の制約はあったものの、国連 PKO が組織的に住宅財産返還問題に介入し、強力な権限を行使して裁決、執行まで行った事例として肯定的に評価でき、今後の国連 PKO の活動の可能性を考える上で非常に参考となる。

　2015 年 5 月にレイラニ・ファーハ（Leilani Farha）第 3 代居住特別報告者がコソボへ調査訪問を行った。その報告によれば、現状においても、複雑な土地、住宅、財産の返還や帰還の問題が依然として衝突と懸念事項の要因となっているという。地籍記録の不透明さがロマ人や IDPs に対する差別を引き起こすこともあり、インフォーマルな財産譲渡を増加させている。約 100 存在する少数民族のインフォーマル居住区は劣悪な状況にあり、都市部の周辺では新たなものも増加している[66]。また、UNMIK の SRSG も、2015 年の報告書において、財産権問題が解決されていないことが、任意的帰還やコミュニティ間関係の進展を妨げる主要な要因であると認識する[67]。未だコソボの居住権状況の改善のためには国際社会含め多くの取組みが必要といえ

る。

(3) 考察

これら2つの事例を鑑みるに、どちらの国においても紛争を通じて大量の難民 IDPs が発生し、放置された住宅財産を巡って帰還民と二次占有者の間で住民同士の紛争が急増し、東ティモールにおいては暴動の再発にまで繋がっている。国家の紛争管理機能を強化し、紛争再発のリスクを低め、持続可能な平和と開発の基礎を築くという平和構築活動において、居住権の侵害防止、保護が重要な要素であることが分かる。

しかしながら現状においては、国連 PKO による居住権保護の活動は積極的とは言い難い。国連 PKO が現地で直面する住宅土地財産問題について包括的な政策的指針がないため、各ミッションが試行錯誤しつつ困難な問題に対処せざるを得ない[68]。また、住宅土地財産問題に関する専門家が国連 PKO 内で不足しているため、同課題に直面しても対応が困難である[69]。

2つのミッション事例は共に暫定統治型 PKO であったため、司法行政権限の移譲があり、独自の強力な権限に基づく対処が可能であった。もっとも同様に暫定統治型であった国連カンボジア暫定統治機構（UNTAC）（1992年～1993年）においては住宅土地財産問題への対処はなされていなかった。UNTAC は初期の国連 PKO 活動であり、参考となる先例もなく、長期に渡って孤立していたカンボジア社会に関する事前知識が十分でなく、住宅土地財産問題に対処する効果的アプローチを描けなかったとの指摘がある[70]。住宅土地財産問題は土着の文化や慣習が複雑に絡む問題であり、国連 PKO が事前にそのような知識を十分に把握していなければ、現場で効果的な対処を行うのは困難である。

暫定統治型以外の国連 PKO、例えば深刻な居住権侵害がコタリ初代居住特別報告者及びロニック第2代居住特別報告者によって報告されていたアフガニスタンにおいては[71]、他の国連専門機関や NGO による対処はあったものの、国連アフガニスタン支援ミッション（UNAMA）は組織的な対処は

行っていない。前述の2007年の国連事務総長報告 (S/2007/643) は、土地の紛争に伴うリスクにも関わらず、国連の再統合支援においては、その問題について十分な注意や分析は払われていなかったと指摘する[72]。住宅や土地を巡る紛争がもたらすリスクを国際社会が十分に認知していなければ、国連PKOが現場で居住権侵害に直面した際、即座に適切な対処を行うことは期待し難い。そして非暫定統治型国連PKOが住宅土地財産問題について現地の政府へどれ程の介入が可能かは、別途検討を要する。

居住権保護活動においては資金の問題もある。特に住宅財産に対する統治機構による損害賠償、損失補償を行うには資金調達が不可欠である。しかしながら国連PKOの予算の制約から、UNMIKやUNTAETではそのような活動はなされていない。現状では国連PKOが採りうる介入としては、比較的財源を要さない住宅土地返還を巡る民事紛争の仲裁や裁定、放置住宅や公共財産の管理といった役割に留まると見受けられる。国際社会からの積極的な財政的支援が必要な分野といえる。

5　国連PKOによる保護の可能性

国連PKOの指揮統制レベルは、国連本部の安全保障理事会を中心とする戦略レベル、各ミッション本部でのミッション最高責任者を中心とする作戦レベル、ミッション内の軍事、警察、文民部門を中心とする戦術レベル、に分類される（図2）。各指揮統制レベルで適切な方策を検討することで、居住権保護に関する包括的で持続的な対処が可能となると考える。検討にあたっては、先行研究による提言があるので、以下、それらを検証した上で、さらなる活動の可能性を提言する。

（1）　戦略レベル

先行研究では、国連安保理決議や国連総会決議により、国連PKOが住宅土地財産問題へ対処するための制度的・政策的枠組みや指針を制定すべきと

図2 複合型国連 PKO における権限と指揮統制

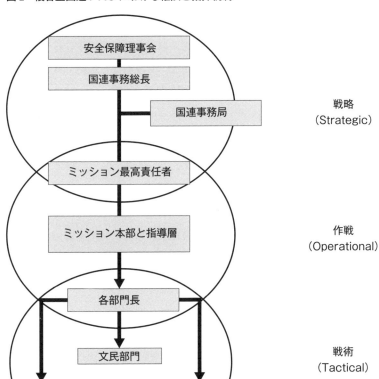

（出典：DPKO/DFS, *United Nations Peacekeeping Operations: Principles and Guidelines*, 2008, p.67. 筆者訳。）

する提言がある[73]。もっとも、これまで制度的枠組みの導入はあまり進んでおらず、原因として住宅土地問題の固有性や国際社会の問題意識の遅れがあると考える。また、国連 PKO のマンデートに住宅土地財産問題への対処を記載すべきとする提言がある[74]。UNMIK のマンデートで見られたように、難民 IDPs の元来の住居への帰還確保任務を明記することが居住の権利にも

資するといえ、さらには必要に応じてより明確に居住の権利の保護を任務として言及することが望ましい。

　これらの提言に加えて、ピネイロ原則を改訂し、財産返還だけでなく難民やIDPsの移住、再定住や、異なる法制度、慣習法にも対処できる汎用性のあるものにする必要がある。2016年に開催される世界人道サミット及び第3回世界人間居住会議では紛争後国の住宅土地財産問題が検討される予定であり、より包括的な制度的枠組み、ガイドラインの策定が期待できる。

　2007年に住宅土地財産問題は保護のサブ・クラスターへ導入された。現在のフォーカルポイント機関はNRCと国際赤十字赤新月社連盟（IFRC）である。人道的活動や自然災害において生ずる住宅土地財産保護の問題に関して、グローバルレベルでの連携、政策助言、指針の提供を行い、制度的なアプローチの構築を目標に掲げる[75]。今後このようなクラスターの活動を活発化させ、国連PKOの戦略レベルでの政策決定に活用すべきである。

（2）　作戦レベル

　レッキーは現地国政府の省庁間の調整機関として、国連PKO内に法整備、政策、住宅土地建設、訴訟、記録等に対処する住宅土地財産総局の設置を提言する[76]。UNMIKのHPD/HPCCはこれに類似する機関といえるが、暫定統治型PKOであったがため司法権限が与えられ、HPCCは終審の司法機関として裁決まで行うことが可能であった。非暫定統治型の国連PKOにおいて、総局が持ちうる権限の限界や、現地政府への介入の在り方については別途検討を要する。また、国連PKOが住宅財産返還請求事件や損失補償、損害賠償請求事件に対処する場合は、前述のピネイロ原則を指針として適用すべきである。

　さらにレッキーは、専門家不足に対処するため、現地の住宅土地財産問題に熟知した現地の専門家、法律家を登用することや、住宅土地財産アドバイザーの任命、専門家の待機要員システムの構築等を提言する[77]。

　これら先行研究の提言に加えて、国連PKOでは住宅土地財産分野の経験

知識の蓄積は浅く機能的な限界があるため、従来より居住問題に取り組んできた他の機関と連携することが重要である。UN-HABITAT は、全ての国連 PKO ミッションの実施に先駆けて、事前ニーズ評価を UN-HABITAT が実施するのが望ましいとする[78]。実際に、UNMIK が住宅財産問題に対処する際も、UN-HABITAT が調査を実施しアクション・プランを提示している[79]。このような専門的な機関の有する現地情報を作戦レベルにおいて活用することが効果的といえる。さらに統合型ミッションであれば、住宅土地財産フォーカルポイントを国連 PKO 内に配置して照会ルートを構築すべきである。歩兵部隊がフィールドで侵害行為に直面した場合、同フォーカルポイントへ報告し、UNCT と情報共有することにより、連携した対処が可能となる。

国連 PKO の活動自体が居住権を侵害しないよう作戦レベルで留意することも必要である。国連 PKO が敷地の所有権者を確認せずに施設を設置する等して土地を不法占有することがあると非常に問題である。また国連 PKO 部隊の不衛生、武器使用等により居住地を汚染するようなことは避けなければならない。

（3） 戦術レベル

戦略レベル、作戦レベルでの対処策の導入は制度上の改革が必要なものもあり、導入には時間を要する。これに対して、既存の制度で最も即効的に対処できるのが戦術レベルでの取組みと考える。先行研究においては、文民財産の略奪、破壊、違法な二次占有、軍事利用がされないよう国連 PKO 軍事部隊が、フィールドでパトロール中等に監視し予防すべきとの提言がある[80]。また、土地記録は紛争の主要な原因であり、国連 PKO 軍事部隊は土地記録の保全に責任を持つことが望ましいとする意見もある[81]。前述の通り、国連 PKO の文民の保護活動には権利に基づくアプローチが適用されているので、文民の保護活動の一環として、軍事部門が居住権保護活動を行うことは可能といえる。

レッキーとハギンズは、国連 PKO は受入国の紛争解決制度を支援すべきとする。UNMIK が強制立退きを執行した例のように、国連 PKO は軍事要員に加えて警察要員によっても構成されるため、受入国の司法機関による判決の執行を支援することに正統性を有するとする[82]。国連 PKO が強制立退の執行を支援する場合、適正手続原則に違反したり、補償が不十分である等の居住権侵害がないよう、前述の「開発に基づく立退きおよび移動に関する基本原則およびガイドライン」やピネイロ原則を指針として尊重することが大切である。

　これら先行研究における提言に加えて、国連 PKO の法の支配ユニットが受入国政府に居住権保障のための司法制度改革、立法支援、法整備などの技術支援、司法関係者への研修実施等を行うことが考えられる。UNHCR や NRC は上記の研修実施に実績があるので、これら団体と法の支配ユニットが連携して研修を行うのが効果的である。そして特に女性・子どもや少数民族の居住権保障を促進するよう助言する必要がある[83]。

　さらに、既存の人権部門を活用することが考えられる。軍事部隊がフィールドで居住権侵害を把握した場合、人権部門の長である人権担当顧問（human rights adviser）へ報告する。人権担当顧問は国連 PKO の SRSG によって任命されるが、OHCHR の現地代表としての役割も担う。そのため、人権担当顧問は人権侵害の情報を得た場合、SRSG に加えて国連人権高等弁務官に報告する。これにより、現場での人権担当顧問による対処に加えて、OHCHR 本部が所在するジュネーブ及びニューヨークの国連本部の DPKO、政務局（DPA）、及び DFS が現場の状況を把握し、効果的な調整をし、戦略レベルでの政策的な対処が可能となる[84]。さらに国連の人権理事会、特に居住特別報告者による当該国への勧告や助言等の対処も可能となる[85]。国連 PKO の受入国が社会権規約を批准していなければ、社会権規約委員会による対処を可能とするために、国連 PKO の人権部門は同規約の批准を助言、支援すべきである。このように国連 PKO がフィールドで人権保護活動を行うことは、緊急下での即効的な対処ができることに加えて、国連の人権保護

メカニズムの枠組みと連動して、効果的持続的な国際社会による対処が可能となる利点がある。そのためには人権部門が居住権の問題について専門知識を有する必要がある。経済社会文化的権利に関する研修を人権部門の要員に実施したり、居住権に詳しい法律家を人権部門に配置することが必要である。

その他の方策として、居住権問題に取り組む国連専門機関、NGO 等が現地で住宅土地を巡る民事紛争の仲裁活動を行う場合等、セキュリティのために国連 PKO 部隊が同伴することが考えられる。国連 PKO の工兵部隊が行うインフラ整備事業は、人材・資材調達の困難もあり国造りに向けての臨時的、過渡的な役割に留まる。もっとも工兵部隊による文民保護サイトの敷地造成、区画整備、コミュニティ道路の補修・改良、排水整備や、地雷・不発弾等処理作業等は、住民の公共インフラへのアクセス向上及び適切な居住環境整備に資する。特に、紛争直後の国家機能が脆弱で、政府が国民の給付請求権に対して対処できない状況においては、国連 PKO が政府に代わり応急的な措置を行うことは居住権保障において重要である。以後安定化の進捗に応じてその機能を政府へ移行させることが望ましい。各 UNCT、NGO 等が、居住権の観点から必要があれば、現地の国連人道問題調整事務所（OCHA）を通じてインフラ整備を国連 PKO 工兵部隊に要請すれば、居住の権利実現へと繋がりうる。

おわりに

以上総括するに、国連は紛争解決、平和構築における人権保護の重要性を認識し、国連 PKO に人権保護任務を付与し、全ての部門の活動において人権の統合を試みている。人権の不可分性・相互依存性原則より、居住の権利についても国連 PKO による保護活動が可能となる場合がある。紛争後の初期の国造り段階で居住の権利を保護することは、持続的平和と開発において重要であり、そのような時期に活動する国連 PKO による保護の効果は高い

と期待できる。

　2つの国連 PKO 事例に基づき、国連 PKO による保護活動の現状と課題を考察した。特に暫定統治型 PKO による強力な権限に基づく対処の可能性が示唆された。もっとも住宅や土地保有制度に関する土着文化や慣習の知識不足、住宅土地問題のリスクについて国際社会が十分に認知していないこと等が、国連 PKO が同問題に積極的に介入することの足枷となっている。非暫定統治型国連 PKO においては組織的に同問題に対処した事例は見受けられず、議論が不十分な領域である。資金上の制約からも、国連 PKO が採りえた活動は限定的であった。

　これらを踏まえ、国連 PKO が各指揮統制レベルで実効的な政策を導入することで、紛争後国の居住権侵害に対して包括的に対処しうる可能性を提示した。提言した政策の中で、戦略レベル、作戦レベルでの制度的な改革は即座には難しい面もある。しかしながら、戦術レベルにおいては、既存の国連 PKO の制度的枠組みを利用しても行いうる保護活動は多くあり、特に人権部門や、歩兵部隊、工兵部隊によるフィールドでの活動が居住権保護に資する可能性は大きい。そしてこれら戦術レベルで政策提言した活動の多くは、暫定統治型 PKO でなくても可能といえ、居住権保護の高い可能性があると考える。

　今後の研究課題として、住宅や土地の政策に関しては、受入国政府のオーナーシップ尊重との兼ね合いで国連 PKO が介入しうる範囲にも限界があると考え、検証が必要である。従来の非暫定行政型国連 PKO の活動において、現場で実際に住宅土地財産問題に直面したミッションもあるはずである。その際、居住権保護という形でなくとも、いかに対処したか、又は対処ができなかったか、特に戦術レベルでの経験について事例研究をさらに進める必要がある。そのような研究の蓄積が制度的枠組み構築の手がかりとなるはずである。また、近代的土地保有制度にそぐわない慣習的な土地保有制度が根付いている社会における対処の在り方や、国連 PKO が住宅土地財産問題に介入すべきとする状況判断基準についても検討が必要であろう。

今後の展望としては、2016年の世界人道サミット及び第3回世界人間居住会議における議論により、紛争後国の住宅土地財産問題についての国際社会の意識高揚、支援の増加、政策的枠組み、指針の策定の進展が期待できる。土地の権利が人権条約に規定されれば、土地問題についてのさらなる国際社会による対処も期待できよう。紛争後国における住宅土地財産問題に着目し、対処を試み、国際的支援を訴える国連専門機関、NGO、学術機関の専門家も増えつつある。ファーハ第3代居住特別報告者は、今後取り組むべき居住権課題の1つとして紛争後国の再建を挙げ[86]、IDPsに関する特別報告者とも連携して活動を行っており[87]、さらなる国別訪問や調査報告が期待できる。このような国際社会による積極的な取組みが居住の権利実現の進展となり、紛争後国における人権の保障、平和構築、安定化へと繋がるものといえ、本稿もその一助となることを願う。

　＊本稿の意見や見解は執筆者個人のものであり、所属組織の見解を示すものではない。

〈注〉

1　UN Document, A/HRC/16/42 para.58, 20 December 2010.

2　「適切な居住の権利」は略して「居住権」ないし「居住の権利」と和訳されており、近年は「居住の権利」と訳される傾向にある。例として以下文献中では「居住の権利」と「居住権」の両方の用語が用いられている。家正治他編『「居住の権利」とくらし：東日本大震災復興をみすえて』藤原書店、2012年。

3　1992年にブトロス・ブトロス＝ガリ（Boutros Boutros-Ghali）国連事務総長は『平和への課題』において、国連PKOの任務は武装解除、秩序回復、難民帰還、選挙監視、人権保護、政府機関の改革強化、政治参加過程の促進等に及ぶとした。Boutros Boutros-Ghali, *An Agenda for Peace: Preventing Diplomacy, Peacemaking and Peace-keeping,* UN Document, A/47/277-S/24111, para.55, 17 June 1992.

4　OHCHR, "Human Rights Components of UN Peace Missions," accessed 26 January 2016, http://www.ohchr.org/EN/Countries/Pages/PeaceMissionsIndex.aspx.

5 UN Committee on Economic, Social and Cultural Rights (CESCR), *General Comment No. 4: The Right to Adequate Housing (Art. 11 (1) of the Covenant)*, UN Document, E/1992/23 paras.1, 3, 1 January 1992.

6 居住の権利に関するその他人権条約の一覧は以下に記載がある。OHCHR and UN-HABITAT, *The Right to Adequate Housing*, Fact Sheet No. 21/Rev.1, 2009, p. 11, accessed 13 March 2016, http://www.ohchr.org/Documents/Publications/FS21_rev_1_Housing_en.pdf.

7 国際刑事裁判所ローマ規定 8 条。赤十字国際委員会 (ICRC) による『慣習国際人道法』の規則 133 は「強制移転された人々の財産権は尊重されなければならない」と規定する。Jean-Marie Henckaerts and Louise Doswald-Beck, *Customary International Humanitarian Law* (New York: Cambridge University Press), 2005), pp.472-474.

8 OHCHR and UN-HABITAT, *op.cit.*, pp.13-14. UN Document, A/CONF.165/14, p.34, 7 August 1996.

9 CESCR (1992), *op.cit.*, para.7. OHCHR and UN-HABITAT, op.cit., p.3. OHCHR 著、平野裕二訳『裁判官・検察官・弁護士のための国連人権マニュアル：司法運営における人権』財団法人アジア・太平洋人権情報センター編、現代人文社、2006 年、987-988 頁。

10 CESCR, *op.cit.*, para.7. 各人権条約の実施機関（委員会）が採択する一般的意見 (general comments) は各条約の解釈において極めて重要な意味を持つ。中谷和弘ほか『国際法』有斐閣、2006 年、221-222 頁。

11 UN Document, E/CN.4/2001/51, para.8, 25 January 2001.

12 UN Document, A/HRC/7/16, para.5, 13 February 2008. これらの要素をさらに整理発展させ 13 の基本的要素を提示し IDPs の住宅土地財産問題に対処し易くする試みがある。NRC/IDMC and MIT/DRAN, *Home Sweet Home: Housing Practices and Tools That Support Durable Solutions for Urban IDPs*, 2015, pp. 18-19, accessed 13 March 2016, http://www.internal-displacement.org/assets/publications/2015/20150325-global-home-sweet-home/20150325-global-home-sweet-home-en-full-report.pdf.

13 一般的意見 7 は強制立退きに関するものである。CESCR, *General Comment No. 7: The Right to Adequate Housing (Art. 11 (1) of the Covenant): Forced evictions*, UN Document, E/1998/22, annex IV, 1998.

14 OHCHR and UN-HABITAT, *op.cit.*, pp.3, 6.

15 「不可分性」とは、人権は可分できず市民的、経済的、社会的等どの性格をもつ権利でも人間の尊厳に内在するもので、権利として同位置にあり上下関係を付けて区別できない、とする人権の原則である。UN Interagency Workshop, *The Second Interagency Workshop on Implementing a Human Rights-based Approach in the Context of UN Reform: Stamford, USA, 5-7 May, 2003*（United Nations Development Group, 2003), p.18.
16 「相互依存性」とは一つの権利の実現は完全ないし部分的に他の権利の実現に依存する、とする人権の原則である。UN Interagency Workshop, *op,cit.*, p.18.
17 生命に対する権利（世界人権宣言第3条等）は自由権規約を始め多くの条約で逸脱不可能な権利とされている。OHCHR（2006）、前掲書、54-56頁。寺谷広司『国際人権の逸脱不可能性：緊急事態が照らす法・国家・個人』有斐閣、2003年、15頁。
18 UN Document, E/2014/86, para.14, 11 July 2014.
19 NRC, *Life can Change: Securing Housing, Land and Property Rights for Displaced Women*, 2014, p.19, accessed 13 March 2016, http://womenshlp.nrc.no/wp-content/uploads/2014/03/GlobalReportWHLP.pdf.
20 *Ibid.*, p.19.
21 Scott Leckie and Chris Huggins, *Conflict and Housing, Land and Property Rights: a Handbook on Issues, Frameworks and Solutions*（New York: Cambridge University Press, 2011), p.54.
22 OCHA/IDD, UN-HABITAT, UNHCR, FAO, OHCHR, NRC/IDMC, *Handbook on Housing and Property Restitution for Refugees and Displaced Persons: Implementing the 'Pinheiro Principles'*, 2007, p.49, accessed 13 March 2016, http://www.ohchr.org/Documents/Publications/pinheiro_principles.pdf.
23 各国国内法において土地の権利を規定するものはある。また、地域的人権保障制度には土地問題に対処するものもある。財産権については社会権規約で規定はないものの、世界人権宣言17条、人種差別撤廃条約5条（d）(v)）、女性差別撤廃条約（16条（h））等で規定されている。OHCHR and UN-HABITAT, *op, cit.*, pp.7-8. UN Document, E/2014/86, *op,cit.*, paras.12-14.
24 Leckie and Huggins, *op,cit.*, p.57.
25 *Ibid.*, p.59.
26 HLP権は「土地」を用語に含むので問題の所在が分かり易いという利点もある。

27　もっとも前述のとおり居住権とHLP権が対処する課題は多分に重なり合いが認められるので、HLP権の問題として先行研究で扱われている内容も、当該重なり合いの範囲内である限り居住権の議論において参照する。

28　現在、国連人権理事会の各国政府間作業部会が「農村地域における小作農等の権利に関する宣言」の作成を進めており、同宣言草案第4条は小作農の土地及び領地への権利を定めている。UN Document, A/HRC/WG.15/1/2, 20 June 2013.

29　UN Document, A/HRC/16/42, op.cit., para.55.

30　UN DPKO and DFS, *United Nations Peacekeeping Operations: Principles and Guidelines*（New York: United Nations, 2008), p.25, accessed 13 March 2016, http://www.un.org/en/peacekeeping/documents/capstone_eng.pdf.（国連広報センター訳『国連平和維持活動：原則と指針』2008年（http://www.unic.or.jp/files/pko_100126.pdf, 2016年1月26日）。）

31　UN Document, A/HRC/16/42, op.cit., para.10.

32　Boutros-Ghali, op.cit., para.55.

33　Kofi A. Annan, *Renewing the United Nations: A Programme For Reform*, UN Document, A/51/950, paras.78, 79, 14 July 1997. UN Document, A/RES/52/12, 14 November 1997.

34　UN Document, A/55/305-S/2000/809, paras.6, 244, 245, 21 August 2000. UN Document, A/HRC/16/42, op.cit., para.10.

35　UN Document, General Assembly Official Records Sixty-first Session Supplement No. 36（A/61/36), 2006, para.26. 人権の実現を活動・事業の目的とし、人権規範や原則を活動・事業の指針とする人権に基づくアプローチ（a human rights-based approach）は、1990年代から援助機関によって議論され導入が進められてきた。1998年にアナン国連事務総長はその報告書（A/53/1）の中で、国連は人権に基づくアプローチの開発事業への適用を開始したと報告した。UN Document, A/53/1, para.173, 27 August 1998. 同アプローチの呼称は原語及び和訳で異なることもあるが、開発事業に適用する場合は「人権に基づく開発アプローチ」（a human rights-based approach to development）、国連PKO活動の文脈においては「権利に基づくアプローチ」（rights-based approach）等と表現されている。

36　DPKO/DFS Operational Concept on the Protection of Civilians in United Nations Peacekeeping Operations における理解。UN DPKO/DFS/DPET/ITS, "Module 1: Introduction to POC 1," *Tactical Level Mission-Specific Training*

Modules on Protection of Civilians (New York: United Nations, 2015), p12.
37 UN DPKO and DFS, *op,cit.*, p18.
38 *Ibid.*, pp.17-19.
39 *Ibid.*, p27.
40 UN Document, S/2004/616*, para.4, 24, 54, 23 August 2004.
41 UN Document, E/CN.4/Sub.2/2005/17, 28 June 2005.
42 UN Document, A/HRC/16/42, *op,cit.*, para.11. OHCHR and UN-HABITAT, *op, cit.*, pp.26-27.
43 Barbara McCallin, "The Role of Restitution in Post-conflict Situations," in *Land and Post-Conflict Peacebuilding*, eds. J. Unruh and R. C. Williams (London: Earthscan), pp.105, 107, 108.
44 UN Document, S/2007/643, paras.2, 56, 59, 28 October 2007.
45 UN Document, A/HRC/4/18, Annex 1, paras.59-68.
46 UN Document, A/HRC/16/42, *op,cit.*, paras.15, 21, 56, 59, 61, 66.
47 *Ibid.*, paras.25, 26.
48 Scott Leckie, "United Nations Peace Operations and Housing, Land, and Property Rights in Post-Conflict Settings: from Neglect to Tentative Embrace," in *Housing, Land, and Property Rights in Post-Conflict United Nations and Other Peace Operations*, ed. Scott Leckie (New York: Cambridge University Press, 2009a), pp. 13-14. Fitzpatrick and Monson, "Balancing Rights and Norms: Property Programming in East Timor, the Solomon Islands, and Bougainville," in *Housing, Land, and Property Rights in Post-Conflict United Nations and Other Peace Operations*, eds. Scott Leckie (New York: Cambridge University Press, 2009), pp.110-113. Scott Leckie, *Housing, Land and Property Rights in Post-Conflict Societies: Proposals for a New United Nations Institutional and Policy Framework*, Legal and Protection Policy Research Series, UNHCR, PPLA/2005/01, 2005, p.19.
49 UN Document, A/HRC/16/42, *op,cit.*, para.26.
50 OCHA/IDD, UN-HABITAT, UNHCR, FAO, OHCHR, NRC/IDMC, *op,cit.*, p.17. Leckie (2005), *op,cit.*, p.19.
51 OCHA/IDD, UN-HABITAT, UNHCR, FAO, OHCHR, NRC/IDMC, *op,cit.*, p.17. Leckie and Huggins, *op,cit.*, pp.165-166. ボスニア・ヘルツェゴビナでは1995年のデイトン和平合意により避難民・難民の不動産請求委員会（CRPC）が設立さ

れ、難民・IDPs が元来の居住地へ帰還する権利の保障が促進された。放置住居に関する法等が改正され、返還のための体制が行政においてとられ、財産法施行計画（PLIP）や安定化計画、国際社会からの金銭支援も得られた。Leckie (2005), *op,cit.*, pp.19-20.

52　但しボスニア・ヘルツェゴビナでの活動はデイトン和平合意に基づくものであるので、国連安保理決議に基づく UNMIK の活動とは法的枠組みは異なるものである。UN Document, S/2007/643, *op, cit.*, para.57. The Housing and Property Claims Commission (HPCC), *Final Report of the Housing and Property Claims Commission*, 2007, p. 9, accessed 8 March 2015, http://www.kpaonline.org/hpd/pdf/HPCC-Final_Report.pdf.

53　外務省『コソボ共和国（Republic of Kosovo）基礎データ』2014 年（http://www.mofa.go.jp/mofaj/area/kosovo/data.html, 2016 年 3 月 13 日）。

54　Margaret Cordial and Knut Rosandhaug, "The Response of the United Nations Interim Administration Mission in Kosovo to Address Property Rights Challenges," in *Housing, Land, and Property Rights in Post-Conflict United Nations and Other Peace Operations*, ed. Scott Leckie (New York: Cambridge University Press, 2009), p.68. HPCC, *op,cit.*, pp.15-17.

55　Centre on Housing Rights and Evictions (COHRE), *The Pinheiro Principles: United Nations Principles on Housing and Property Restitution for Refugees and Displaced Persons* (Geneva: COHRE, 2005), p.23. HPCC, *op,cit.*, pp.15-17.

56　HPCC, *op,cit.*, pp.15-17. Cordial and Rosandhaug, *op,cit.*, p.69.

57　HPCC, *op,cit.*, pp.15-17. Leckie and Huggins, *op,cit.*, pp.162-163.

58　UN Document, S/RES/1244, 10 June 1999.

59　OHCHR and UN-HABITAT, *op,cit.*, pp.25-26.

60　HPCC, *op,cit.*, pp.19-22.

61　*Ibid.*, p.26.

62　*Ibid.*, pp.18, 26.

63　Leckie and Huggins, *op,cit.*, p.211.

64　HPCC, *op,cit.*, p.111. Cordial and Rosandhaug, *op,cit.*, pp.63, 100.

65　Cordial and Rosandhaug, *op,cit.*, pp.63-64, 91, 99, 100.

66　UN Document, A/HRC/31/54/Add. 2, paras. 78, 80, 82, 87, 88, 90, 92, 26 February 2016.

67　UN Document, S/2015/303, para.34, 27 April 2015.

68　Cordial and Rosandhaug, *op,cit.*, p.63.
69　Leckie and Huggins, *op,cit.*, p.189.
70　Rhodri C. Williams, "Stability, Justice, and Rights in the Wake of the Cold War : the Housing, Land, and Property Rights Legacy of the UN Transitional Authority in Cambodia," in *Housing, Land, and Property Rights in Post-Conflict United Nations and Other Peace Operations*, eds. Scott Leckie (New York: Cambridge University Press, 2009), p.20-21.
71　UN Document, E/CN. 4/2004/48/Add. 2, 4 March 2004. UN Document, A/HRC/10/7/Add.2, 24 February 2009.
72　UN Document, S/2007/643, *op,cit.*, para.57.
73　以下の文献は国連PKOが紛争後国において住宅土地財産問題に対処するための組織的・制度的枠組みの構想について詳細な提言を行っている。Leckie (2005), *op,cit.*, pp.25-44. Cordial and Rosandhaug, *op,cit.*, pp.94-96. Scott Leckie, "Possible Components of a Unified Global Policy on Housing, Land, and Property Rights in UN Peace Operations," in *Housing, Land, and Property Rights in Post-Conflict United Nations and Other Peace Operations*, ed. Scott Leckie (New York: Cambridge University Press, 2009b), pp.336-337.
74　Daniel Lewis, "Challenges to Sustainable Peace: Land Disputes Following Conflict" (paper presented at the Symposium on Land Administration in Post Conflict Areas, Geneva, April 2004), p.12, accessed 2 February 2016, http://www. globalprotectioncluster. org/_assets/files/tools_and_guidance/housing_land_ property/By%20Themes/Land%20Conflict/Challenges_to_Sustainabile_Peace_ 2004_EN.pdf.
75　McCallin, *op, cit.*, pp.104-105. Global Protection Cluster, "Housing, Land and Property," accessed 27 January 2016, http://www.globalprotectioncluster.org/ en/areas-of-responsibility/housing-land-and-property. html. Global Protection Cluster: Housing, Land and Property, "Global Protection Cluster, Area of Responsibility for Housing, Land and Property (HLP AoR) Terms of Reference," 2015, pp.1-2, accessed 27 January 2016, http://www.globalprotection cluster.org/_assets/files/aors/housing_land_property/hlp-aor-tor-november.pdf.
76　Leckie (2005), *op,cit.*, pp.26-30. Leckie (2009b), *op,cit.*, pp.337-354.
77　Leckie (2005), *op,cit.*, pp.vi, 21, 22. Leckie (2009b), *op,cit.*, pp.334-335.
78　UN-HABITAT, *A Post-conflict Land Administration and Peace-building*

Handbook, Series 1: Countries with Land Records（Kenya: UN-HABITAT, 2007), p.15.
79 HPCC, *op,cit.*, pp.15-17.
80 Leckie (2005), *op,cit.*, pp.22-23.
81 Daniel Lewis, *op,cit.*, p.12.
82 Leckie and Huggins, *op,cit.*, p.211.
83 NRC は紛争下、紛争後の国における女性の住宅土地財産問題について調査、情報提供、カウンセリング、法的支援等による広汎で活発な活動を展開している。NRC, *op,cit.*, p.4.
84 OHCHR, "Human Rights Components of UN Peace Missions," *op,cit.*.
85 これらは当該受入国が国連や社会権規約に加盟・批准していなくても、国連憲章に基づく機関（Charter-based bodies）である人権理事会は実施することができる。OHCHR, "Human Rights Bodies," accessed on 29 January 2016, http://www.ohchr.org/EN/HRBodies/Pages/HumanRightsBodies.aspx.
86 UN Document, A/69/274, paras.1, 13, 73, 7 August 2014.
87 Lecture by Chaloka Beyani, Special Rapporteur on the Human Rights of Internally Displaced Persons (IDPs), "Protecting Internally Displaced Persons," *15th Summer Course: International Humanitarian Law*（Geneva: International Institute of Humanitarian Law), 30 June 2015.

7 国連 PKO への人的資源の提供に関する考察：1985-1995 年と 1996-2008 年の比較

田辺　亮

はじめに

　2000 年代に入り、国際連合の平和維持活動（United Nations Peacekeeping Operations: UN PKO、以下、国連 PKO [1]）は、再び活性化を見せている。アフリカを中心に活動が新設されるとともに要員数も飛躍的な増加が見られ、2014 年末時点で 122ヶ国が参加し、計 10 万名以上の要員が活動に従事している [2]。こうした量的増加に伴い発生する問題が、要員の確保である。国連には常備軍が存在しないため、必要な要員は加盟国からの自発的な提供に依存せざるを得ない。それゆえに要員をめぐる集合行為問題、すなわち、公共財的な特徴を有する国連 PKO の要員をいかに確保するかという問題が発生する [3]。2009 年の『ニュー・ホライゾン』でも、質的・量的問題、迅速かつ確実な要員確保、一部の加盟国による負担への過度の依存など、国連 PKO の要員に関する問題が指摘されていた [4]。

　それでは、なぜ、一部の国家は数千名規模で要員を提供する一方で、他の国は僅かな要員しか提供しない、あるいは、まったく参加しないのであろうか。換言すれば、なぜ、加盟国の参加と要員提供、すなわち、人的資源の提供には大きな不均衡が存在するのであろうか。この問いを解明するためには、まず、国連 PKO に対して、いかなる国家が参加し、要員を提供する傾向にあるのか。そして、ポスト冷戦期における国連 PKO の変遷とともに、国家による人的資源の提供の傾向が変化しているかを明らかにすることが必

要と考える。

　そこで、本稿では、国家による国連 PKO への人的資源の提供の傾向や変化を解明することを目的として2つの側面に焦点を当てる。第1に、1985-2008 年の約 20 年間の傾向とともに、1985-1995 年と 1996-2008 年の2つの時期での変化である。ポスト冷戦期における国連 PKO の要員数は、1994 年と 2010 年以降をピークとする形で各年によって大きく変動している。したがって、冷戦が終焉に向かう 1980 年代中頃から 1990 年中頃までの時期と 1990 年代後半以降の2つの時期に分けて、それぞれの時期では、どのような国家が国連 PKO に要員を提供する傾向にあるのか、そして、変化は生じているのかを分析する[5]。第2に、国際規範、分けても自由主義的規範の受容状況と国連 PKO への貢献との関係である。詳細は後述するが、その時々の優越的な国際規範は、国連 PKO の任務や原則の変化をもたらすとともに、人的資源の提供という国家の行動にも少なからず影響を与えることが指摘されている[6]。「アクター間での適切な行為をめぐる共通の期待」[7]と規範を定義するならば、自由主義的規範の影響を受け、その伝播者の役割を果たすようになった国連 PKO への貢献は、当該規範を受容している国家にとって適切な行為と捉えることができる。よって、当該規範に関する代理変数を設定し、計量分析を用いて人的資源の提供との関係を検証する。

　後述する通り、各国の国連 PKO 政策に焦点をあてた研究は数多く存在する。けれども、久保田が指摘する通り、個別国家ではなく、国家一般が人的資源を提供する現象を説明する一般的な理論を解明する試みは必ずしも多くなく、そのメカニズムも十分に解明されているとは言えない[8]。この点に鑑みれば、上記の2つの側面に焦点を当てた分析を行う意義が存在する。要員の不足や人的資源の提供の不均衡性という課題とともに、国際規範が国家の行動に与える影響というテーマに関しても何らかの示唆が得られよう。

　本稿の構成は以下の通りである。第1節では、国連 PKO への人的資源の提供の要因に関する先行研究を概観する。第2節では、国連 PKO と国際規範について考察した研究を確認した上で、自由主義的規範と人的資源の提供

との関係についての仮説を設定する。第3節では、本研究の分析枠組みを提示し、第4節では分析結果とその解釈について論じる。

1 先行研究の成果と課題

　国家による国連PKOへの人的資源の提供に関する研究の多くは、記述的な説明によって各国の貢献の動機や国連PKO政策を国別・比較により考察するものである[9]。例えば、冷戦終結後より国連PKOへの人的資源の提供を開始した国家の動機を分析したフィンドレー（Trevor Findlay）やケイン（Angela Kane）の研究では、利他主義、国家の威信や独立の促進、安保理の常任理事国の議席の追及、安全保障上の観点、国際社会からの支援の獲得、軍隊の国外への配置と威信の回復、要員提供に伴う払戻金の獲得、他国からの軍事支援、軍隊の経験の場の獲得などの様々な要因が挙げられている[10]。これらの研究では、国家による人的資源の提供の動機は多様かつ複雑であること、その時々の国際環境により変化することが示されている。ただし、「国連PKOへの貢献に関する一般理論の発展への試みは非常に多く存在する。我々は、それらの多くは失敗していると捉える」[11]との言及が示す通り、人的資源の供給を説明する一般的な理論は未だ構築・解明されているとは言えない。

　ところで、国連PKOに関する研究では、1990年代後半より、その有効性や設置などに関して、計量分析を用いた研究が行われるようになっている[12]。人的資源の提供に関する研究でも、各要因と参加・要員提供数の関係性の有無や強さが分析されている。計量分析の利点は、独立変数に設定した要因が従属変数と関係を有するか、各変数をコントロールした状態（他の条件が同じであった場合）での影響の大きさを検証することが可能なことにある。以下では、主に計量分析による研究について概観する。

　まず、レボヴィッチ（James H. Lebovic）は、1993-2001年における国連PKOへの貢献と民主主義国との関係を計量分析によって検証している[13]。

この研究では、民主化の進展、過去の国際制度への貢献、安全保障上の脅威という3つの仮説に関する独立変数群が設定された上で、各変数が国連PKOへの貢献の程度、すなわち、参加の有無と要員提供数にいかなる影響を与えているかが検証されている。その結果、民主主義のレベルが高い国ほど参加と要員提供数が多い傾向とともに、国際制度に協力的な国（前年の要員提供数が多い、提供する要員に占める軍事要員の割合が高い、前年の国連PKOへの参加が多い国）ほど貢献に積極的な傾向が示されている。

次に、民主主義のレベルと犠牲者敏感性に焦点を当て、1993-2003年までの時期と1984-2003年までの2つの時期における国家による国連PKOへの参加と要員提供数の要因を検証したのが久保田の研究である[14]。久保田は、PKO要員の犠牲者の発生に着目し、政治体制と犠牲者敏感性に関するU字型仮説を設定した上で、民主主義のレベルが高い国、あるいは、低い国ほど犠牲者敏感性が高く、前年の犠牲者が多い場合、人的資源の提供を控える傾向にあることを明らかにしている。

さらに、国連PKO以外の活動を含めた国際的な平和活動の設置と参加を従属変数に設定した研究ではあるが、ペルキンスとノイマイヤー（Richard Perkins and Eric Neumayer）は、①民主主義や人権保障のレベルで指標化される国内で制度化された価値、規範、実践（domestically-institutionalised values, norms and practices）、②PKO設置国との地理的近接性（spatial proximity）、③移民や貿易量などの関係的近接性（relational proximity）に関する独立変数群を設定した分析を行っている[15]。①は、国際規範が各国の国内の政治アクターや制度に影響を与えることにより、それに従った外交政策が実施されるというロジックに基づく。計量分析の結果では、設置国との地理的距離や旧植民地の結びつきなどの他に、民主主義や人権保障のレベルが高い国ほど参加に積極的な傾向が示されている。

これらの研究は、様々な要因を独立変数に設定し、人的資源の提供との関係を検証することにより、民主主義のレベルが高い国ほど貢献に積極的であるといったような一般的な理論の構築に大きく寄与している。こうした成果

を引き継ぎつつ、本研究では、自由主義的規範に焦点を当て、より踏み込んだ分析を試みる。そのためには、国内の民主主義や人権保障の状況のみを指標化した分析だけでは必ずしも十分とは言えない。当該規範が制度化したものが国際機構、具現化・立法化したものが条約と捉えた上で、規範と密接に関係する国際機構に加盟しているか否か、条約の締約国であるか否かを変数に組み込んだ分析を行うことも必要と考えられる。国際機構や条約の加盟は、法的拘束力を生じさせるとともに、当該規範への明示的なコミットメントを意味するからである。

2 国連 PKO への人的貢献と国際規範

前節の議論を踏まえて、本節では、国連 PKO への国際規範の影響について言及した研究を振り返り、その重要性を確認した上で、自由主義的規範と国家による人的資源の提供に関する具体的な仮説を設定する。

(1) 国連 PKO 研究と国際規範

1980 年代後半より、国際関係における規範やアイディアの役割を重視するコンストラクティヴィズムの論考が多く見られるようになった。その中で、国連 PKO を含めた軍事介入の実施の背景として国際規範の影響を指摘するのが、フィネモア（Martha Finnemore）である。ソマリアとカンボジアへの 2 つの国際的な介入や各国の国連 PKO への参加は、地政学的な利益や経済的利益の観点では説明することはできず、人権・人道関連の規範の醸成と国連という国際機構の枠組みを通じた正当化という要因に基づくことが指摘されている[16]。

次に、国連 PKO 研究における自由主義的規範の重要性について指摘を行っている代表的な論者がパリス（Roland Paris）である。パリスは、国連 PKO を含めた平和活動に関する研究の問題点として、リアリズムやリベラリズムなどの国際関係のマクロ理論との関係が希薄であることを指摘した上

で[17]、国連PKOの目的や任務内容の実践がその時々の優勢的な国際環境、ポスト冷戦期においては自由主義的規範の影響を受けて変化していることを指摘する[18]。それによれば、冷戦の終焉は、国家主権と内政不干渉の尊重を強く求める規範から西欧的な価値や制度の導入、すなわち、自由民主主義的な政治体制と市場経済体制の採用を正統な国家としての要件とする規範への変化をもたらすものであった。この変化により、国連PKOは、自由かつ公正な選挙の実施、人権の保障、経済の自由化と市場開放経済への移行の支援といった平和構築の任務に従事するようになり、自由主義的規範の伝播者として、そのグローバル化に寄与するようになったと指摘されている。

同様に、ジェイコブセン（Peter Viggo Jakobsen）は、民主主義、人権保障、市場経済によって特徴付けられる西側諸国の統治モデルを拡大させる文化的なグローバル化が加速化したことにより、国連PKOの質的・量的な変化がもたらされたと捉えている。そして、自由民主主義が支配的な規範環境では、民主主義や人権保障を支援する国連PKOは「政治的に正しい」ものとみなされ、国連PKOへの貢献は、事実上、国際共同体の責任あるメンバーであるための必要条件となっているとも指摘する[19]。

最後に、ベラミーらは、伝統的PKOと多機能型PKOが主権概念に関する理解や規範環境を背景に異なるアプローチで持続可能な平和の達成に取り組んでいることを指摘する[20]。前者は、国家主権と内政不干渉の原則を尊重した上で、限定的な軍事プレゼンスを提供し、短期的には戦争の可能性の低下、長期的には自由貿易と協力の拡大から民主主義と自由主義の拡大を通じてグローバルで安定的な平和を達成しようとする。他方で、後者は、自由主義的規範に基づき、内戦を経験した国家の統治能力の改善や国内の政治・経済制度の創設に自ら取り組み、自由民主主義国による国際関係を構築し、グローバルで安定的な平和を達成しようとするアプローチである。さらに、「保護する責任」（Responsibility to Protect: R2P）概念の出現により、国連PKOは、当該国に意思や能力がない場合に人権の保護の任務に取り組むとともに、長期的にはその責任能力を有する国家の再建を支援することによっ

て、自由民主主義の拡大に寄与する役割を担っているとされる[21]。

このように、国際環境や国際規範の変化は、国連 PKO の任務や原則の変化とともに、一部の論者より、国家による人的資源の提供の要因であることが指摘されている。新たに創出された規範が国家をはじめとする国際システムの諸アクターの選好を変え、その行為に影響を与えるというコンストラクティヴィズムの観点より換言すれば、国家主権に関する観念とともに国際規範の変化は、国連 PKO の変容をもたらすとともに、当該規範に沿った活動である国連 PKO への協力を適切とみなす国家の行動、つまり、国連 PKO 政策にも影響を与えていると言えるであろう。

（2） 国連 PKO への人的貢献と国際規範の影響

では、国連 PKO への人的資源の提供とも密接に関係すると考えられる自由主義的規範とはいかなるものであろうか。冷戦終焉後の規範的要求の基盤の変化として、「西側主導の自由主義的プロジェクト（人権、民主化、自決、侵略禁止、市場経済など）が行為基準として定着し、国際制度にさらに深く組み込まれつつある」[22] といったような既存研究に共通する指摘に従えば、自由主義的規範とは、民主主義、人権保障、市場経済と自由貿易の 3 つの側面を有すると理解できる。

まず、民主主義の規範を受容している国家ほど、国連 PKO への人的資源の提供に積極的な傾向があることは、前述の先行研究で実証されている。その理論的根拠は、「民主主義国同士は戦争を行わない」というデモクラティック・ピース論であり、内戦後の国家を民主主義国として再建することは、民主主義国の世界的な拡大につながり、国際秩序の安定がもたらされるという信念である。1989 年の国連ナミビア独立支援グループ（UNTAG）以降に見られる民主主義の促進を通じた紛争の再発防止への取り組みは、民主主義国にとっては、国際システムにおける民主主義の創造・維持・拡大を推進するものであり、自国の安全を高める重要な手段が提供されることを意味する[23]。加えて、民主主義は人権保障や市場経済・自由貿易とも密接に関

係するため、その拡大は、政治・経済・安全保障上の諸利益を創造する[24]。したがって、民主主義国の拡大がグローバルな安定的平和をもたらすという信念を共有する国家は、いわば民主主義の伝播者となっている国連PKOに利益を見出し積極的に貢献すると考えられる。

　次に、人権保障の世界的な拡大と人権・人道規範の醸成である。大量虐殺や大規模かつ組織的な人権侵害の発生や武力紛争下における文民保護（Protection of Civilian：POC）という課題に対して、国連PKOも時には武力行使を伴う人道的介入という形で解決を試みている。この背景には、冷戦期より漸増的ではあるが着実に進歩してきた人権保障レジームの存在がある。さらに、「人間の安全保障」やR2Pといった新たな概念が提唱されるなど、人権保障をより一層強化することを目指す規範の醸成が進んでいる。「冷戦終焉後の世界における国際人権法・国際人道法の価値規範の地位の高まりを受けて、どのような状況においてもそれらの価値規範の至高の地位を忘れることがない形で国際平和活動を行っていくことが、強く求められるようになった」[25]との指摘が行われている通り、国連PKOにおける基本原則の修正やPOCの任務の主流化は、人権・人道規範の醸成と決して無関係ではないであろう。例えば、2000年代におけるルワンダの国連PKOへの人的貢献の動機の1つとして、ジェノサイドの予防という人道的規範の影響が指摘されている[26]。加えて、制度的な側面においても、1999年には国際人道法の重大な違反を犯した個人の訴追・処罰を可能とする国際刑事裁判所（International Criminal Court：ICC）が常設されるに至った。こうした規範や制度を背景として、一般市民への攻撃や大量虐殺といった事件の発生はマスメディアによる報道を通じて人権保障に積極的な国家の国内世論を喚起し、各国の政策決定者に対して何らかの対応を求める動きを生じさせる[27]。ゆえに、武力紛争下の文民の保護者や人権の擁護者ともなる国連PKOには、人権保障に積極的な国家や人権・人道関連条約の締約国がある種の規範的な要請に基づき積極的に貢献することが予想される。

　第3に、市場経済と自由貿易に関する規範は、国際貿易の拡大と増加が国

家間の相互依存を深化させ、それがグローバルな平和に資するという信念を基礎とする[28]。まず、制度的な側面においては、1948年に多国間の自由貿易の維持・拡大を目指す関税および貿易に関する一般協定（GATT）が発足し、1995年には世界貿易機関（WTO）が設立された。先進国は、経済成長、開発、自由貿易を目的とする経済協力開発機構（OECD）を発足させる一方、1980年代に入り、国際通貨基金（IMF）や世界銀行（WB）とともに、被援助国に対して市場開放などの構造調整政策の採用を求めるようになった。そうした潮流は、冷戦終焉後、旧東側諸国の社会主義や計画経済の放棄により、より一層強まり、市場経済体制の導入と自由貿易の拡大はグローバル・スタンダードとなったのである。こうした規範の影響は、国連PKOの平和構築段階においても色濃く反映されている。前述のベラミーらの指摘に従えば、ポスト冷戦期の国連PKOは、市場経済体制の導入を是とする国家再建を行い、長期的には、自由貿易の拡大を通じて国家間の交流・協力を深め、安定的な国際秩序の創設を目指している。また、貿易相手国だけでなく周辺地域における紛争や不安定化は、物品や天然資源などの輸出入を停滞させるため、その解決に取り組む国連PKOへの協力にインセンティブを生じさせる。したがって、自由貿易や市場経済体制の拡大を目指す国家は、貿易の拡大によるカント的平和の実現という観点からも、人的資源の提供に積極的であると考えられる[29]。以上の観点より、下記の仮説を設定する。

1 民主主義的な政治体制の国家ほど、積極的に国連PKOに貢献する。
2-1 国内の人権保障の状況が良い国家ほど、積極的に国連PKOに貢献する。
2-2 人権・人道関連の条約の締約国ほど、積極的に国連PKOに貢献する。
3 自由貿易や市場経済体制の拡大を目指す国家ほど、積極的に国連PKOに貢献する。

3 分析方法

本節では、本研究の仮説を検証するための計量分析の方法について述べる。

（1） 分析方法

本研究の分析単位は、1985-2008年の各年を対象とし、各年における国家の国連PKOへの参加の有無と要員提供数である。分析方法は、レボヴィッチや久保田の研究で採用されている国家をクラスターとしたヘックマン・セレクション・モデルを用いる[30]。このモデルでは、セレクション・バイアスを加味した推計が可能という特徴を有し、2段階の意思決定が想定されている。第1段階では、国家による国連PKOへの参加の有無（参加するか否か）への影響が検証される。そして、第2段階では、第1段階で参加すると決定した国家のみの要員提供数への影響（何名の要員を提供するか否か）が検証される。

分析モデルは、分析時期、および、投入する独立変数の違いより、1985-2008年のモデル1・2、1985-1995年のモデル3・4、1996-2008年のモデル5・6の計6つを用いる。分析時期を2つに分けた理由は、1996年を分岐点とした分析を行うことにより、要員数にダイナミックな動きが見られた1990年代の傾向や変化を明らかにするためである[31]。また、モデル1・3・5では、第1段階と第2段階の双方に1人当たりGDPの変数を投入する場合、モデル2・4・6は、第2段階に1人当たりGDPの変数を投入せず、代わりに、OECDと後開発途上国（LDC）の変数を投入する場合である[32]。

（2） 従属変数

従属変数は、計51件の国連PKOと165ヶ国を分析対象として、第1段階の変数が各年における国連PKOへの「参加の有無」、第2段階の変数が

「要員提供数の合計」の2種類である[33]。まず、「参加の有無」は、国連PKOに参加しているか否かを示すダミー変数を設定する。いずれかの活動に軍事要員、あるいは、軍事監視要員を1名以上提供している場合、参加ありとカウントされる。次に、「要員提供数の合計」は、各年における各国の国連PKOに対する要員提供数の合計値（軍事要員と軍事監視員のみ）である[34]。

（3） 独立変数

本研究では、計3つの群から構成される独立変数を用いる。

第1群は、仮説1の民主主義に関係する変数である。まず、各国の民主主義のレベルは、Polity IV プロジェクトの Polity 2 スコアを用いる[35]。このスコアは、各国の政治体制（民主主義のレベル）が＋10～－10（－10が最も悪い）のレベルで指標化されたものであり、前述の先行研究でも使用されている。加えて、同スコアより、移行期（－66、－77、－88）を示すダミー変数を設定する。

第2群は、仮説2の人権保障に関係する変数である。まず、人権保障のレベルは、The Political Terror Scale のスコアを用いる[36]。このスコアは、各国の人権保障の状況が1～5のレベル（5が最も悪い）で指標化されたものであり、やはり、前述のペルキンスらの研究で使用されている。次に、人権・人道関連条約の締約国に関する変数として、国連PKOの任務と関係を有する3つの条約、すなわち、人権諸条約の中で最も基本的かつ包括的な国際条約である国際人権規約[37]、武力紛争下のPOCの任務と関係するジェノサイド条約とICC設立ローマ規程の計3つの条約の締約状況を示すダミー変数を設定する。

第3群は、仮説3の市場経済・自由貿易に関係する変数である。まず、市場経済体制の導入や自由貿易の促進を加盟条件とするGATT/WTOへの加盟状況を示すダミー変数[38]、国家の1人当たりの貿易量（輸出量と輸入量の和）の変数[39]をそれぞれ設定する。

以上の独立変数に加えて、既存研究で国連PKOへの人的資源の提供との関係が指摘されている5つの変数群を統制変数として用いる。第1に、国際制度（国連）への協力に関する計6種、すなわち、①冷戦期における国連PKOへの参加経験の有無[40]、②安保理の常任理事国（P5）、③安保理の常任理事国入りを目指す国（G4）、④安保理の非常任理事国（E10）、⑤前年の国連PKOへの参加数、⑥前年の国連PKOへの要員提供数を設定する。①の冷戦期より国連PKOへの参加経験を有することは、国際制度（国連）への積極的な協力を示す1つの指標となる。第2に、同盟や地域的国際機構に関係する計6種である[41]。①米国との同盟国、②北大西洋条約機構（NATO）加盟国、③欧州連合（EU）加盟国、④独立国家共同体（CIS）加盟国、⑤西アフリカ経済共同体（ECOWAS）加盟国、⑥アフリカ連合（AU）加盟国である場合を示すダミー変数を設定する。ポスト冷戦期においては、地域的国際機構が独自に活動を実施する場合、国連PKOとの混合ミッション（hybrid mission）のように協力・相互補完がはかられる場合が見られる。よって、いかなる地域的国際機構に所属するかは、国連PKOへの人的資源の提供と密接に関係すると考えられる。第3に、政軍関係に関係する計2種である。Autocratic Regime Dataの軍事独裁体制（Military regimes）のスコアより[42]、軍事政権であることを示すダミー変数、軍事政権の経験を有する国であることを示すダミー変数をそれぞれ設定する[43]。第4に、国家の属性に関する変数を計5種用いる。①1人当たりGDP[44]、②OECD加盟国、③LDC、④軍人の数[45]、⑤紛争への関与[46]を設定する。最後に、犠牲者敏感性に関する変数として、国連PKOにおける前年の犠牲者数を設定する[47]。

4. 分析結果

モデル1〜6の計量分析の結果を表1に示す。表は、それぞれ列の左より、第1段階（参加）と第2段階（要員提供数）の結果である[48]。

（1） 独立変数の分析結果

　計量分析の結果は、自由主義的規範の受容国ほど、国連 PKO への人的資源の提供に積極的な傾向を有するという仮説を概ね支持するものであった。

　まず、仮説 1 の民主主義のレベルに関しては、すべてのモデルの参加で有意に正の効果が確認できた。1985 年以降一貫して、民主主義のレベルが高い国ほど国連 PKO への参加が多い傾向が示された。レボヴィッチや久保田の分析では分析時期に含まれていなかった 2004 年以降を含めても同様の傾向にあることが示された。ただし、要員提供数に関しては、すべてのモデルで係数の値こそ正であったものの 10% 水準でも有意な効果を確認することはできなかったため、民主主義のレベルが高い国家ほど要員提供数が必ずしも多いとは言えないという結果になった。

　次に、仮説 2 の人権保障に関しては、まず、国内の人権保障のレベルの変数は、参加と要員提供数の双方で有意に負であり、国内の人権保障の状況が悪い（良い）国家ほど、人的資源の提供に消極的（積極的）であることが示された[50]。次に、人権・人道関連の条約の締約国に関して、ICC の変数は有意な効果を確認できなかったが[51]、ジェノサイド条約の加盟国では参加と要員提供数の双方で、国際人権規約では参加のみでそれぞれ有意に正の効果が示された。他の条件が同じ場合、両条約の締約国ほど人的資源の提供に積極的な傾向が確認できた。加えて、注目すべきは、両変数の効果の変化であり、1985-1995 年では有意でなかったのが 1996-2008 年ではそれぞれ有意に多い傾向が示されたことである。2000 年代に POC の任務が主流化した国連 PKO には、人権・人道関連条約の締約国が積極的に協力していることが示唆される。

　仮説 3 の市場経済・自由貿易に関しては、解釈に留意する必要がある。まず、GATT/WTO 加盟国は、一貫して参加が多い傾向が明らかになった。他方で、1 人当たり貿易量の変数の結果は、1985-1995 年では貿易量が多い国家ほど要員提供数が多いという予想通りの結果が得られたが、1996-2008 年では、逆に、参加自体が少ない傾向が示された。2 つの時期では要員提供

表1 計量分析の結果 [49]

	モデル1 (1985-2008年)				モデル2 (1985-2008年)				モデル3 (1985-	
	参加		要員提供数		参加		要員提供数		参加	
	係数	標準誤差	係数	標準誤差	係数	標準誤差	係数	標準誤差	係数	標準誤差
民主主義のレベル	0.024 (0.01)***		0.004 (0.00)		0.024 (0.01)***		0.002 (0.00)		0.026 (0.01)**	
移行期	-0.658 (0.30)**		-0.108 (0.08)		-0.649 (0.30)**		-0.102 (0.08)		-1.013 (0.37)**	
人権保障のレベル	-0.085 (0.05)		-0.073 (0.02)***		-0.077 (0.05)		-0.040 (0.02)*		-0.162 (0.07)**	
ジェノサイド条約	0.224 (0.10)**		0.090 (0.04)**		0.212 (0.10)**		0.066 (0.04)		0.151 (0.14)	
国際刑事裁判所	0.133 (0.17)		-0.055 (0.05)		0.133 (0.17)		-0.051 (0.05)			
国際人権規約	0.272 (0.11)**		0.029 (0.04)		0.266 (0.11)**		0.007 (0.05)		0.142 (0.15)	
GATT/WTO	0.382 (0.12)***		0.074 (0.07)		0.370 (0.12)***		0.055 (0.07)		0.336 (0.14)**	
1人当たり貿易量(log10)	-0.041 (0.06)		0.036 (0.03)		-0.055 (0.06)		-0.012 (0.04)		0.123 (0.09)	
冷戦期の経験	0.452 (0.11)***		0.110 (0.04)**		0.447 (0.11)***		0.114 (0.05)**		0.800 (0.14)***	
P5	1.485 (0.28)***				1.472 (0.27)***				1.312 (0.31)***	
米国			-0.181 (0.10)*				-0.273 (0.10)***			
英国			0.175 (0.04)***				0.168 (0.04)***			
フランス			0.065 (0.07)				0.081 (0.07)			
ロシア			-0.081 (0.13)				-0.187 (0.12)			
中国			-0.030 (0.09)				0.030 (0.10)			
G4	0.188 (0.17)		0.114 (0.05)**		0.184 (0.17)		0.122 (0.06)**		-0.443 (0.28)	
E10	0.481 (0.17)***		0.009 (0.04)		0.484 (0.17)***		-0.005 (0.04)		0.645 (0.23)***	
前年の国連PKOへの参加数	2.442 (0.22)***		0.037 (0.01)***		2.440 (0.23)***		0.036 (0.01)***		1.775 (0.32)***	
前年の国連PKOへの要員提供数	-0.184 (0.12)		0.698 (0.02)***		-0.184 (0.12)		0.714 (0.02)***		0.051 (0.17)	
米国との同盟	-0.246 (0.15)		-0.007 (0.04)		-0.255 (0.15)*		-0.039 (0.05)		-0.154 (0.18)	
NATO加盟国	-0.043 (0.28)		-0.052 (0.06)		-0.032 (0.28)		-0.033 (0.06)		-0.412 (0.41)	
EU加盟国	0.255 (0.29)		-0.010 (0.05)		0.246 (0.29)		-0.033 (0.05)		0.863 (0.33)**	
CIS加盟国	-0.467 (0.29)		-0.041 (0.14)		-0.468 (0.29)		0.013 (0.12)		-0.778 (0.50)	
ECOWAS加盟国	0.126 (0.16)		-0.084 (0.08)		0.153 (0.16)		-0.030 (0.08)		0.191 (0.24)	
AU加盟国	-0.039 (0.17)		0.143 (0.07)**		-0.026 (0.16)		0.156 (0.07)**		0.013 (0.25)	
軍事政権	0.113 (0.21)		-0.058 (0.10)		0.119 (0.21)		-0.049 (0.11)		0.057 (0.21)	
軍事政権の経験	0.203 (0.16)		0.022 (0.04)		0.209 (0.16)		0.039 (0.05)		0.348 (0.22)	
1人当たりGDP(log10)	-0.144 (0.15)		-0.270 (0.07)***		-0.082 (0.15)				-0.345 (0.21)*	
OECD加盟国							-0.035 (0.07)			
LDC諸国							0.116 (0.08)			
軍人の数(log10)	0.145 (0.08)*		0.163 (0.03)***		0.139 (0.08)*		0.129 (0.04)***		0.360 (0.11)***	
紛争への関与	-0.339 (0.12)***		-0.039 (0.04)		-0.334 (0.12)***		-0.036 (0.04)		-0.364 (0.17)**	
前年の国連PKOの犠牲者数	0.012 (0.00)***		0.000 (0.00)		0.012 (0.00)***		-0.001 (0.00)		0.009 (0.00)***	
定数	-2.205 (0.68)***		0.959 (0.30)***		-2.340 (0.67)***		0.282 (0.27)		-2.659 (0.91)***	

【注】モデル1・2 (N = 3,737)、モデル3・4 (N = 1,630)、モデル5・6 (N =

1995年)	モデル4 (1985-1995年)		モデル5 (1996-2008年)		モデル6 (1996-2008年)	
要員提供数	参加	要員提供数	参加	要員提供数	参加	要員提供数
係数 標準誤差	係数 標準誤差	係数 標準誤差	係数 標準誤差	係数 標準誤差	係数 標準誤差	係数 標準誤差
0.007 (0.01)	0.025 (0.01)**	0.002 (0.01)	0.030 (0.01)**	0.001 (0.01)	0.030 (0.01)**	0.001 (0.01)
-0.243 (0.11)**	-0.995 (0.36)***	-0.238 (0.12)*	-0.609 (0.41)	-0.001 (0.10)	-0.603 (0.41)	0.002 (0.10)
-0.083 (0.04)**	-0.148 (0.07)**	-0.053 (0.04)	-0.001 (0.08)	-0.076 (0.03)**	0.003 (0.08)	-0.044 (0.03)
0.126 (0.08)	0.141 (0.14)	0.126 (0.09)	0.356 (0.16)**	0.116 (0.05)**	0.350 (0.16)**	0.092 (0.05)*
			0.094 (0.19)	-0.035 (0.05)	0.093 (0.19)	0.036 (0.05)
0.012 (0.08)	0.129 (0.15)	-0.055 (0.08)	0.382 (0.17)**	0.035 (0.06)	0.377 (0.17)**	0.039 (0.06)
0.158 (0.10)	0.14 (0.14)**	0.095 (0.12)	0.528 (0.16)***	0.113 (0.08)	0.519 (0.16)***	0.116 (0.08)
0.165 (0.05)***	0.100 (0.10)	0.088 (0.07)	-0.147 (0.08)*	-0.019 (0.04)	-0.154 (0.08)*	-0.059 (0.04)
0.162 (0.11)	0.797 (0.14)***	0.205 (0.12)*	0.130 (0.15)	0.117 (0.05)**	0.127 (0.15)	0.122 (0.05)**
	1.317 (0.30)***		0.079 (0.78)		0.113 (0.78)	
-0.111 (0.21)		-0.255 (0.19)		-0.318 (0.12)***		-0.372 (0.13)***
0.366 (0.10)***		0.346 (0.12)***		0.087 (0.04)**		0.070 (0.04)*
0.432 (0.19)**		0.411 (0.18)**		-0.044 (0.07)		-0.040 (0.08)
-0.086 (0.19)		-0.158 (0.19)		-0.031 (0.16)		-0.178 (0.14)
0.103 (0.18)		0.203 (0.20)		-0.036 (0.11)		0.022 (0.12)
0.035 (0.13)	-0.434 (0.28)	0.093 (0.15)	9.508 (0.72)***	0.176 (0.06)***	9.503 (0.74)***	0.171 (0.06)***
0.047 (0.08)	0.649 (0.23)***	0.037 (0.08)	0.251 (0.28)	0.000 (0.05)	0.253 (0.28)	-0.015 (0.05)
0.027 (0.02)	1.780 (0.32)***	0.007 (0.02)	2.995 (0.25)***	0.041 (0.01)***	2.990 (0.25)***	0.043 (0.01)***
0.635 (0.05)***	0.047 (0.17)	0.670 (0.05)***	-0.465 (0.17)***	0.679 (0.03)***	-0.460 (0.18)***	0.688 (0.03)***
-0.112 (0.09)	-0.170 (0.18)	-0.169 (0.10)*	-0.296 (0.23)	0.003 (0.05)	-0.303 (0.23)	-0.013 (0.06)
0.085 (0.16)	-0.436 (0.41)	0.075 (0.13)	-0.226 (0.44)	-0.072 (0.06)	-0.221 (0.44)	-0.054 (0.06)
-0.138 (0.14)	0.913 (0.34)***	-0.128 (0.11)	0.077 (0.40)	0.029 (0.05)	0.076 (0.40)	0.003 (0.05)
0.515 (0.20)**	-0.786 (0.50)	0.483 (0.21)**	-0.359 (0.34)	-0.098 (0.12)	-0.356 (0.34)	-0.039 (0.10)
-0.387 (0.15)**	0.233 (0.24)	-0.308 (0.17)*	0.087 (0.20)	-0.014 (0.07)	0.099 (0.20)	0.036 (0.09)
0.040 (0.12)	0.042 (0.25)	0.080 (0.13)	0.053 (0.20)	0.176 (0.09)**	0.062 (0.20)	0.191 (0.09)**
-0.121 (0.18)	0.071 (0.22)	-0.102 (0.19)	0.119 (0.37)	0.013 (0.11)	0.126 (0.37)	0.015 (0.13)
-0.043 (0.09)	0.361 (0.22)*	-0.025 (0.10)	0.107 (0.20)	0.057 (0.05)	0.108 (0.20)	0.070 (0.06)
-0.361 (0.13)***	-0.246 (0.21)		0.076 (0.17)	-0.238 (0.08)***	0.111 (0.17)	
		0.015 (0.13)				-0.064 (0.09)
		0.129 (0.14)				0.081 (0.07)
0.093 (0.07)	0.347 (0.11)***	0.054 (0.08)	0.071 (0.11)	0.193 (0.04)***	0.067 (0.11)	0.163 (0.04)***
0.006 (0.08)	-0.357 (0.17)**	0.002 (0.08)	-0.392 (0.19)**	-0.046 (0.04)	-0.389 (0.19)**	-0.043 (0.04)
0.001 (0.00)	0.009 (0.00)***	0.002 (0.00)**	-0.046 (0.01)***	-0.011 (0.00)***	-0.046 (0.01)***	-0.010 (0.00)***
0.575 (0.51)	-2.863 (0.91)***	-0.277 (0.61)	2.495 (1.55)	2.006 (0.54)***	2.394 (1.55)	1.253 (0.51)**

2,107)　　***$p<.01$, **$p<.05$, *$p<.1$（両側検定）

数の係数の値も正から負へと変化しており、貿易量が多い国家は協力に消極的な傾向を示すようになっている。よって、仮説3に関しては、1985-1995年の時期でのみ、国連PKOへの人的資源の提供に積極的であるという結果となった。

（2） 統制変数の分析結果

統制変数の効果に関しては、以下の3点を指摘するにとどめる。

第1に、国連への協力に関する変数群では、冷戦期の経験、P5、G4、E10の変数すべてで人的資源の提供に対して有意な効果が確認された。冷戦期の経験の変数は、すべてのモデルにおいて参加と要員提供数のいずれかで有意に正の効果が確認でき、冷戦期より国連PKOに参加した経験を有する国家は、ポスト冷戦期に入っても一貫して、人的資源の提供に積極的な傾向が示された。海外派兵のための国内法の整備や訓練制度を有し貢献に必要な様々なコストを低く抑えることが可能なこと、長年に渡る貢献を通じて国際協力に関する成熟した国民世論を有することなどが貢献の継続という政策の背景として考えられる。それに対して、安保理の議席に関する変数では、2つの時期を比較すると興味深い結果が確認できる。P5とE10は、1985-1995年のみで有意に参加が多い傾向に対して、G4は、1996-2008年のみで有意に参加と要員提供の双方が多い傾向が示された。安保理に議席を有する国家による積極的な貢献が確認できなくなる一方で、常任理事国入りを目指す4ヶ国の積極的な貢献が現れるようになった。1990年代中頃からの安保理改革の議論の高まりを受けて、常任理事国入りの1つの条件とも指摘される国連PKOへの貢献に積極的になったことを示す結果である[52]。

第2に、1人当たりGDPの変数の結果である。国家の豊かさと人的資源の提供に関しては、国連からの要員提供にかかる費用の払戻金により金銭的な利益を得ることを目的として多くの要員を提供するという仮説[53]、豊かな国家ほど協力に消極的であるという国連PKOにおける南北問題の発生[54]が指摘されているが、それらを支持する結果となった。計量分析の結果では、

一貫して1人当たり GDP が高い国（豊かな国）ほど要員提供数が少ない傾向、1985-1995 年では参加自体も少ない傾向が示された。ただし、第2段階の変数で1人当たり GDP の代わりに GDP の大きさが両極端の OECD 加盟国と LDC 諸国のダミー変数を投入して分析を行ったが、いずれのモデルでも有意な効果は得られなかった。

第3に、前年の犠牲者数の変数の結果である。まず、1985-2008 年の結果では参加のみが有意に正であり、前年の犠牲者が多いと国家の参加が多い傾向が示されている。他方で、1985-1995 年と 1996-2008 年では対照的な結果、すなわち、参加で正から負への変化を確認できる。前年の犠牲者が多い場合、国家は、参加と要員提供を増やす傾向にあったが、1996 年以降は、逆に、参加自体を控えるとともに要員の提供数も少なくなる傾向が示されている。

おわりに

以上、本稿では、自由主義的規範と国家による国連 PKO への人的資源の提供についての仮説を設定し、1985-2008 年における人的資源の提供の傾向や変化を検証した。

計量分析の結果、1985-2008 年の約 20 年間における人的資源の提供の一般的な傾向としては、民主主義のレベルが高い、国内の人権保障の状況が良い国家、GATT/WTO の加盟国とともに、冷戦期より国連 PKO に参加した経験を有する国家が積極的な傾向、逆に、GDP が高い国家の消極的な傾向が明らかになった。次に、1996 年を分岐点とした変化に着目すると、1985-1995 年の時期では、貿易量が多い国家、P5 と E10 は積極的な傾向にあったが、1996-2008 年の時期になると、人権関連の条約の締約国や G4 に積極的な傾向、前年の国連 PKO 要員の犠牲者が多い場合に消極的な傾向が見られるようになった。

よって本研究における仮説の検証結果は、民主主義や人権・人道規範の受

容国ほど国連 PKO への人的資源の提供に積極的であるという仮説が概ね支持される一方、自由貿易や市場経済体制については、1985-1995 年の時期でのみ仮説が支持される結果となった。

　こうした特徴は、一方で、民主主義や人権保障の促進などの内政問題に関与し、2000 年代には POC にも取り組むようになった国連 PKO に対しては、民主主義や人権・人道規範の受容国が人的資源を積極的に提供していることを示している。しかしながら、他方で、3 つの逆説的な問題の存在が浮上する。第 1 は、平和構築に関係する問題である。自由主義的な価値規範を共有する国家は、グローバルで安定的な平和の達成を目指し、それらの価値規範を基盤とした国連 PKO に貢献していることになるが、パリスが指摘する通り、武力紛争を経験した国家に民主主義や市場経済を移植する試みの多くは失敗し、内戦の再発や新たな紛争の原因となっていることである[55]。第 2 の問題は、国連 PKO 要員による性的搾取や虐待に関係するものである。人権保障に積極的な国家から提供され、本来は、現地の人々の人権保障や保護を促進するために展開している国連 PKO 要員が擁護者ではなく加害者になっていることである[56]。第 3 に、要員提供国の犠牲者の発生に対する敏感性である。POC の任務の主流化は、国連 PKO による人権保障や保護を一層強化する試みであるが、国連 PKO 要員が戦闘行為に関与し犠牲者が増加することにより、提供国の参加自体が大きく抑制される可能性が示唆される[57]。

　最後に、本研究、および、人的資源の提供に関する研究全般の課題について 3 点述べる。まず、本研究の課題としては、変数の設定や指標化の方法の改善である。今回の分析枠組みでは、自由主義的規範の受容国として、関連する条約の締約国や国際機構への加盟国を代理変数に設定したが、この指標化の方法には改善の余地が十分にある。新たな代理変数の採用、交互作用項の設定、指標化の方法の工夫・見直しを行った上で改めて分析を行うことが必要と考える。次に、人的資源の提供に関する研究全般の課題としては、分析対象と時期の拡張である。ポスト冷戦期に入り地域的国際機構による活動や多国籍軍型の活動も数多く実施されている。国連 PKO 以外の活動のみ

で、あるいは、それらをすべて合わせた国際的な平和活動として分析を行った場合、本研究とは異なる結果が示され、新たな知見が得られる可能性がある。また、分析時期に関しても、データの取得の制約もあり、1985-2008 年を分析対象としたが、国連 PKO の要員の規模が 10 万名を超える状態が続いている 2009 年以降を含めた形での分析を行うことも不可欠である。最後に、それと並行する形で、人的資源の提供と各要因との関係の因果プロセスの解明への取り組みが求められる。本研究の分析結果は、自由主義的規範の受容国が国連 PKO への貢献に積極的である傾向を示すものであったが、では、なぜ、それらの国家は積極的に貢献するのかについては本稿の分析のみでは十分ではない。この点について明らかにするためには、主要な国家の事例分析や比較分析を行っていくことが必要であろう。

〈注〉

1 本稿で用いる国連 PKO とは、国連 PKO 局が管轄する、いわゆる国連 PKO のみであり、国連アフガニスタン支援ミッション（UNAMA）などの政治ミッションを含めない。また、2000 年の『ブラヒミ・レポート』以降、平和活動（Peace Operations）という概念が使用されるようになっているが、本稿では、引用の場合を除き、国連 PKO を使用する。

2 各国が提供する要員とは、軍事要員（troops）と軍事監視員（military observer）のみで、文民警察官（civilian police: CIVPOL）、文民要員、自発的提供要員（voluntary contribution）は含まれない。その理由は、第 1 に、計量分析のアプローチを用いている先行研究の分析方法に従うことにより、本研究の分析結果との比較を可能にするため、第 2 に、1980 年代における各国の CIVPOL や文民要員の正確なデータを入手することが困難なためである。

3 Davis B. Bobrow and Mark A. Boyer, "Maintaining System Stability: Contributions to Peacekeeping Operations," *Journal of Conflict Resolution,* vol. 41, no. 6 (1997), pp. 723-748.

4 Department of Peacekeeping Operations and Department of Field Support, *A New Partnership Agenda: Charting a New Horizon for UN Peacekeeping* (United Nations, 2009), p. 33.

5 分析期間を 1985-2008 年に設定する理由は、第 1 に、国連 PKO の要員数の増

減の2つの波を射程に含めるためであり、第2に、具体的な開始年と終了年の設定は、主にデータの取得の制約からである。各国が各年にどれだけの要員を提供していたかのデータは、筆者が知る限りでは、1984年以降しか存在しない。よって、冷戦期を分析対象に含める場合は、1985年を開始年とせざるを得ない。また、終了年であるが、本研究で用いる国家の軍人の数を集計したデータセット (Correlates of War: COW) の National Material Capability (v4.0)) の終了年が2007年のためである。

6 　第2節を参照。

7 　Martha Finnemore, *National Interests in International Society* (Cornell University Press, 1998), p. 22.

8 　久保田徳仁「国際平和維持活動への人的資源の供給：計量的アプローチによる先行諸説の検討」『防衛大学校紀要 社会科学分冊』第90輯、2005年、61頁。

9 　*International Peacekeeping* 誌では、各国のPKO政策や人的資源の提供に関する特集号が組まれるとともに、多くの論文が掲載されている。例えば、2011年の第18巻第3号では、中国の国連PKO政策に関する特集が組まれている。また、Kabilan Krishnasamy, "'Recognition' for Third World Peacekeepers: India and Pakistan," *International Peacekeeping*, vol. 8, no. 4 (2001), pp. 56-76 では、主要な要員提供国であるインドとパキスタンの国連PKO政策が分析されている。

10 　Trevor Findlay, "The New Peacekeepers and the New Peacekeeping," in *Challenges for the New Peacekeepers*, ed. Trevor Findlay (Oxford University Press, 1996), pp. 1-31; Angela Kane, "Other New and Emerging Peacekeepers," in Findlay, *Ibid.*, pp. 99-120.

11 　Alex J. Bellamy and Paul D. Williams, "Introduction: The Politics and Challenges of Providing Peacekeepers," in *Providing Peacekeepers: The Politics, Challenges, and Future of United Nations Peacekeeping Contributions*, eds. Alex J. Bellamy and Paul D. Williams (Oxford University Press, 2013), p. 4.

12 　Virginia Page Fortna and Lise Morjé Howard, "Pitfalls and Prospects in the Peacekeeping Literature," *Annual Review of Political Science*, vol. 11 (2008), pp. 283-301.

13 　James H. Lebovic, "Uniting for Peace? Democracies and United Nations Peace Operations after the Cold War," *Journal of Conflict Resolution*, vol. 48, no. 6 (2004), pp. 910-936. 民主主義のレベルが高い国ほど、国連PKOへの人的資源の提供に積極的であるという傾向は、アンダーソン（Andreas Andersson）の研究

によっても示されている。Andreas Andersson, "Democracies and UN Peacekeeping Operations, 1990-96," *International Peacekeeping,* vol. 7, no. 2（2000）, pp. 1-22.

14　久保田徳仁「国連平和維持活動への要員提供と政治体制、犠牲者敏感性：Lobovic の Heckman Selection Model の適用・拡張を通じて」『防衛学研究』第38号、2008年、89-106頁。

15　Richard Perkins and Eric Neumayer, "Extra-Territorial Interventions in Conflict Spaces: Explaining the Geographies of Post-Cold War Peacekeeping," *Political Geography,* vol. 27, no. 8（2008）, pp. 895-914.

16　Martha Finnemore, "Military Intervention and the Organization of International Politics," in *Collective Conflict Management and Changing World Politics*, eds. Joseph Lepgold and Thomas G. Weiss（Albany: State University of New York Press, 1998）, pp. 181-204.

17　Roland Paris, "Broadening the Study of Peace Operations," *International Studies Review,* vol. 2, no. 1（2000）, pp. 27-44.

18　Roland Paris, "Peacebuilding and the Limits of Liberal Internationalism," *International Security,* vol. 22, no. 2（1997）, pp. 54-89; "Peacekeeping and the Constraints of Global Culture," *European Journal of International Relation,* vol. 9, no. 3（2003）, pp. 441-473.

19　Peter Viggo Jakobsen, "The Transformation of United Nations Peace Operations in the 1990s: Adding Globalization to the Conventional 'End of the Cold War Explanation'," *Cooperation and Conflict,* vol. 37, no. 3（2002）, pp. 274.

20　Alex J. Bellamy, Paul D. Williams and Stuart Griffin, *Understanding Peacekeeping*（Polity Press, 2004）, pp. 26-31.

21　Alex J. Bellamy and Paul D. Williams, *Understanding Peacekeeping, 2nd ed.*（Polity Press, 2010）, pp. 36-41.

22　納家政嗣「序文 国際政治学と規範研究」『国際政治』第143巻、2005年、5頁。

23　Andersson, *op. cit.,* p. 19.

24　Lebovic, *op. cit.,* p. 912.

25　篠田英朗「『保護する責任』と国際秩序の進展」『国際安全保障』第40巻第2号、2012年、15頁。

26　Bellamy and Williams, *supra note* 11, p. 20.

27 Perkins and Neumayer, *op. cit.*, p. 899.
28 コヘインとナイ（Robert O. Keohane and Joseph S. Nye）は、そうした状態を複合的相互依存状態と呼び、協調的な国家間関係が生じると指摘した。Robert O. Keohane and Joseph S. Nye, *Power and Interdependence, 3rd ed.*（New York: Longman, 2001）（ロバート・O・コヘイン、ジョセフ・S・ナイ、滝田賢治監訳『パワーと相互依存』ミネルヴァ書房、2012 年）.
29 Perkins and Neumayer, *op. cit.*, pp. 901-902.
30 統計量の計算は、Stata13 を用いた。
31 この理由は、1996 年以降、国連 PKO の新規の設置が抑制され、要員数も最大時の 8 万名から 2 万名弱まで急速に縮小されるとともに、国連主導ではない活動が次々に実施されるようになったためである。その主たる原因となったのが、国連 PKO の過剰供給やボスニア内戦での安全地帯の保護や空爆の実施をめぐる国連事務局と西側諸国の対立であり、欧米諸国の国連 PKO 離れが顕著になった。Birger Heldt, "Trends from 1948 to 2005: How to View the Relation between the United Nations and Non-UN Entities," in *Peace Operations: Trends, Progress, and Prospects,* eds. Donald C. F. Daniel, Patricia Taft and Sharon Wiharta (Washington, D.C.: Georgetown University Press, 2008), pp. 18; Alex J. Bellamy and Paul D. Williams, "The West and Contemporary Peace Operations," *Journal of Peace Research,* vol. 46, no. 1 (2009), pp. 42-43.
32 理由については、第 4 節第 2 項を参照。
33 各国の参加・要員提供数のデータは、国連の平和維持局のホームページ、英国の国防戦略研究所（IISS）が毎年刊行している *Military Balance*、ストックホルム国際平和研究所（SIPRI）が毎年刊行している *SIPRI Yearbook*、ニュージーランド外務省が刊行した *United Nations Handbook* より入手したものを筆者がデータセット化したものである。また、各年の参加・要員数は、原則的に、その年の 6 月 30 日時点のものである。International Institute for Strategic Studies (IISS), *The Military Balance 1992-2009* (Abingdon: Routledge for the IISS, 1992-2009); Stockholm International Peace Research Institute (SIPRI), *SIPRI Yearbook: Armaments, Disarmament and International Security* (Stockholm: Oxford: Oxford University Press, 1994-2009); New Zealand Ministry of Foreign Affairs, *United Nations Handbook, 1984-1991* (Wellington, New Zealand: New Zealand Ministry of Foreign Affairs, 1984-1991).
34 各国の要員提供数のばらつきの影響を低減させるため、常用対数（log10）を

用いる。

35　データセットの名称は、Polity IV Project: Political Regime Characteristics and Transitions, 1800-2013 である。

36　指標の定義・算出方法などに関しては、R. M. Wood and M. Gibney, "The Political Terror Scale (PTS): A Re-introduction and a Comparison to CIRI," *Human Rights Quarterly,* vol. 32, no. 2 (2010), pp. 367-400 を参照。

37　社会権規約（経済的、社会的及び文化的権利に関する国際規約）と自由権規約（市民的および政治的権利に関する国際規約）の双方を批准している場合に1、いずれかでも批准していない場合には0をとった。両規約の締約国であることは、人権保障全般に積極的であることを示すと考えられるからである。

38　GATT/WTO の変数は、GATT の時点で加盟している場合に1をとった。

39　世界銀行の World Development Indicators 2013 の Exports of goods and service (constant 2000 US$) と Imports of goods and service (constant 2000 US$) を合算して貿易量を算出し、その値を Population total で除算した値より設定する。

40　冷戦期に、最低1回以上、国連 PKO に参加した経験があることを示すダミー変数を設定する。

41　先行研究では、国家の所属地域をダミー変数としてモデルに投入する場合も見られるが、その分析結果は、ベースに設定した地域と比較してという結果になるため、本研究では、地域の要素が一定程度含まれる地域的国際機構への加盟を用いた。

42　このデータセットでは、独裁体制の種類が、政党基盤 (Party-based)、軍事 (Military)、個人 (Personalist)、君主 (Monarchical) の4つに分類されている。本研究では、軍事独裁体制を表す gwf_military のスコアが1の場合、ダミー変数1とした。

43　国連 PKO への人的資源の提供を政軍関係、並びに、官僚制との観点から分析した研究としては、Arturo C. Sotomayor, *The Myth of the Democratic Peacekeeper: Civil-Military Relations and the United Nations* (John Hopkins University Press, 2014) を参照。

44　世界銀行の World Development Indicators 2013 の GDP per capita, PPP (constant 2000 US$) より設定する。

45　COW (Correlates of War) の National Material Capability dataset より設定する。

46 UCDP/PRIO Armed Conflict Dataset v.4-2013, 1946-2012 より、国家間戦争・内戦を問わず、1年間の武力紛争による死者数25名以上である紛争に関与している場合、ダミー変数1とした。

47 国連のPKO局のホームページのFatalities by Year, Incident Type, Appointment Typeより、現地スタッフ（Local）の犠牲者数を除く形で算出した。

48 第1段階（参加）と第2段階（要員提供数）の独立性に関するワルド検定では、モデル1が$\chi^2 = 82.79$（p = 0.0000）、モデル2が$\chi^2 = 73.07$（p = 0.0000）、モデル3が$\chi^2 = 15.88$（p = 0.0001）、モデル4が$\chi^2 = 11.90$（p = 0.0006）、モデル5が$\chi^2 = 27.36$（p = 0.0000）、モデル6が$\chi^2 = 26.83$（p = 0.0000）であり、いずれのモデルでも独立性を確認できた。

49 表内の*は、それぞれの水準（1%、5%、10%）で従属変数に有意な効果（関係）があることを示す。係数の値が＋の場合は正の関係（参加・要員提供数が多い）、−の場合は負の関係（参加・要員提供数が少ない）を示す。ただし、係数の値は単位が異なるため、数値の大小は影響力の大きさを単純に示すものではない。

50 人権保障のレベルは、1～5の5段階で1が最も良く、5が最も悪く指標化されたデータを用いたため、他の変数の結果と正と負が逆転する。

51 ICC規程の締約国と人的資源の提供との間には関係がないということになるが、1990年代後半より批准・締約が開始された条約であることも少なからず関係していると考えられる。この点をいかに処理するかについては、今後の研究課題とする。

52 例えば、フィンドレーは、「安保理の常任理事国の議席を目指す国家にとって、貢献は1つの必要条件（sine qua non）となっている」との指摘を行っている。Findlay, *op. cit.*, p. 8.

53 国連PKOでは、要員提供にかかる費用負担に関して、国連より要員提供国に軍事要員1人当たり月額1,028米ドルが支払われる。要員提供にかかる費用がその額より低ければ国連からの支払いにより利益を得ることが可能となっており、発展途上国が国連PKOに多くの軍事要員を提供する要因として指摘されている。*Ibid.*, p. 6; Kane, *op. cit.*, pp. 118-119.

54 ターディー（Thierry Tardy）は、国連PKOにおける南北問題として、先進国は、国連PKOにかかる経費の大部分を負担し、安保理の主要な決定を行う一方、自国の要員を国連PKOではなく、より効果的な制度であるEUやNATOの活動に提供している。それに対して、国連PKOの主たる要員提供国は、PKO

の政策策定や決定プロセスから疎外されている多くの発展途上国となっていることを指摘している。Thierry Tardy, "Peace Operations: the Fragile Consensus, in *SIPRI Yearbook 2011: Armaments, Disarmament and International Security*, ed. SIPRI (Oxford: Oxford University Press, 2011), p. 93.

55 Paris, *supra note* 18, pp. 54-89.

56 2015年6月に発表された「平和活動に関するハイレベル独立パネル」の報告書においては、事務総長の年次報告書に記載された性的暴力などの疑いがある要員を提供した国家に対する要員提供を禁止することが事務局に対して要請されている。UN Document, A/70/95-S/2015/446 paras. 279-291, 17 June 2015.

57 久保田は、犠牲者敏感性の高い提供国の貢献を「心もとない貢献」と表現している。久保田、前掲論文（注14）、101頁。

8 Why does the immunity afforded to UN personnel not appropriately reflect the needs of the Organization? : the case of the UN police

Ai Kihara-Hunt

Introduction

In recent years, attention has been focused on the fact that immunity accorded to UN personnel sometimes prevents the delivery of individual accountability for their criminal conduct.[1] There appears to be difficulties in matching the UN's genuine need to ensure immunity protection for its personnel, to the immunity currently applied to them. This article attempts to identify where unresolved issues concerning immunity lie, and to analyze why these have arisen.

This article focuses on UN police personnel, as the immunity afforded to them personifies these issues. Having started out as an auxiliary force to military contingents in the 1960s,[2] the UN police are the fastest growing component in Peace Operations,[3] and their functions have evolved over time. The UN police are being called on not only to monitor the local police, but also increasingly to carry out actual policing tasks, and to build or rebuild national rule of law institutions.[4] They were initially deployed solely on an individual basis but, in 1999, the UN began deploying cohesive national units of 120 to 140 police officers called Formed Police Units (FPUs).[5] FPUs are given specific tasks requiring a formed response and involving a higher security risk.[6] They have rapidly grown in number and, as of the end of 2015, they constitute approximately 68 percent of the UN police personnel.[7]

Before discussing the main immunity issues, it is important to outline briefly its *rationale*, because it provides a test for the geographical scope, duration and subject matter of any specific immunity protection.[8] UN immunity derives from the UN's need to protect itself from any undue influence or control by a member State,[9] to the extent necessary for it to fulfil its purposes.[10] Immunity for UN personnel does not derive from who they are, but from the fact that they form part of the machinery that enables the UN to fulfil its purposes.

This *rationale* determines the scope of immunity attached to UN personnel. There are two categories of UN personnel for these purposes: Officials, and Experts on Mission.[11] Officials are those personnel appointed as staff members who are bound by Staff Rules and Regulations,[12] while Experts on Mission are defined as those who are not Officials, but who are, nonetheless, ' performing missions for the UN '.[13] Within the Officials category, there are some who are considered high-ranking.[14] UN police personnel are treated as Experts on Mission except for the Police Commissioner, who enjoys the same immunity granted to high-ranking Officials: absolute immunity while they hold office.[15] Officials enjoy immunity from 'legal process in respect of words spoken or written and all acts performed by them in their official capacity',[16] whilst Experts on Mission enjoy immunity from 'legal process of every kind [...] in respect of words spoken or written and acts done by them in the course of the performance of their mission', as well as 'immunity from personal arrest or detention' in relation to all acts.[17] However, it should be noted that the UN has, in theory, interpreted the immunity from arrest or detention of Experts on Mission to apply only in relation to official conduct.[18] Therefore, the essence of UN personnel's immunity is that it is attached only to official acts, both in the case of Officials and Experts on Mission, except for a few high-ranking Officials. All official acts are protected by immunity from legal process even after the Official or Expert has left office, whilst immunity granted to high-ranking Officials in relation to their private acts ceases when they leave office.[19]

There are two stages in the procedure of asserting immunity: i) determining whether or not immunity protection exists for a particular case; and ii), if immunity is found to exist, to consider whether or not to waive it. The UN claims that only the UN Secretary-General has the authority to determine what is protected by immunity.[20] Immunity can and should be waived by the Secretary-General:

> [...] in any case where, in his opinion, the immunity would impede the course of justice and can be waived without prejudice to the interests of the United Nations.[21]

However, questions remain as to whether this formulation is appropriate. An analysis of its application is necessary to answer these questions.

1 The Issues

An examination of the practice of the application of immunity to UN personnel reveals four main issues.

First, the UN's practice in relation to the host State of a Peace Operation is that it assumes that immunity exists in relation to all acts. Thus, the UN considers whether it should waive immunity without first determining whether immunity should be applied at all. It also fails to specify what type of immunity - from legal proceedings or from arrest and detention - it is waiving. As a result, the term 'waiver' is used in two ways: to indicate that immunity is not applicable, and to indicate a decision to waive immunity.[22]

There are examples in which the UN has invoked immunity in relation to acts committed by UN police officers in their private capacities. In a case in which a UN police officer allegedly engaged in the sexual abuse of a trafficked minor in a private house, the suspect's immunity was invoked and maintained.[23] Apparently ten cases arising from the UN Interim Administration Mission in Kosovo (UNMIK) involved UN police officers, for which immunity was asserted for serious crimes in conceivably inappropriate circumstances.[24]

Second, the UN's practice of invoking immunity for its personnel, in terms of its geographical scope, sits uneasily with the *rationale*. As stated, the *rationale* for immunity protection is that the UN's functions must be protected. If that is the case, because the UN's functions are global, these must be protected in all States. The UN has indicated support for this position.[25] However, the UN's practice is that it claims immunity from legal proceedings in the host State in relation to all acts by Peace Operations personnel, whilst maintaining that they could be prosecuted in their home States for the same acts.[26] This reveals a logical inconsistency. By claiming immunity in the host State, the UN takes the position that the act in question was an official act. Why would any State be able to prosecute for the same act? Theoretically, this is only possible if the UN waives immunity in relation to that conduct for the purposes of prosecution by that State. However, this is not the practice.

Third, UN immunity lacks procedures to prevent abuse. As discussed, the authority to determine whether particular conduct is protected by immunity rests with the UN Secretary-General. If he finds that immunity exists, he may then decide whether or not to waive it.[27] Once immunity has been claimed, two mechanisms exist by which to make a challenge: the International Court of Justice (ICJ) and the local arbitration panel for Peace Operations' cases,[28] but these are rarely used. The former has been used only twice in relation to immunity of another type relating to Experts on Mission,[29] while the latter has never been used.[30]

Fourth, immunity accorded to some categories of personnel has been a source of confusion. The UN has dealt with immunity within the framework of Officials and Experts on Mission. However, confusion has arisen regarding the type and scope of immunity in relation to new types of personnel, such as FPU officers.[31] This is largely because their mode of employment does not reflect the typical character of either category. In fact, the character of FPUs is closer to that of military contingents sent to Peace Operations.[32]

Having identified these issues, this article seeks their underlying causes. The way in which the immunity framework has developed may shed light on this.

2 The Development of Immunity for UN Personnel

The analysis begins with the post-World War I period, as this was the origin of the similarity between immunity for UN personnel and that of diplomats, due to the emergence of a broad category of international civil servants.[33] The international community followed the framework of diplomatic immunity as a 'natural tendency'.[34] The thinking was that

League of Nations' officials must not be subject to interference when carrying out their functions, and must be able to deal with State representatives 'on an equal footing'.[35] The Covenant of the League of Nations accorded diplomatic immunity to officials;[36] this immunity was interpreted as existing for the entire period during which they held their League posts.[37] One researcher observed that, in the League and other pre-UN international organizations, international civil servants were accorded full diplomatic immunity regardless of their rank.[38] This conclusion is not supportable partly because, in general, the immunity applicable to international civil servants had not been codified.[39] These rules were left to evolve through practice.[40]

Interestingly, it appears that the idea that League officials were not accorded immunity as personal protection already existed around this time. League officials were immune from national jurisdiction only in relation to their duties.[41]

Two lessons learned by the League of Nations had a significant influence on the UN's immunity system. The first lesson was that immunity for diplomats should not be applied to UN personnel without modification.[42] This caused the UN to adopt a new 'functional principle'.[43] It was recognized that, while immunity should protect the UN from any 'member state [...] hindering in any way the working of the Organization or taking any measures',[44] the scope of immunity needed to be balanced against any excess or abuse of immunity,[45] as this would be as 'detrimental to the interest of the international organization itself as it is to the countries who are asked to grant such immunities'.[46] The UN's Preparatory Commission followed the League's lead, clarifying that immunity does not bar officials from criminal prosecution in their home States in relation to their unofficial acts.[47]

This approach also gave a certain degree of flexibility to the scope of immunity. It meant that particular immunities could be changed when functions changed.[48] Thus, it was not considered problematic to grant absolute immunity when this was justifiable,[49] such as in the case of the Secretary-General and Assistant Secretaries-General 'due to the vital nature of their duties and responsibilities'.[50] In addition, States entered into separate agreements stipulating who was to be accorded absolute immunity.[51] However, even such absolute immunity is governed by the functional necessity principle. Immunity does not exist where it cannot be justified under this principle.

The second lesson was the recognition that immunity was necessary, not only for officials, but also for those discharging specific functions for the organization.[52] This led to the creation of the category of Experts on Mission. A vague category of experts (as being persons who carried out 'business' on behalf of the Organization) had existed from the time of the UN's inauguration.[53] However, remarkably, this category and the immunity attached to it, appears to have arisen with virtually no discussion. Experts on Mission did not exist as a standard category in Specialized Agencies.[54] The first time Experts on Mission were explicitly differentiated from Officials was when the Convention on the Privileges and Immunities of the United Nations was drafted.[55] In 1945, the Preparatory Commission appended a draft convention to its report, which was based on its research on the practice of Specialized Agencies.[56] Its view was that there should be some consistency as regards the practice of immunity, while also acknowledging that their needs were not identical.[57] Thus, it held that the UN should be afforded maximum immunity, as compared to Special Agencies.[58] Following the Commission's submission of its report to the General Assembly, the Sixth Committee established the Sub-Committee on

Privileges and Immunities.[59] It was this Sub-Committee that recommended that the details of immunities be set out in a convention.[60] It subsequently examined the Commission's draft convention and inserted a provision governing 'Experts on Mission'. It appears impossible to establish the reasons for this addition.[61] When, at the Sixth Committee, the Sub-Commission's *Rapporteur* introduced the text, he said simply that it was 'based closely on the Preparatory Commission's text',[62] making no reference to this new provision. Discussion at the Sixth Committee was minimal, and Experts on Mission were not mentioned. The text was subsequently adopted by the Sixth Committee.[63]

The lack of a proper discussion of the category of Experts on Mission led to uncertainties regarding the immunities they are accorded.[64] States requested clarification concerning the distinction between Experts on Mission and Officials, and on the scope of immunities accorded to them.[65] For example, only Experts on Mission are immune from personal arrest and detention, not Officials. The reason for this distinction was not explained at the time. One can only presume that this additional protection was deemed necessary due to the nature of Experts' missions, which normally take place outside the office.[66] It was not until 1967 the UN Office of Legal Affairs (OLA) provided clarification regarding the criteria to be used in determining whether personnel were Experts on Mission, i.e. the nature of the personnel's contractual relations and their terms of service with the UN at the time of their appointment.[67] This broad formulation of the category of Experts on Mission by the UN may have been intentional, resulting from lessons learned from the League: to have flexibility in the scope of immunity to avoid difficulties in protecting persons during service with the Organization.[68] However, this left open the possibility that this protection could be abused.

The uncertainty in relation to the geographical scope of immunity for UN personnel also had its origins in this period. The position of the host State was considered separately, apparently because of that State's weightier obligations in respect of giving effect to immunity.[69] The host States which the UN dealt with most at that time were the US and Switzerland. The General Convention was drafted simultaneously with the convention on immunities in relation to these two States.[70] This may have influenced the content of the General Convention. The Conventions have very similar wording. The immunity provisions in the General Convention are exactly the same as those between the UN and Switzerland.[71]

That said, it was also acknowledged that immunity for the UN and its personnel applies in relation to all States, and that the question is solely that of a degree.[72] It is important to note that, where member States made comments in an attempt to limit the effect of immunity in relation to their nationals, these were held to be inconsistent with the objectives of immunity, and declared invalid.[73] In two cases related to the immunity of Special Rapporteurs - who are classified as Experts on Mission – the ICJ ruled that this immunity also protects them from prosecution in their home States.[74]

It is submitted that the uncertainty around the geographical scope of immunity was caused by the failure to reflect on the fundamental difference in the immunity needs of diplomats and UN personnel during its development. A diplomatic agent is a national official representing one sovereign State in its dealings with other States.[75] He is granted immunity in the interests of his State. Thus, diplomatic immunity is inherently a protection in relation to the host State in which the diplomat functions. However, a member of the UN personnel does not represent any particular State but, rather, the UN.[76] In other words, international officials act exclusively 'in the higher interest of the community of states constituting the organization'.[77] The UN's functions need to be protected globally. This fundamental difference has not been taken into account appropriately.

Conceivably related to this failure is the lack of efficient procedures to prevent the abuse of UN immunity. The UN is exclusively on the receiving end.[78] In comparison, diplomatic immunity works on a reciprocal basis, which functions as a safeguard to prevent abuse.[79] In addition, the diplomatic immunity framework allows the receiving State to declare any diplomatic representative *persona non grata*. If a diplomat is declared *persona non grata*, he must be called back to his home State or, ultimately, he may be expelled.[80] Once declared *persona non grata*, his right to immunity ceases to exist.[81] Back home, he has no immunity from criminal prosecution. This works to control the abuse of immunity.[82] The UN does not have an equivalent safeguarding system.[83]

Whether the UN's practice regarding immunity can be considered customary is a difficult question. First, it is impossible to locate any agreements on the immunity accorded to a wider category of international civil servants.[84] Second, what is documented is the UN's practice, and not whether States have accepted this practice.[85] Miller argued that the fact that there had only been two requests to the ICJ for advisory opinions means that States had more or less accepted the UN's interpretation of immunities;[86] however, this may be due instead to circumstances that hinder host States from challenging UN practice.[87] Case-law of some national courts appears to show that they have not accepted the UN's practice.[88]

Thus, it is arguable that the early development of immunity for UN personnel neither involved sufficient nor appropriate consideration of the UN's needs. This raises issues as to whether this has been fixed through further development, especially because there has been much development in how the UN operates. Particularly relevant is the emergence of newer categories of personnel.

3 The Adaptation of the Immunity Scheme to UN Police Personnel

Two subsequent developments in deciding the scope of immunity for UN police personnel are significant, as these shaped the fundamentals of the immunity accorded to Peace Operations personnel and, eventually, to UN police personnel.

As the UN was not initially assigned peacekeeping or any other kind of Peace Operation,[89] it was necessary to identify a process for fitting different kinds of Peace Operations personnel into existing immunity categories.[90] The mode of application of immunities was established during UN Emergency Force I (UNEF I). The UN and Egypt agreed that personnel (Members of the Force) serving in UNEF I would be subject to the exclusive national criminal jurisdiction of their home States in relation to criminal offences they committed.[91] This approach formed a basic, almost default position. The thinking was that, because the personnel were almost exclusively military, the immunity model should be similar to that for a national force in a foreign State, that of a separate agreement on the status of the mission and its personnel.[92] After UNEF I, they followed the same model even though different categories of personnel began to be incorporated into missions, as happened when the UN Operation in the Congo (ONUC) deployed police personnel for the first time in 1960.[93] The ONUC agreement stated that 'Members of the Force' were subject to the exclusive national jurisdiction of their home States, while Officials were immune from legal process 'in respect of all acts performed by them in their official capacity'. They were, however, also accorded immunity from arrest and detention.[94] The UN Security Force (UNSF)'s military and police members were granted the same immunity.[95] Thus, police contingents under military command appear to have been categorized as 'Members of the Force'.

The first time Experts on Mission appeared as a separate category was in the 1964 agreement relating to the UN Peacekeeping Force in Cyprus (UNFICYP). However, only 'Officers serving on the Commander's Headquarters Staff and such other senior field officers as he may designate' fell within the Expert category. Although the civilian police force was established as a separate component under the first Police Commissioner, their status was not spelt out in the agreement.[96] Even the 1967 UN Secretariat's study did not include UN police personnel in the Expert category.[97] While the UN appears to believe that the 1990 model Status-of-Forces Agreement (SOFA) reflected UN practice at the time, there is no evidence to support this in relation to the immunity of UN police personnel. Before 1990, there had been three Peace Operations that involved police (ONUC, UNSF and UNFICYP), none of whose SOFAs made any reference to the police.[98] Only UNFICYP had a Police Commissioner; however, the SOFA did not mention this position.[99] It was only in 1990 that the model SOFA classified 'the head of the United Nations civilian police' as belonging to the same category as the Special Representative, thus holding diplomatic immunity,[100] whilst other 'United Nations civilian police [......] personnel' were considered to be Experts on Mission.[101]

Until the mid-1990s, SOFAs were either modelled on the UNEF I agreement without much modification, or the diplomatic immunity framework. The 1989 UN Transition Assistance Group (UNTAG) agreement accorded all mission members diplomatic immunity, including police;[102] the 1991 UN Mission for the Referendum in Western Sahara (MINURSO) agreement accorded senior staff diplomatic immunity and 'staff of MINURSO including military observers' immunity as Experts on Mission,[103] and the UN Observer Mission in El Salvador (ONUSAL) agreement granted senior officials diplomatic immunity, whilst ' other persons assigned to the mission and to military and civilian support staff' were granted immunity as Experts on Mission.[104]

In the mid-1990s, it appears that two unexpected but inter-related developments posed a challenge to the early formation of the immunity framework. One was the extent of the involvement of various non-military personnel in Peace Operations; the other was the circumstances of the host State.[105]

In the mid-1990s, it became more common for a Peace Operation to have a bigger UN police component. Agreements between the UN and the host State began reflecting that development. For the first time, an individual agreement, that of the UN Transitional Authority in Cambodia (UNTAC), made specific reference to civilian police as having the status of Experts on Mission.[106] However, there was no mention of the Police Commissioner's status, apart from a reference to 'high-ranking members of UNTAC as may be designated by the Special Representative'.[107] The UN Protection Force (UNPROFOR), the next mission with a police component, was significant in that its SOFA specifically stated that the Police Commissioner was granted diplomatic immunity.[108] It also specified that 'police personnel' shall enjoy the same immunity as that accorded to Experts on Mission.[109] Only after this has it became standard practice to accord members of police the status of Experts on Mission.[110]

Clearly, immunity for UN police personnel was not developed specifically for this category. There was no anticipation that substantial numbers of UN police officers would get involved directly in policing or (re-) building the indigenous police force, which involves much more interaction with the population, or that large numbers of police officers would live within the community. A further complication was the emergence and growth of FPUs. The General Convention preceded FPUs, and thus was not designed with them in mind.[111] Since their first deployment in 1999, FPU officers have grown rapidly in their number. However, their immunity framework has long been a source of confusion. There were suggestions that FPUs, like military contingents, should be subject to the exclusive criminal jurisdiction of their sending States.[112] When this issue was resolved in 2006, they were treated in the same way as individual police officers.[113] However, the mode of their recruitment and deployment, as well as their command structure, is akin to those of military contingents.[114] Discipline is largely left in the hands of the national commanders. Moreover, certain police units are in fact military in their domestic operation, and some have military courts that can convene on-site court proceedings when on mission.[115] If the aim is to ensure individual accountability for criminal conduct, it may be advisable FPU personnel to be granted the same immunity as military contingents. If this were the case, FPU personnel would be immune from all host State criminal proceedings, but not to those instigated by their sending States. The merits of these considerations should be carefully examined in order to ensure an appropriate immunity framework for FPU personnel.

There is also real issue regarding how the immunity scheme functions in respect of the host State in newer missions. The General Convention, in considering that UN personnel can be criminally prosecuted in the host State for non-official acts, presumes that there is a functional legal system that is capable of dealing with criminal cases in accordance with human rights requirements. That is no longer the case in newer Peace Operations.[116] Here, the UN justifiably believes that it cannot subject UN personnel to the host State's criminal proceedings.[117] What is problematic is the UN's response to this situation, in that it invokes immunity in relation to all acts in these States.[118] This approach appears in the model SOFA provision,[119] and practically it means that private acts are covered by immunity in certain host States, but not others. Depending on the particular circumstances, immunity is sometimes functional, and sometimes absolute; most of the time, it lies somewhere in between. However, it appears that two different sets of rules – immunity and human rights – have been mixed up, possibly deliberately so. It is impossible to interpret this as an evolution of UN immunity law, especially as the UN is not making this claim.[120] Nevertheless, this is what the UN is doing in practice. When faced with this question, OLA avoided answering it.[121] This poses a major challenge to the *rationale* for immunity accorded to UN personnel. In addition, in States in which the UN is the government, it is responsible where the legal system is not functional, or where it fails to meet human rights standards.[122]

Conclusion

The analysis suggests that the process through which immunity for UN personnel developed has caused a flawed scheme. It has been based on the diplomatic immunity model, without a sufficient examination of its merits and the UN's needs.

This has led to a situation where the geographical scope of immunity does not match its *rationale*. The geographical scope of diplomatic immunity assumes that the boundary of its interests coincides with State borders. However, the UN's inherent nature makes it inappropriate to apply to it something that works for States. The UN appears to claim that, in current Peace Operations, certain conduct committed by UN police members is shielded from legal proceedings in host States because it is considered an official act, although the same conduct can be subject to legal proceedings in the sending State. This is inconsistent with the global nature of the UN's functions, and against the UN's own claims that immunity protection is global in relation to its Peace Operations personnel.

It has also caused the UN to claim a wider scope of immunity than the law allows in certain cases. The law is clear, in that most personnel only enjoy immunity from legal proceedings in relation to official acts. Nonetheless, the UN now assumes quasi-absolute immunity from the host State's legal proceedings in relation to all acts, citing the need to protect the due process rights of its personnel. This is a legitimate concern that appears to have been overlooked during the development of UN immunity, and needs to be addressed separately in a transparent manner.

This development has not kept pace with the evolution of Peace Operations. In particular, it does not properly reflect the wide range of personnel the UN deploys. For example, it was only about thirty years after the UN police were created that the UN began placing its police in the Expert category. Immunity of FPU officers also remained uncertain in the beginning. In 2006, their status was clarified as being that of Experts on Mission; however, that decision is questionable. In order to improve individual accountability for criminal conduct, it might be better if UN police were to have immunity equivalent to that of military contingent members. The merits of both options should be further discussed, taking into account the needs on the ground.

Moreover, while developing a UN immunity framework, the diplomatic immunity model was adopted without including appropriate safeguards.

The UN alone makes decisions regarding immunity, resulting in almost total immunity. Once immunity is claimed, the only mechanisms available to challenge this claim are the ICJ and three-member arbitration panels in cases related to Peace Operations. However, both are difficult to use. This virtually places the UN above scrutiny in relation to immunity, and raises questions of legitimacy. It also brings into question the effectiveness of UN operations, since the UN is trying to inculcate the Rule of Law in host States, and accountability is an important part of this.[123] If the UN fails to clarify its immunity framework, it will not be able to escape the criticism that it is hypocritical.

The UN urgently needs to conduct a thorough review of the appropriate scope and procedure regarding immunity for its personnel. Losing trust because of a real or perceived abuse of immunity may well lead to a lost opportunity to improve the legitimacy and effectiveness of the UN's operations.

〈note〉

1 UNGA, 'A Comprehensive Strategy to Eliminate Future Sexual Exploitation and Abuse in United Nations Peacekeeping Operations' (24 March 2005) UN Doc. A/59/710; Frederick Rawski, 'To Waive or Not to Waive: Immunity and Accountability in UN Peacekeeping Operations' (2002) 18 *Connecticut Journal of International Law* 103, (hereinafter 'To Waive or Not to Waive').

2 See section 3.

3 UNPOL, 'Professionalising United Nations Police in Peacekeeping, Vision for the Police Division and United Nations Police in Peacekeeping, Vision in Brief', September 2010.

4 Ai Kihara-Hunt, 'Individual Criminal Accountability of UN Police Personnel' (PhD thesis, University of Essex 2015), Chapter 2, section 1, (hereinafter 'UN Police Accountability').

5 Annika S Hansen, *Policing the Peace: The Rise of United Nations Formed*

Police Units (ZIF Center for International Peace Operations-Policy Briefing vol 2, 2011), p.2.

6 UN DPKO/DFS, 'Formed Police Units in United Nations Peacekeeping Operations' (1 March 2010) UN Doc. 2009.32, para.12, (hereinafter 'Formed Police Units in PKO').

7 According to the data taken from UN DPKO, 'Troop and Police Contributors'< http://www.un.org/en/peacekeeping/resources/statistics/contributors.shtml > accessed 18 February 2016.

8 Derek William Bowett and George Paterson Barton, *United Nations Forces: A Legal Study* (The Lawbook Exchange 2008), p.432.

9 August Reinisch, 'Privileges and immunities' in Jan Klabbers and Asa Wallendahl (eds), *Research Handbook on the Law of International Organizations* (Edward Elgar Publishing 2011), p.134.

10 The Charter of the United Nations (adopted 26 June 1945, entered into force 24 October 1945) 1 UNTS XVI, Article 105. See also Ignaz Seidl-Hohenveldern, 'Failure of Controls in the Sixth International Tin Agreement' in Niels Blokker and Sam Muller (eds), *Towards More Effective Supervision by International Organizations, Essays in Honour of Henry G Schermers*, vol I (Martinus Nijhoff 1994), p.270; *Applicability of Article VI, Section 22, of the Convention on the Privileges and Immunities of the United Nations* (Written Statement Submitted on behalf of the Secretary-General of the United Nations) [1989] ICJ Rep 173, para.63 [hereinafter '*Applicability* (Written Statement)']; Anthony J Miller, 'United Nations Experts on Mission and their Privileges and Immunities' (2007) 4 *International Organizations Law Review* 11, p.40, (hereinafter 'EoM Immunity').

11 Convention on the Privileges and Immunities of the United Nations (adopted 13 February 1946, entered into force 17 September 1946) 1 UNTS 15, Articles V, VI, (hereinafter 'General Convention').

12 UN, 'Question of Privileges and Immunities of the United Nations, of Representatives of Member States and of Officials of the Organization - Statement Made by the Legal Counsel at the 1016th Meeting of the Sixth Committee of the General Assembly on 6 December 1967' (1967) 1967 *UN Jurid YB* 311, para.340.

13 General Convention, Article VI, Section 22. The categories of 'Official' and 'Expert on Mission' are therefore mutually exclusive. Miller, 'EoM Immunity', p. 30.
14 General Convention, Article V, Section 19.
15 UNGA, 'Report of the Secretary-General on the Model Status-of-Forces Agreement for Peace-Keeping Operations' (9 October 1990) UN Doc. A/45/594, Article VI, Sections 24, 26, (hereinafter 'model SOFA').
16 General Convention, Article V, Section 18.
17 *Ibid*, Article VI, Section 22.
18 UN, 'Legal Status of Certain Categories of United Nations Personnel Serving in Peacekeeping Operations - Civilian Police and Military Observers - Military Members of Military Components (3 May 2002)' (2002) 2002 *UN Jurid YB* 466; UN, 'Letter to the Acting Chair of the Special Committee on Peacekeeping Operations, United Nations, Regarding Immunities of Civilian Police and Military Personnel' (2004) 2004 *UN Jurid YB* 323, p.324, (hereinafter 'OLA letter').
19 General Convention, Articles V, VI.
20 UN, 'Exclusive Authority of the Secretary-General as Regards Permission to Execute the Waivers of Privileges and Immunities Required by a Member State from Staff Members Maintaining or Seeking Permanent Resident Status in that State - Policy of the United Nations in that Respect' (1969) 1969 *UN Jurid YB* 224, p.225. See also the statement of the Legal Counsel to the Fifth Committee in 1981, which noted that the Secretary-General had a right under the international instruments conferring privileges and immunity 'to independently determine whether or not an official act had been involved'. UN, 'Privileges and Immunities of Officials of the United Nations and the Specialized Agencies' (1981) 1981 *UN Jurid YB* 161, p.161; UN, 'Question of Who Can Determine Whether the Acts of United Nations Officials are Performed in their Official Capacity - Section 20 of the Convention on the Privileges and Immunities of the United Nations (24 January 1995)' (1995) 1995 *UN Jurid YB* 403, p.404. However, see *Difference Relating to Immunity from Legal Process of a Special Rapporteur of the Commission on Human Rights* (Advisory Opinion) [1999] ICJ Rep 62, para.64, (hereinafter '*Cumaraswamy*').
21 General Convention, Article V, Section 20. 'Official' reads 'expert' in *ibid*,

Article VI, Section 23.
22 Anthony J Miller, 'Privileges and Immunities of United Nations Officials' [2007] *International Organizations Law Review* 169, p. 239; UN, OLA letter, p. 324; Anthony J Miller, 'Legal Aspects of Stopping Sexual Exploitation and Abuse in UN Peacekeeping Operations' (2006) 39 *Cornell International Law Journal* 71, p. 92. A former senior legal officer at the OLA confirmed this. E-mail communications with a former senior legal officer, June 2013.
23 OSCE Mission in Kosovo, *Kosovo Review of the Criminal Justice System - Themes: Legal Representation, Detention, Trafficking & Sexually Related Crimes, Municipal & Minor Offence Courts* (Department of Human Rights and Rule of Law, October 2001), p.52.
24 Rawski, 'To Waive or Not to Waive', p.119.
25 In relation to Military Observers, who also belong to the 'Experts on Mission' category and serve in Peace Operations, see UN, 'Immunity from Legal Process of United Nations Officials - Memorandum to the Deputy *Chef de Cabinet*' (1963) 1963 *UN Jurid YB* 188, paras.4-6. In relation to Officials, see ILC, 'The Practice of the United Nations, the Specialized Agencies and the International Atomic Energy Agency concerning their Status, Privileges and Immunities: Study Prepared by the Secretariat' (1967) *ILC YB* vol 2 154, para.335, (hereinafter '1967 ILC Immunities Study'). See also UNGA, 'Ensuring the Accountability of United Nations Staff and Experts on Mission with Respect to Criminal Acts Committed in Peacekeeping Operations' (16 August 2006) UN Doc. A/60/980, paras.20-22; UNGA, 'Report of the Ad Hoc Committee on Criminal Accountability of United Nations Officials and Experts on Mission' (15 April 2008) UN Doc. A/63/54, Annex II, para.(i).
26 See text accompanying n. 22.
27 See Introduction.
28 General Convention, Article VIII, Section 30; UNGA, Model SOFA Article VII, Section 53.
29 *Applicability of Article VI, Section 22, of the Convention on the Privileges and Immunities of the United Nations* (Advisory Opinion) [1989] ICJ Rep 177, [hereinafter *Applicability* (Advisory Opinion)]; *Cumaraswamy* (*Advisory Opinion*).
30 Bruce Oswald and Adrian Bates, 'Privileges and Immunities of United Nations

Police' in Bryn W Hughes, Charles T Hunt and Boris Kondoch (eds), *Making Sense of Peace and Capacity-Building Operations: Rethinking Policing and Beyond* (Martinus Nijhoff Publishers 2010), p.184.
31 See section 3.
32 Kihara-Hunt, 'UN Police Accountability', pp.68–71, 99–102.
33 Grant V McCLanahan, *Diplomatic Immunity* (Hurst & Company 1989), p.76; Yu-Long Ling, 'A Comparative Study of the Privileges and Immunities of United Nations Member Representatives and Officials with the Traditional Privileges and Immunities of Diplomatic Agents' (1976) 33 *Washington & Lee Law Review* 91, p.127, (hereinafter 'Comparative Study'). For an overview of provisions on immunity for international officials prior to the League of Nations, see Cecil JB Hurst, 'Diplomatic Immunities-Modern Developments' 10 *Brit YB Int'l L* 1.
34 McCLanahan, *Diplomatic Immunity*, p. 76; Martin Hill, *Immunities and Privileges of International Officials: The Experience of the League of Nations* (The Lawbook Exchange 2003), p.12, (hereinafter 'Immunities and Privileges').
35 Hill, *Immunities and Privileges*, pp.3–5; Miller, 'EoM Immunity', pp.15–16.
36 Covenant of the League of Nations, adopted 28 April 1919, entered into force 10 January 1920 [1919] UKTS 4 (Cmd 153), Article 7-4.
37 The Advisory Committee of Jurists advised that the phrase 'when engaged on the business of the League' referred not only to the time during which they are actually performing their official duties but, rather, the entire period during which they hold their League posts. Hill, *Immunities and Privileges*, pp.11–12.
38 Ling, 'Comparative Study', p.131.
39 In 1926, the attempt by the League to codify relevant practice failed. However, it did clarify that the 'absolute identity between privileges and immunity between diplomats proper and League officials were not certain'. Hill, *Immunities and Privileges*, pp.12–13.
40 *Ibid*, p.12. Miller, 'UN Officials Immunity', p.175.
41 Hill, *Immunities and Privileges*, pp.11–13.
42 *Ibid*, p.13.
43 UN, 'Report of the Rapporteur of Committee 1V/2 as Approved by the Committee, UNCIO vol 13' (12 June 1945) UN Doc. 933, IV 2/42 (2), para.704; Ling, 'Comparative Study', p.131.

44　*Ibid*, paras.703-704.
45　Miller, 'EoM Immunity', p.16.
46　UN, 'Report of the Preparatory Commission of the United Nations' (23 December 1945) UN Doc. PC/20, p.62, (hereinafter 'Prep Commission Report').
47　*Ibid*, p.62.
48　Ling, 'Comparative Study', p.159.
49　UN, Prep Commission Report, p.62. See also Ling, 'Comparative Study', p.131.
50　UN, Prep Commission Report, p.62. See also Ling, 'Comparative Study', p.131. When the UN was reorganized in 1953, Under Secretaries-General and Under Secretaries were introduced, replacing ASGs. The Secretary-General held that both are accorded absolute immunity. *Ibid*, pp.132-133.
51　Switzerland accorded diplomatic immunities to 'officials in the categories which are specified by the Secretary-General, or by the persons authorized by him, and which are agreed to by the Swiss Federal Council'. Lebanon granted diplomatic immunities to 'all directors and assistant directors of UNRWA residing in Lebanon, and to all other United Nations officials in Lebanon with the rank of director or above. Cyprus, Greece, Turkey and the UK agreed to extend diplomatic immunity to the UN Mediator in Cyprus and his staff. The same diplomatic treatment was provided to the Commander of the UN Observation Operation along the border between Saudi Arabia and Yemen, and to all personnel serving under him. UN, 'Articles 104 and 105' (1966) Issue 4 Repertory of Practice of United Nations Organs: Supplement, vol 1-2 217, paras.95-98.
52　The League of Nations tried to ensure that such persons were protected by necessary privileges and immunities, but some jurisdictions held that the Covenant only protected 'Officials' and not those executing tasks for the Organization. Miller, 'EoM Immunity', p.18; Hill, *Immunities and Privileges*, pp. 9-11.
53　The Sub-Committee, in submitting a draft of the future Article 105, noted that 'officials' included 'the agents (functionaries, etc.) of the Organization and its organs, authorities or agencies.' The next day a corrigendum corrected the word 'agents' to 'officials'.UN, 'Report Submitted by Subcommittee to Committee IV, UN Conference on International Organization, vol 13' (18 May 1945) UN Doc. 412 IV/2/A/2 (2), para.779. Experts traveling for the Organization were

mentioned during the UN Preparatory Commission. UN, 'Summary Report of the Second Meeting of Committee IV/2 ', UN Conference on International Organizations, vol 13' (11 May 1945) UN Doc. 228, IV/2/10, p.578, which refers to 'Representatives and members and officials of the United Nations organization and their staffs'. The Preparatory Commission's report had appendices: 'Study on Privileges and Immunities' and a 'Draft Convention on Privileges and Immunities '. The Draft Convention did not specifically deal with privileges and immunities for experts, although Article 7 referred to 'experts and other persons who, though not officials of the United Nations, have a certificate that they are travelling on the business of the Organization', who shall be accorded similar travel facilities as would be accorded to UN passport holders. UN, Prep Commission Report, p. 74. A similar clause was inserted in the agreement between the UN and the US. *Ibid*, p.80.

54 'Standard clauses' of the Convention for Specialized Agencies did not include provisions for Experts on Mission, leaving it to each agency to insert such provisions as it deems necessary. Accordingly, not all agencies have such provisions.

55 General Convention.

56 UN, Prep Commission Report.

57 *Ibid*, pp.61-62.

58 Report of the Preparatory Commission, para.5.

59 The Sub-Committee was appointed on 24 January 1946. Miller, ' EoM Immunity', pp.18-19.

60 UNGA Sixth Committee 'First Report of the Sub-Committee on Privileges and Immunities' (26 January 1946) UN Doc. A/C.6/17.

61 *Mazilu* (*Advisory Opinion*), para.46.

62 UNGA Sixth Committee, 'Second Report of the Sub-Committee on Privileges and Immunities' (5 February 1946) UN Doc. A/C.6/31, para.26.

63 *Ibid*, paras. 26-28. The draft text is contained in UNGA, 'Privileges and Immunities of the United Nations, Report of the Sixth Committee to the General Assembly' (13 February 1946) UN Doc. A/43/rev.1.

64 Experts on Mission are defined negatively in the General Convention, as not being Representatives of Members, nor Officials of the Organization. UNGA Res

76 (1) (7 December 1946) UN Doc. A/Res/76 (1). This was based on the Secretary-General's proposals made 'in light of the discussions that took place at the Preparatory Commission and the First Part of the First Session of the General Assembly'. UNGA, 'Recommendations Presented by the Secretary-General, Categories of Officials to which the Provisions of Article V and Article VII shall apply - Addendum' (9 November 1946) UN Doc. A/116/Add.1.

65   ILC, 1967 ILC Immunities Study, p. 284; UN, 'Question of Whether Contractors' Personnel Could be Considered as "Experts on Mission" ' (1998) 1998 *UN Jurid YB* 481; *Applicability* (Advisory Opinion), pp.185-188; UN, 'Memorandum dated 17 April 1981 from the Assistant Administrator, Bureau for Finance and Administration, to the Field Offices of UNDP and UNDP Headquarters Staff (17 April 1981) UN Doc. UNDP/ADM/FIELD/762; UNDP/ADM/HQRTS/503. Available in *Applicability* (Advisory Opinion), p. 127. Confusion was also apparent at the joint subcommittee of the Fifth and Sixth Committees, which reviewed the text of draft Resolution 76 (1). With regard to the status of personnel who serve on a 'temporary basis or for a period of limited duration and who may be compensated on a 'when-actually-employed' basis, on short-term contracts or merely on the basis of subsistence and travel allowances', the Committee concluded that 'such personnel, when serving as consultants in the Secretariat, would be covered by the proposed resolution [defining 'officials'] and, in other cases, would be entitled to the privileges and immunities provided in Article VI of the Convention, which extends to 'experts' performing missions for the United Nations'. UNGA, 'Convention on the Privileges and Immunities of the United Nations- Category of Officials to which the Provisions of Articles V and VII Shall Apply, Report of the Joint Sub-Committee of the Fifth and Sixth Committees' (28 November 1946) UN Doc. A/C.5/ 99, A/AC.6/97

66   Miller, 'EoM Immunity', p.40.

67   ILC, 'Persons falling within the category of "experts on missions for the United Nations"' (1967) 1967 *ILC YB* vol 2 284, paras.340-341.

68   Miller, 'EoM Immunity', p.25.

69   For example, the 1945 drafters' report noted that the General Assembly was empowered to make recommendations on the application of Article 105, which 'could apply only to those Members who for instance, might have weightier

obligations owing to the fact that the Organization or its organs happen to have establishments on their territory'. UN, Report of the Rapporteur of Committee 1V/2 as Approved by the Committee, UNCIO vol 13, paras.703-704. See also the Preparatory Commission's report, which acknowledged that ' [t] he question of privileges and immunities [...] is of the greatest importance in connection with the country in which the United Nations has a seat'. UN, Prep Commission Report, paras.2-3.

70 UNGA, Privileges and Immunities of the United Nations, Report of the Sixth Committee to the General Assembly.

71 *Ibid*, pp.650ff.

72 UN, Prep Commission Report, para.3.

73 UNGA, Privileges and Immunities of the United Nations, Report of the Sixth Committee to the General Assembly.

74 *Mazilu* (Advisory Opinion), *Cumaraswamy* (Advisory Opinion).

75 Ling, 'Comparative Study', p.127.

76 *Ibid*, p.127.

77 The League of Nations, 'From a Letter to the Head of the Federal Political Department of Switzerland ' (11 June 1925) UN Doc. LN Document C.66.1925.

78 August Reinisch, *International Organizations before National Courts*, (Cambridge University Press 2000), p.143 ff.

79 Diplomatic immunity. McCLanahan, *Diplomatic Immunity*, pp.81-82.

80 The receiving State must provide explicit acceptance for the head of the mission. This system is called *agréation*. *Ibid*, p.126.

81 *Ibid*, pp.126 ff.

82 *Ibid*, pp.127-128, 139-140.

83 Referring to military observers, who belong to the 'Experts on Mission' category, OLA stated that 'the principle of *persona non grata* did not apply to United Nations staff or military observers'. *Aide-mémoire* dated 23 January 1964 from the Office of Legal Affairs of the United Nations to the permanent representatives of various Member States. *UN Jurid YB* 1964, p.261.

84 Following the massive expansion of the number of international civil servants after World War II, the ILC attempted to draft an authoritative convention concerning the question of international immunities since 1958. The 1975 Vienna

Conference, which discussed this draft convention, was attended by many sending States, but very few host States. This codification attempt ended in failure. McCLanahan, *Diplomatic Immunity*, pp.82-83.

85 Miller, 'EoM Immunity', p.14.
86 *Ibid*, p.14.
87 See section 2.
88 For example, *Westchester County v William Ranollo* New Rochelle City Ct, 8 November 1946, 187 Misc 777; 67 NYS 2d 31 (City Ct of New York, New Rochelle 1946); (1946) 13 ILR 168-171; *Food and Agriculture Organization v Istituto Nazionale di Previdenze per i Dirigenti di Aziende Industriali (INPDAI)* [1992] Italian Court of Cassation 87 ILR 1-10. For further details, see August Reinisch, *International Organizations Before National Courts* (Cambridge University Press 2000), pp.186ff.
89 There is no specific reference to Peace Operations in the UN Charter. Over time, the UN has used different terms to describe different types of Peace Operations, including 'Peacekeeping Operations', 'Peace Operations', 'Peace Enforcement', and 'Peace Support Operations'. UN GA and UN SC, 'An Agenda for Peace: Preventive Diplomacy, Peacemaking and Peace-keeping' (17 June 1992) UN Doc. A/47/277 - S/24111; UN GA and UN SC, 'Supplement to an Agenda for Peace: Position Paper of the Secretary-General on the Occasion of the Fiftieth Anniversary of the United Nations' (January) UN Doc. A/50/60-S/1995/1; UNGA/SC, 'Report of the Panel on United Nations Peace Operations' (21 August 2000) UN Doc. A/55/305-S/2000/809; UN DPKO/DFS, 'United Nations Peacekeeping Operations: Principles and Guidelines' (January 2008).
90 This is despite the observation made by the Secretariat study for the ILC, which stated, 'In adopting Article VI of the United Nations Convention, the General Assembly had in mind peace missions in particular'. ILC, 1967 *ILC Immunities Study*, para.340.
91 Exchange of Letters concerning an Agreement between the United Nations and the Government of Egypt concerning the Status of the United Nations Emergency Force in Egypt, 8 February 1957, 260 UNTS 61.
92 See UN, Article 104 and 105, paras.4 and 5, where it states '[e]arlier, it was thought that a special agreement was a path for implementation', citing the

examples of ONUC and UNFICYP, indicating that it is not the General Convention which applies to Peace Operations.

93 UN DPKO, 'Brief History' [2011] *UN Police Magazine* 6, p.6.

94 Agreement between the United Nations and the Republic of the Congo (Leopoldville) Relating to the Legal Status, Facilities, Privileges and Immunities of the United Nations Organizations in the Congo, 27 November 1961, 414 UNTS 229, para.9.

95 UN, 'Exchange of Letters (with General Directive) Constituting an Agreement between the United Nations and the Government of Pakistan Concerning the United Nations Security Force in West New Guinea (West Irian), 6 December 1962 and 18 April 1963' (1964) *UN Jurid YB* 34, p.39, para.7 (e), (hereinafter 'UNSF SOFA').

96 For the first time, 'Experts on Mission' was viewed as a separate category from Members of the Force. The latter were determined to be subject to the exclusive national jurisdiction of their States of nationality. '[T]he term "member of the Force" refers to any person, belonging to the military service of a State, who is serving under the Commander of the United Nations Force and to any civilian placed under the Commander by the State to which such civilian belongs.' UN, 'Exchange of Letters Constituting an Agreement between the United Nations and the Government of Cyprus Concerning the Status of the United Nations Peace-keeping Force in Cyprus, 31 March 1964' (1964) *UN Jurid YB* 40, paras.1, 25, (hereinafter 'UNFICYP SOFA').

97 The study referred to Experts on Mission in relation to Peace Operations, and stated that Military Observers and officers serving as part of the Commander's Headquarter staff had been clearly established by then to be 'Experts on Missions'. ILC, 1967 *ILC Immunities Study*, para. 340. The study cited as an example the UN military observers, 'whose salaries are paid by their own respective Governments and to whom the United Nations pays only an allowance'. *Ibid*, para. 340. It also made specific references to UNTSO and UNMOGIP military observers, 'who are military officers, loaned by Government', and 'officers serving on the United Nations Command (The Commander's Headquarters staff) of UNEF and UNFICYP'. ILC, Persons falling within the category of 'experts on missions for the United Nations', para.341.

98 ONUC SOFA, UN, UNSF SOFA, UN, UNFICYP SOFA.

99 UN, UNFICYP SOFA.

100 UNGA, Model SOFA, Article 24.

101 *Ibid*, Article 26.

102 SOFA, 9 June 1989, 26669 Protocol on the Tasks to Be Fulfilled in Angolan Territory (with Additional Protocol), 9 June 1989, 1537 UNTS 13, Additional Protocol, para.I, (hereinafter 'UNTAG SOFA').

103 Exchange of Letters Constituting an Agreement Concerning the Privileges and Immunities of the United Nations Observer Mission for the Referendum in Western Sahara (MINURSO), 13 December 1991 and 15 January 1992, 1662 UNTS 169, p.174, (hereinafter 'MINURSO SOFA).

104 Exchange of Notes Constituting an Agreement Concerning the Establishment of a United Nations Observer Mission in El Salvador (ONUSAL),16 and July 1991, 9 August 1991, 644 UNTS 177, p.184, (hereinafter 'ONUSAL SOFA').

105 Kihara-Hunt, 'UN Police Accountability', pp.49-106.

106 'Military observers, civilian police personnel and civilian personnel other than United Nations officials whose names are for the purpose notified to the SNC by the Special Representative, shall be considered as experts on mission within the meaning of article VI of the Convention.' Agreement between the Supreme National Council of Cambodia and the United Nations on the Status of the United Nations Transitional Authority in Cambodia, 7 May 1992, 1673 UNTS 364, para. 24, (hereinafter 'UNTAC SOFA').

107 'The Special Representative, the Deputy Special Representative, the Commander of the military component, and such high-ranking members of UNTAC as may be designated by the Special Representative, shall have the status specified in sections 19 and 27 of the Convention, provided that the privileges and immunities therein referred to shall be those accorded to diplomatic envoys by international law.' *Ibid*, para.22.

108 'The Force Commander of UNPROFOR, the Police Commissioner of the Police component, [...] and such high-ranking members of the Force Commander's staff as may be agreed upon with the Government shall have the status specified in sections 19 and 27 of the Convention, provided that the privileges and immunities therein referred to shall be those accorded to diplomatic envoys by international

law.' Agreement between the Government of Bosnia and Herzegovina and the United Nations on the Status of the United Nations Protection Force in Bosnia and Herzegovina (UNPROFOR), 15 May 1993, 1772 UNTS 77, para.23.

109 'Military observers, police personnel and civilian personnel other than United Nations officials whose names are for the purpose notified to the Government by the Force Commander shall be considered as experts on mission within the meaning of article VI of the Convention.' *Ibid*, para.25.

110 In 2004, the OLA reviewed this practice, and advised that SOFAs and SOMAs followed the model SOFA and the Convention by consistently affording the status of Experts on Mission to the police. It also observed that when no SOFA had been agreed, and the model SOFA had not been made applicable by the Security Council resolution authorizing the operation, the status of the civilian police officers remained governed by the Convention directly. UN, OLA letter, para.594.

111 William J Durch et al, *Improving Criminal Accountability in United Nations Peace Operations* (Stimson Center Report, 2009), p.xii.

112 'The Special Committee continues to believe that the tasks of such personnel require adaptation of the current rules governing their legal status, by assigning them immunity equivalent to those of armed military personnel, bearing in mind the need for accountability.' UNGA, 'Report of the Special Committee on Peacekeeping Operations and its Working Group' (GAOR 59th Session Supp no 19, 31 January-25 February 2005; 4-8 April 2005) UN Doc. A/59/19/Rev.1, para. 81.

113 UNGA, 2006 Legal Experts Report.

114 Members of an FPU report to their national commander, who reports to the Police Commissioner. In some large missions, commanders of FPUs report to the Deputy Chief Operations, who is in charge of FPU operations. UN DPKO/DFS, 'Formed Police Units in United Nations Peacekeeping Operations' (1 March 2010) UN Doc. Ref. 2009. 32, paras.46, 51-54.

115 Kihara-Hunt, 'UN Police Accountability', pp.68-71.

116 UNGA, Zeid Report, para.87.

117 *Ibid*, p.6, and p. 24, para.67 (b). See also Oswald, *Documents*, p.36.

118 Miller, 'EoM Immunity', p.47; Oswald, *Documents*, p.36. The UN has also been

attempting to secure fair trial standards in the host State by inserting new clauses in individual SOFAs in recent missions. For example, see the Agreement between the Government of Sudan and the United Nations concerning the Status of the United Nations Mission in Sudan, (adopted and entered into force 28 December 2005), 2005 *UN Jurid YB* 44, para.51 (a). See also Oswald and Bates, 'Privileges and Immunities of United Nations Police', p.183.

119 UNGA, Model SOFA, Article 47.

120 See Introduction.

121 UN, OLA letter, p. 323. One of the questions asked was 'whether these immunities differ between different peace operations and why'. This question was not answered by OLA.

122 There may also be tension between the human rights obligations of the UN where it acts as the government, and the immunity accorded to UN personnel working in that UN mission. Kihara-Hunt, 'UN Police Accountability', pp.420ff.

123 *Ibid*, p.34.

III

政策レビュー

9 Gender Mainstreaming and the United Nations' Reform since 1990s

Kunio Waki

Introduction

The United Nations (UN) has been providing global leadership in the promotion of gender equality and women's empowerment since its beginnings. Less than a year after its creation in October 1945, the UN established the Commission on the Status of Women in June 1946. The Commission's early efforts in promoting full political suffrage were rewarded with the adoption of the Convention on the Political Rights of Women in 1952 by the General Assembly. The UN's role in the advancement of the status of women in the international community continued to grow, culminating in the landmark international consensus reflected in the Beijing Declaration and Platform for Action in 1995.

UN development agencies have been working to advance gender equality and the empowerment of women both globally and at country levels. Organizations such as United Nations Development Programme (UNDP), United Nations Children's Fund (UNICEF), United Nations Population Fund (UNFPA) and United Nations Development Fund for Women (UNIFEM) were galvanizing forces in the formulation of international and national policies and programmes, inducing positive changes in national laws to protect the rights of women and girls.

In this paper, I would like to reflect on recent UN development agencies' efforts in the promotion of gender equality and women in development based on experiences amassed by UNICEF, UNFPA, UNIFEM, UN Women and United Nations Development Group (UNDG) including its member organizations. Created in 1997 as a part of UN reform led by Kofi Annan, then Secretary General of the UN, UNDG was set up to foster collaboration among UN development agencies and bring more coherence to their activities at global and country levels. UNDG played a pivotal role in promoting gender mainstreaming at all UN development agencies.

For the purposes of this paper, a brief study was carried out on recent developments in the UN in gender mainstreaming including the accomplishments of newly created UN Women. Selected documents produced by both UN Women and UNDG were reviewed. There has been rapid development in the last 25 years in the area of gender and development and the UN played an important role both in conceptual and operational works.

Both UN documents and academic literature published by university researchers and feminists were reviewed. It was highly enlightening to discover how gender specialists outside the UN viewed the work of the UN and UN development agencies as well as their evaluation of UN contributions to the cause of gender equality. It was found that the majority of academic researchers acknowledged the significant contribution made by the UN and UN development agencies in gender mainstreaming.

1 Beijing Conference and International Conference on Population and Development (ICPD) in Cairo

In 1993, the Commission on the Status on Women called for the Fourth World Conference on Women in Beijing to take place in 1995. The

Commission proposed themes for discussion at the Conference including the promotion of power sharing, full access to education, employment, health services, poverty reduction, promotion of peace and security, and protection of women's rights.[1]

Another important event in Vienna took place in 1993 -- the World Conference on Human Rights. The UN's approach to gender issues was based on women's rights and human rights. The "Vienna Declaration" and a proposed Programme of Action adopted by the Conference set the stage for the global promotion of women's rights, gender equality and the empowerment of women.

In 1995 a preparatory meeting for the Beijing Conference was held in Copenhagen to reach a consensus on the proposal for the Platform for Action for adoption in Beijing. At this meeting, consensus was created on "gender mainstreaming" in many different sectors of society also involving men. The Beijing Platform for Action guided UN development agencies in adopting new programme policies and operational guidelines. Some of the action points contained in the Beijing Platform for Action were included in the Millennium Declaration and the Millennium Development Goals adopted at the Millennium Summit held in New York in 2000 and attended by many heads of state and government.

The Beijing Platform for Action highlighted the discrimination and neglect that women suffered, and outlined the actions required. Areas targeted were poverty alleviation, improvement in health and education, HIV prevention, conflict and disaster prevention, special attention to girl children, environmental protection and economic participation. The Platform also touched on the need for mass media to evolve, to project more positive female role models.

Another important international event which greatly influenced policies and programmes of UN development agencies was International Conference on Population and Development (ICPD) held in Cairo in September 1994. The Programme of Action agreed-upon at ICPD Cairo has been guiding the work of the UNFPA and other UN development agencies. The Conference defined the concept of sexual and reproductive health as well as reproductive rights, which addressed gender equality and the empowerment of women. The Programme of Action stressed the importance of meeting the needs of both women and men. It reflected the outcomes of other major international conferences including the World Summit for Children in 2000, the UN Conference on Environment and Development in 1992, and the World Conference on Human Rights in1993. The UNFPA advocated for the integration of population policies and sustainable development, and emphasized the importance of gender equality and family planning. The UNFPA has continued to promote gender equality and the empowerment of women. With gender specialists, reproductive health specialists, medical doctors, human rights specialists, demographers, economists and statisticians in their ranks, the UNFPA has been supporting the development of new policies and programmes which are consistent with ICPD Cairo.

UNFPA has been a global champion of reproductive health and rights particularly since the 1994 International Conference on Population and Development (ICPD). Bolstered by a highly committed staff, UNFPA has been providing leadership to the causes of reproductive rights, gender equality and the empowerment of women with strong support from governments and NGOs.

2 Gender Mainstreaming

In 1995 as a part of the UN reforms, the Office of United Nations Development Group (UNDG) was created inside the headquarters of United Nations Development Programme (UNDP) in New York. The UNDG's task was to implement the UN reform agenda proposed by the Secretary General by promoting coherence, coordination and joint actions among all development-related agencies of the UN. The Executive Committee of the UNDG consisted of United Nations Development Programme (UNDP), United Nations Children' Fund (UNICEF), United Nations Population Fund (UNFPA) and World Food Programme (WFP). The heads of these agencies provided leadership in creating new joint policies and operational procedures to be followed by all UN development agencies. The UNDG guided the drafting of new programmes and operational policies, and supported UN country teams in training UN staff. The promotion of gender mainstreaming in the UN Development System was led by the United Nations Development Fund for Women (UNIFEM). The working group consisted of many UN agencies involved in gender mainstreaming, and drafted programme and operational guidelines for gender mainstreaming at all UN agencies.

The 1990s saw the legitimatization and implementation of gender mainstreaming in the activities of all UN development agencies. The UNDP played an important role in proving a clear link between gender and development when it published the 1995 Human Development Report. In 1997 the United Nations Economic and Social Council (ECOSOC) defined "gender mainstreaming" as follows:

"Mainstreaming a gender perspective is the process of assessing the implications for women and men of any planned action, including legislation, policies or programmes, in all areas and at all levels. It is a strategy for making women's as well as men's concerns and experiences an integral part of the design, implementation, monitoring and evaluation of policies and programmes in all political, economic and societal spheres, so that women and men benefit equally, and inequality is not perpetuated. The ultimate goal is to achieve gender equality".[2]

While this broad definition of gender mainstreaming is very inclusive and balanced, some UN staff members felt the concept of gender mainstreaming was becoming abstract. Some feared this would undermine the immediate focus on women. At various stages, UNICEF staff was given training on gender equality and the empowerment of women; however, the dramatic change in terminology, concepts and programme strategies for gender equality did prove overwhelming for some.

Currently there is stronger emphasis on the involvement of men.[3] Some of the notable projects having to do with the prevention of gender-based violence run by NGOs in Rio de Janeiro with UNFPA support have successfully involved both boys and girls. While still empowering women economically, socially and politically by continuing activities that raised consciousness, provided knowledge and skills, promoted group formation, supported cooperatives, and provided low cost micro-credit, projects are moving towards the inclusion of men and boys.

Just prior to the World Millennium Summit, a special session of the General Assembly was held to review the progress made since the Beijing Conference. This was called Beijing Plus 5. It adopted a new resolution calling for more vigorous implementation of the Beijing Declaration and Platform for Action. Furthermore, gender issues mainstreamed into the peace and security arena of the UN. On October 31, 2000, the Security Council passed a resolution (S/RES/1325) calling for the incorporation of gender mainstreaming in the areas of peace and security -- a landmark decision. The Council reaffirmed the important role of women in the prevention and resolution of conflicts, and peace building. The implementation of this resolution was clearly seen at the donors' meeting on Sudan in Oslo where women from both Sudan and South Sudan attended meetings facilitated by the UN to promote peace building and development. The leaders of women's organizations from Sudan and South Sudan, and women leaders of neighboring countries in Africa also joined to support the peace building efforts.

The main organization in the UN Development System to promote gender equality and the empowerment of women until recently had been UN Development Fund for Women (UNIFEM). Occupying a relatively small office in New York, they carried out projects with voluntary contributions from donor governments. Despite having experienced advisers/specialists at the regional level, their country presence was viewed as weak. The prime organization for women in the UN system was widely felt to be too modest to achieve the objectives set by the Beijing Declaration and the Platform for Action. Administratively UNIFEM was established within the UNDP, though the organization was operating with sufficient autonomy and independence. The head of UNIFEM was given the rank of D-2 while the heads of UNDP, UNICEF and UNFPA all were ranked as Under-Secretary General -- two steps above the head of UNIFEM. Many feminists believed UNIFEM was not receiving sufficient political support from UN member countries. This was later corrected when UN Women was created in July 2010, which will be discussed further in this paper.

There existed many UN entities related to gender equality. The key UN normative and political entity to drive gender mainstreaming in the UN was the Commission on the Status of Women, which reported to ECOSOC. The Division for the Advancement of Women (DAW) in the Department of Economic and Social Affairs (DESA) in the UN Secretariat provided administrative and professional support to the Commission on the Status of Women. The Commission's member governments were selected by ECOSOC and provided leadership in planning international conferences to promote gender equality and reviewed the progress made.

In addition, the Office of the Special Adviser on Gender Issues and the Advancement of Women existed to coordinate the work of various UN entities and provide professional support to the Office of Secretary General and other departments. The Special Adviser's Office was understaffed, unable to function as effectively as initially intended. Another important UN organization related to gender issues was the International Research and Training Institute for the Advancement of Women. The institute developed some useful guidelines and manuals for UN staff members and conducted training. This institute was eventually taken over by UN Women.

3 UN Reform and MDGs

In the eyes of many governments, UN agencies involved in development were a fragmented group lacking in coherence or unity. The confusion was particularly evident at country level, where many UN development agencies had offices. As mentioned earlier, the United Nations Development Group (UNDG) was created and the UNDG Office was established in the UNDP for the purposes of facilitating the changes demanded by the member governments. Particular demands from donor countries were for stronger coordination and better collaboration among UN agencies. The

Office of UNDG, which supported the works of Executive Committee of UNDG, facilitated and sometimes provided leadership in the reform process to respond to demands and expectations set by the Secretary General and UN member countries. The report of the Secretary General on UN reform outlined the required actions on the part of UN development agencies which included funds and programmes like UNICEF, UNDP, UNFPA and WFP as well as UN specialized agencies like World Health Organization (WHO), Food and Agriculture Organization (FAO), and International Labour Organization (ILO).

At the initial stage UNICEF was seen to be operating independently, not sufficiently collaborating with other UN agencies. UNICEF had a successful track record in resource mobilization and was considered self-sufficient with a large number of programme staff at country level. The UNICEF Executive Director was under considerable pressure particularly from European donor countries to collaborate with other UN agencies. UNICEF sent a senior UNICEF staff member to the Office of UNDG located within UNDP HQ as Associate Director in the summer of 1997.

In July 1997, ECOSOC endorsed gender mainstreaming as the strategy for the UN system to achieve gender equality following the Beijing Declaration and the Platform for Action.

> "The Council encourages the General Assembly to direct all of its committees and bodies and draw the attention of other bodies of the United Nations system to the need to mainstream a gender perspective systematically into all areas of their work, in particular in such areas as macroeconomic questions, operational activities for development, poverty eradication, human rights, humanitarian assistance, budgeting, disarmament, peace and security ---"[4]

Member organizations of the UNDG worked towards mainstreaming a gender perspective. They undertook the formulation of a joint programme policy and operational guidelines to be used by all UN development agencies and their country teams worldwide. The Office of UN Development Group (UNDG) became a driving force in facilitating the formulation and implementation of the new policies and operational guidelines for use by all UN agencies and units. In the working group and taskforce established for gender mainstreaming under UNDG, UNIFEM and its gender specialists as well as gender focal points of other agencies played leading roles in drafting working papers before proposals were presented to the UNDG Executive Committee. The UNDG Programme Group was set up later and the UNFPA Deputy Executive Director chaired the meetings of the Group for two years. The staff of the UN Department of Social Affairs, UNFPA and UNICEF also actively contributed to this working group.

Just before the Millennium Summit, the UN General Assembly met in June 2000 to review the progress made since the Beijing Declaration and Platform for Action. The meeting was generally referred to as "Beijing Plus Five". This Special Session of the General Assembly

> "reaffirmed the importance of gender mainstreaming in all areas and at all levels and the complementarity between mainstreaming and special activities targeting women. Certain areas were identified as requiring focused attention. These included; education; social services and health; including sexual and reproductive health; the HIV/AIDS pandemic; violence against women and girls; the persistent and increasing burden of poverty on women; vulnerability of migrant women including exploitation and trafficking; natural disaster and environmental management; the development of strong, effective and accessible national machineries for the advancement of women; and the formulation of strategies to enable women and men

to reconcile and share equally work and family responsibilities."[5]

The most vital impetus for driving gender equality for the UN Development System came from the Millennium Declaration and the Millennium Development Goals (MDGs) agreed at the Millennium Summit held in New York in September 2000. Most countries were represented by heads of state and heads of government, and MDGs reflected the political commitment of world leaders at the highest level. MDG 1, Target 1.B referred to the productive and decent employment for the woman and youth for poverty eradication. MDG 2 Target 2.A stated universal access to primary education by all children including girl children, many of whom were deprived of basic educational opportunities. MDG 3 is directly related to gender equality and the improvement in the status of women. Target 3.A set gender equality in primary and secondary schools and aimed to remove gender disparity by 2015 at all educational levels. Moreover, member governments were asked to monitor the proportion of female workers in non-agriculture sectors and the proportion of female members of parliament. MDG 5 is related to reproductive health, where Target 5.A is to reduce maternal mortality ratio by three-quarters by 2015.

In the UN reform process initiated by Kofi Anan, then Secretary General of the UN, the UNDG developed concepts and processes of system-wide analysis and programming at country level under the overall leadership of UN Resident Coordinator who was in most cases the UNDP Resident Representative. Gender mainstreaming therefore had to be carried out within this framework. The UNDG developed the concept of Common Country Assessment (CCA) and United Nations Development Assistance Framework (UNDAF). CCA is the initial process of country programming for UN development agencies to analyze development problems. It is to be undertaken in cooperation with the host government, selected NGOs and universities/research institutions with analytical competence and local knowledge. CCA is expected to be an open process to diagnose major development problems and issues faced by the country and identify the programmatic areas where the UN country team would be able to support the government's efforts to overcome selected development hurdles.

In the CCA process, gender analysis is to be carried out with local gender specialists and a UN gender theme group consisting of staff members who are gender focal points and gender advisors with UN agencies at country level. Information is gathered in the form of both qualitative information and disaggregated data related to women and girls as well as men and boys. While analyzing the situation of the country in which they work, UN staff must also keep in mind the outcomes of UN conferences and declarations including Beijing Declaration and Platform for Action. The UN approach is human rights based and gender theme groups examine for violations of women's rights and girls' rights. The latest version of the UNDG guideline stated:

> "The CCA process is to result in a strategic analysis that identifies the root causes and gender-differentiated and group specific impact of poverty along with other development challenges."[6]

United Nations Development Assistance Framework (UNDAF) is the business plan of UN country teams and guides the formulation of country programmes of various UN agencies. This framework is put together in consultation with the host government as the country prepares its new medium-term (e.g. five-year) development plan. Furthermore, if the country is preparing a Poverty Reduction Strategy Paper (PRSP) with the World Bank and International Monetary Fund (IMF), the UN country team joins the preparation process and contributes to the situation analysis and strategy formulation. The World Bank and the Ministry of Finance take into consideration gender issues during this process, but their perspective is influenced by their concerns regarding economic growth and stability and employment generation. Oftentimes, the human rights perspective related to gender is missing in PRSP. The focus tends to lie on women's employment and economic contributions to formal economic sectors including industries, agriculture and services.

The UNDAF is seen by the UNDG Task Team on Gender Equality as follows:

> "The UNDAF is to result in a strategic framework that integrates gender equality and is embedded in a human rights-based approach to programming, with outcomes explicitly articulated regarding the realization of human rights and gender equality"[7]

The UNDAFs formulated in developing countries reflected the efforts of both the government and UN country teams for the achievement of the MDGs. UN technical and operational support contributed significantly to the advancement in gender equity in primary education in many developing countries. Though there still exists great disparity in Africa south of Sahara and South Asia, the rest of the world has made steady progress in gender equality in education at all levels -- primary, secondary and tertiary.

MDGs articulated clear goals and targets which enabled the governments and UN country teams to monitor the progress of MDG implementation. The UN and the governments of developing countries in cooperation with UN country teams produced periodic global and country MDG Reports to inform the public and international community of the progress they are making in achieving the MDGs. For the preparation of these reports, UNDG encouraged UN country teams to "use authoritative data, disaggregated, whenever possible, by gender, age and specific vulnerabilities --"[8]

UN country teams are also expected to work closely with government and the World Bank in the formulation and implementation of Poverty Reduction Strategy Papers (PRSP). PRSPs are closely linked to the MDGs and provides 'the "national roadmap" for reaching long-term MDG targets through short/medium-term policy reforms and budget restructuring'[9]

UN Gender Theme Groups (GTGs) at country level are to contribute to the PRSP processes by advocating gender equality and empowerment of women and by providing analyses and technical support from gender perspectives. They also assist governments in improving the availability and reliability of disaggregated data related to gender, broken down by region and social stratification. GTGs also closely monitor the implementation of PRSPs from gender perspectives and ensure government compliance with commitments made at Beijing, "Beijing Plus Five", the Millennium Summit and other UN supported international conferences related to gender and human rights.

The UNDG's planning and programming process was largely built based on the approach UNICEF developed earlier as the organization's standard country programming process. The first UNICEF prototype was developed in Bangladesh with technical support from the Planning and Evaluation Office of UNICEF HQ in New York and the Planning Section of UNICEF Regional Office in Bangkok. They provided a prototype theoretical model which UNICEF Bangladesh adopted with consideration for the realities unique to Bangladesh. This new programming approach at country level was the first clearly systematized and participatory country programming process at UNICEF. With a resulting UNICEF input of US$120 million over a 5-year period, it was one of the largest UNICEF country programmes in the world at that time.

The UNDG provided leadership in developing new common programme policies and processes to support collaborative and joint works among UN development agencies at country level. In most cases UNICEF Representatives at country level managed to develop a very good working relationship with the UN Resident Coordinator who was also the UNDP Resident Representative. Their experience in developing a systematic and participatory process of programme planning and implementation began to breed a new organizational culture in the UN development system. The agenda of UN reform given by the Secretary General was very much consistent with UN's basic democratic and human rights values.

4 Emergence of UN Women

It was no secret that the UN organizational setup for the promotion of gender equality was very much fragmented and the human and financial resources dispersed. There was the multiplicity of UN entities concerned with gender in both normative and operational areas. In the UNDG, UNIFEM was a lead agency with some limited funds to support selected projects globally, but their field presence was mostly at regional level and not country level where real actions took place. In comparison with UNICEF, which could mobilize a large amount of resources for child survival and development, UNIFEM could mobilize only a relatively small amount of funds for the empowerment of women with a very limited number of staff. The Executive Director of UNIFEM was not given equal status and power to the level of Under Secretary General which other UN development agency heads enjoyed.

It was Stephen Lewis, Special Envoy for HIV/AIDS in Africa and before UNICEF Deputy Executive Director for External Relations, who made a fervent call for a new UN agency for women which could promote gender equality and women's empowerment throughout the world. Discussion on the creation of a new UN women's organization started around 2006. "In 2006 the Secretary General's High-Level Panel on UN System-wide Coherence called for a dynamic new gender entity led by an Under-Secretary General"[10]

The new organization, UN Women, was finally created in July 2010 by the General Assembly of the UN. A prominent female figure and previous President of Chile, Michelle Bachelet, became its first Executive Director. UN Women absorbed other organizations like UNIFEM, the International Research and Training Institute for the Advancement of Women (INSTRAW) and Office of Senior Adviser on Gender Issues and the Advancement of Women (OSAGI) and had higher profile and increased resources. UNFPA, UNDP and other funds and programmes are to work together closely under the overall leadership of UN Women.

UN Women was created in 2010 as a part of the UN reform process. Reaching consensus as to the shape of new organization, however, was not without its obstacles. Many staff members working in various UN entities related to gender equality were understandably concerned about the future of their organizations and the implications of a possible merger on their future careers.

The final outcome of the reform was the merger of UNIFEM, the Division of Advancement of Women, OSAGI in DESA and INSTRAW. Rather than divesting the UNDP, UNFPA, and UNICEF of their gender mandates, UN Women strengthened their authority and competence for more effective coordination and leadership. The appointment of Michelle Bachelet, President of Chile, to inaugural Executive Director of UN Women was advantageous to UN Women. Her status commanded respect from both member governments and other UN organizations and enabled her to mobilize additional resources.

Judging from the Annual Reports and technical reports and papers produced by UN Women for the UNDG, the UN and wider global audiences, UN Women has been steadily developing its capacity and furthering the cause of gender equality and the empowerment of women. UN Women led the movement to establish a global standard for mainstreaming gender. It supported developing countries with its technical and legal knowledge to improve and reform their development plans, policies, laws, and national social development programmes. UN Women has carried on the UN's close collaboration with Non-Governmental Organizations (NGOs), human rights activists, journalists, legal experts and parliamentarians active in promoting gender equality around the world.

UN Women has also become a more active player equipped with enhanced authority and power to provide leadership to the whole of the UN System and the UNDG in particular. It has been working closely with the staff of other UN development organizations to develop agreed norms and standards and the operational guidelines for UN country teams.

UN Women has also been able to amass greater funds for their programme activities using their mechanism of "UN Women Fund for Gender Equality".

According to their Annual Report 2013-2014, they disbursed US$8.8 million to 69 programmes/projects in 2013. The Fund delivered a total of US$56.4 million for 96 programmes and projects in 72 countries since its inception in 2009.[11]

UN Women established five priority areas for their activities as follows:
- "Increasing women's leadership and participation,
- Ending violence against women,
- Engaging women in all aspects of peace and security processes,
- Enhancing women's economic empowerment, and

- Making gender equality central to national development planning and budgeting"[12]

At the 20th Anniversary of World Conference of Women in Beijing in 2015, UN Women and the UN Commission on the Status of Women took the reins in evaluating the progress made since 1995, and setting and driving the post-2015 agenda for gender equality and the empowerment of women. UN Women's obligation will be the mobilization of large financial resources to fulfill the expectations of those who advocated reform for gender mainstreaming throughout the world. UN Women needs to expand and fortify operational capabilities at country level to drive reforms of government including government policies and legal systems. Women must no longer be passive spectators, and rise to the challenge by initiating forceful political moves to increase consciousness, organizing themselves, participating more actively in national politics and raising their personal income to improve their family welfare. It is hoped that much will be accomplished in the next 15 years to raise gender issues in developing countries to the top of the political agenda.

5 Post-2015 Agenda: Sustainable Development and Gender

The Sustainable Development Summit was held in New York from 25 to 27 September 2015. The UN General Assembly formally adopted the new Post-2015 Agenda, Sustainable Development Goals.[13] The new agenda specifies 17 goals and 169 targets for the world community to achieve by year 2030. The agenda sets a vital framework for all UN development agencies to follow in the next 15 years.

The 17 new development goals cover a wide spectrum of global development issues and reflect the current and emerging problems the world faces. With environmental degradation pushing the poor further into a marginal existence and undermining sustainable development globally, Sustainable Development Goals (SDGs) put new emphasis on climate change, desertification, deforestation and land degradation. SDGs also reflect the growing concerns of the world community that the widening disparities among nations and within nations are exacerbating political and social tensions and impeding development. It is clear that the world community wants to make sure not to leave any weaker sections of society behind including children, girls and women.

SDGs provide an important framework for all UN development agencies, laying out a foundation in which agencies can work together in an environment that allows for holistic approaches in addressing issues of gender disparity and the empowerment of women. The goals include justice, human rights and development concerns. UN country programmes must deal with political, legal, socio-economic issues to eliminate gender disparity and promote the active participation of women in all spheres of human activity.

The formulation of SDGs was an open process conducted at global, regional and country levels involving government, civil society and international organizations. Over the course of almost two years, a natural sense of ownership of the new agenda had developed among the various organizations and levels. This was in contrast to MDGs which were formulated largely at global intergovernmental meetings and often drafted by UN agencies. In this process UN development agencies re-examined their mandates in light of the discussions held at the preparatory meetings and formulated their new programme approaches accordingly. This was made apparent in publications produced by various UN development agencies during the last 3 years.

Those who had been engaged in the implementation of gender-related programmes at country level pointed out one potential drawback of SDGs that deserved special attention of policy makers. SDGs contained numerous goals and targets which could lead to the loss of clarity and momentum -- particularly at the expense of maternal and child health. Eight selected goals and associated clear targets facilitated national and international resource mobilization for programmes, projects and activities towards the achievement of MDGs. Some practitioners in public health are concerned that the sheer breadth and number of SDGs will confuse priorities. This could lead to loss of interest or urgency by both donors and governments to invest sufficiently in maternal and child health.

Now, let us examine SDG 5: "Achieve gender equality and empower all women and girls".[14] Please note the use of "all" and "girls". This reflects the desire of the international community to make sure the benefits of global efforts reach even those in the most disadvantaged positions. We call special attention to girls, who are often exploited and neglected.

Under the category of gender equality, there are 9 targets. Target 5.1 is "End all forms of discrimination against all women and girls everywhere". Discrimination exists everywhere, not just in developing countries. The UN is expected to monitor progress of efforts to eliminate discrimination all over the world. Target 5.2 is "Eliminate all forms of violence against all women and girls in public and private spheres, including trafficking and sexual and other types of exploitation." In the past 10 years, violence towards women and girls has been a great concern of the world community. UN agencies like the UNFPA and UN Women supported governments and NGOs in helping women and girls facing violence in different forms. Some governments in Europe were especially keen to support UN agencies and NGOs in aiding victims of violence in conflict zones.

It is noteworthy that "all harmful practices, such as child, early and forced marriage and female genital mutilation" was incorporated in Target 5.3. The UNFPA and UNICEF have been advocating and providing support in the prevention of early marriage and elimination of female genital mutilation (FGM). Conservative voices in developing countries have been defending old customs, but here we clearly see a global consensus against these harmful practices. Another issue of contention with conservative and religious groups was "universal access to sexual and reproductive health and reproductive rights". Following MDGs, this has been clearly affirmed in Target 5.6.

In some African countries there have existed unfortunate stories of widows losing their assets upon their husbands' deaths. Relatives of the husbands descend on their homes to strip the widows of their property, in some cases even the homes in which they live. Widows with small children are left with little to live on, endangering their chances of survival. Target 5. A is designed to defend against situations like this: "Undertake reforms to give women equal rights to economic resources, as well as access to ownership and control over land and other forms of property, financial services, inheritance and natural resources in accordance with national laws." It is presumed that "in accordance with national laws" was inserted to counteract possible opposition from conservative governments.

Goal 10, "Reduce inequality within and among countries," is also closely related to gender equality. Target 10.2 states, "By 2030, progressively empower and promote the social, economic and political inclusion of all, irrespective of age, sex, disability, race, ethnicity, origin or economic or other status." These goals imply that UN country teams consisting of the staff members of UN development agencies need to get involved in facilitating desired social and political changes in close collaboration with the

Government, like-minded NGOs and mass media. This poses an immense challenge to the UN development system which must carry out social mobilization. Some conservative and reactionary groups in the country could put up strong opposition to UN activities. UN country teams might no longer be perceived as neutral development entities, but instead social and political activists interfering with the internal affairs of the country.

This calls for UN development agencies to build special skills to improve implementation of SDGs at country levels. Staff members at country level are required to develop both analytical skills and strategic planning skills to carry out sensitive tasks to promote gender equality and the reduction of inequality in different spheres of society. Country teams need to discuss the outcome of their political and social analyses and their strategic plans carefully and initiate movements with a unified vision and clear strategy. With many years of UN experience behind them, it is hoped UN development agencies will be successful in supporting governments and civil society in the achievement of SDGs by the year 2030.

〈Notes〉

1　Beatrice W. Dierks, "The UN Fourth World Conference on Women", *National Women's Studies Journal,* 2002, p. 85.
2　UN Document, "Report of the Economic and Social Council for 1997", A/52/3, dated 18 September 1997, p. 27.
3　John Hendra, Ingrid FitzGerald and Dan Seymour, " Towards A New Transformative Development Agenda: The Role of Men and Boys in Achieving Gender Equality", *Journal of International Affairs,* Fall/Winter 2013.
4　UN Document, A/52/3, *op.cit.,* p. 27.
5　UN Women "Five-year Review of the Implementation of the Beijin Declaration and Platform for Action (Beijin + 5) held in the General Assembly, 5-9 June 2000 ", accessed 7 January 2016, http://www.un.org/womenwatch/daw/foll wup/beijin + 5.htm, para. 38.

6 United Nations Development Group (UNDG) Task Team on Gender Equality, "Resource Book for Mainstreaming in UN Common Programming at Country Level", UNDG July 2014, p. 21.
7 *Ibid.* p. 22.
8 *Ibid.* p. 28.
9 UNDG, "Guidance Note on UN country engagement in PRSPs", New York, UNDG, 2003.
10 Bonnie Kettel, "Changing the Margin: gender equality and the UN reform process", *Third World Quarterly,* Vol. 28, No.5, p. 871.
11 UN Women, *Annual Report 2013 -2014*, New York, UN Women, p. 20.
12 *Ibid*, p.1.
13 UN Document, "Draft outcome document of the United Nations summit for the adoption of the post-2015 development agenda" A/69/L.85, 12 August 2015.
14 UN Document, "Sustainable Development Knowledge Platform", www.sustainabledevelopment.un.org seen on October 21, 2015.

〈Reference〉

Allison Adams-Alwine, "Gender Mainstreaming in the United Nations: A History, Resource Guide, and Agenda for the Future" (Master's thesis submitted to the Faculty of the Graduate School of Arts and Sciences of Georgetown University, May 1, 2009, Washington D.C.).

Sophie Bessis, "International Organizations and Gender: New Paradigms and Old Habits", in *Journal of Women in Culture and Society*, Vol.29, No.21, 2003.

Gambhir Bhatta, "Of Geese and Ganders: mainstreaming gender in the context of sustainable human development", *Journal of Gender Studies*, Vol. 10, No. 1, 2001, pp. 17-32.

R. W. Connell, "The Role of Men and Boys in Achieving Gender Equality", prepared for UN Expert Group Meeting, 21-24 October 2003, Brasilia, Brazil, EGM/Men-Boys-GE/2003/BP.1, 7 October 2003.

Elisabeth Jay Friedman, "Gendering the Agenda: The Impact of the Transnational Women's Rights Movement at the UN Conferences of 1990s", *Women's Studies International Forum*, July/August 2003, Vol.26, Issue 4, pp. 313-331.

UN Document, "Transforming Our World: the 2030 Agenda for Sustainable

Development" (Resolution Adopted by the General Assembly on 25 September 2015), UN document A/RES/70/1, 21 October 2015.

UN Document, "Executive Board of the United Nations Entity for Gender Equality and the Empowerment of Women, Report on the annual session of 2014", 17 to 19 July 2014, UN document UNW/2014/5, 18 July 2014.

UN Document, "Implementation of General Assembly resolution 67/226 on the quadrennial comprehensive policy review of operational activities for development of the United Nations system: Report of the Secretary-General", UN document A/69/63-E/2014/10, 6 February 2014.

UN Document, "Mainstreaming a gender perspective into all policies and programmes: Report of the Secretary-General", UN document E/2013/71, 9 May 2013.

United Nations, "The Road to Dignity by 2030: Ending Poverty, Transforming All Lives and Protecting the Planet", Synthesis Report of the Secretary-General on the Post-2015 Agenda, New York, December 2014.

United Nations Development Programme (UNDP), *Human Development Report: Gender and Human Development*, New York: Oxford University Press, 1995.

UNIFEM, *Resource Guide for Gender Theme Group*, (joint publication, DAW, UNDP, UNIFEM, UNFPA and UNICEF), January 2005.

UN Women, *Analytical Overview of Joint UN Gender Programme Portfolio: Final Report*, UN Women Evaluation Office, 2011.

UN Women, *Gender Equality Capacity Assessment Tools*, (Tool for assessment of capacity in promoting gender equality and the empowerment of women for the UN System and other partners), UN Women Training Center, 2014.

UN Women, *A Transformative Stand-Alone Goal on Achieving Gender Equality, Women's Rights and women's Empowerment: Imperatives and Key Components*", (In the Framework and Sustainable Development Goals), UN Women, June 2013.

UN Women and other UN organizations, *Joint Evaluation of Joint Programmes on Gender Equality in the United Nations System: Final Synthesis Report*, UN Women, 2013.

Women Watch, "UN Women: United Nations Entity for Gender Equality and the Empowerment of Women", *Directory of UN Resources on Gender and Women's Issues*, http://www.un.org/womenwatch/directory/un_women_10001.htm seen on March 11, 2016.

The World Bank, *World Development Report 2012: Gender Equality and Development,* Washington, DC: The World Bank, 2011.

IV

書　評

10　東大作著『平和構築における正統性構築の挑戦』

(Daisaku Higashi, *Challenges of Constructing Legitimacy in Peacebuilding*, Abingdo: Routledge, 2015, 197pp.)

篠　田　英　朗

　本書は、著者がブリティシュ・コロンビア大学（UCB）に提出した博士号取得論文を基礎にして作成されたものである。その研究が異色であったことは、冒頭の謝辞の数頁から明らかになる。学術界の研究者への言及はUCBの構成員にとどまり、数多くの国連高官と日本政府高官・政治家（数々の大使たちや国会議員ら）の名前が連なってあげられている。本書が、著者のUNAMA（国連アフガニスタン支援ミッション）や国連日本政府代表部での勤務と一体のものとして執筆されたことが強く示唆されている。特徴的なのは、本書が、研究者による実務家に対する調査の成果と、実務家の経験を基礎にした著作との間の中間的な存在であることだろう。

　著者が本書で探求する課題は、平和構築における正統性（Legitimacy）の重要性である。紛争後社会における平和構築において、正統性の問題が極めて重要になることは論を俟たない。正統性を持たない、あるいは正統性を作り出せない平和構築活動は、失敗を約束されている。そして著者が本書で何度か参照するように、マックス・ウェーバーの定義によれば、国家とは「正当な物理的暴力行使の独占」を要求する共同体のことである。とすれば、正統性のあるやり方で物理的暴力行使を独占できるかどうかが国家建設の試金石になり、国家の確立を通じて社会秩序を作り出そうとする平和構築の試

金石になる。この点は、DDR（武装解除・動員解除・社会復帰）やSSR（治安部門改革）といった概念が定着した過去十数年の平和構築と国家建設の結びつきの流れの中で、特に強調されるようになった。

ウェーバーの古典的な議論にしたがえば、支配の諸形態は、三つの主要な正統性の理念型によって整理される。伝統的支配、カリスマ支配、合法的支配である。近代国家が依拠するのは、合法的支配であり、これによって近代国家が必要とする強力な職業官僚制機構の成立も可能となる。したがって近代国家の樹立が自明の前提となっている現代の国家建設活動においては、合法的支配の要素を強めることによって正統性を高めることが既定路線となる。ただし、近代国家の合法的支配の基盤が伝統的支配の要素に比して欠落していたり、紛争後社会特有の政治情勢からカリスマ支配の要素が強かったりするといった事態は、現代でも頻繁にみられる状況だ。そうなると、個別的な環境要因との複合的な関係性の中で、正統性の問題を考えていく姿勢が求められることになる。

しかし著者が本書でとっているアプローチは、こうした理論面から分析する正統性の研究手法とは一線を画するものである。本書で著者が正統性の有無・濃淡の診断の根拠としているのは、当該社会において現地の人々が、ある平和構築活動を支持しているかどうか、という点である。そのためアフガニスタンと東ティモールにおける聞き取り調査の結果が、本書で随所に参照され、巻末付録でも25頁にわたって収録されている。ここで正統性の判断主体が住民とされていることと同時に、正統性の識別が、個別の政策あるいは具体的な機関に対応したレベルで設定されているわけである。つまり国家の樹立にあたって求められる正統性の位相を複数の観点から審査するというよりも、様々な機関が行っている様々な活動の正統性の度合いを、住民からの支持率という形で表現していくわけである。

こうした著者のアプローチの背景にある動機付けは、本書の冒頭で明らかになっている。著者が放送会社を辞して大学院に入ったのは、アメリカによるイラク戦争の直後であった。果たしてアメリカの主導による国家建設とし

ての平和構築は妥当なのかどうか、という問題関心が、本書の基底となっている。アメリカ主導の国家建設と、アメリカ以外の機関（＝ネオコンによって軽視された国連）主導の平和構築のどちらがより高い成功率を持つのかという問いがなされ、著者は一貫して後者の妥当性を論証しようとする。

　著者の議論によれば、正統な民主的政府の創設にあたって重要になるのは、四つの要素であるという。安全保障理事会決議によって定められた国連を中心とする国際機関の役割、当該国家における新しい政府の包括性（inclusiveness）、人々への資源配分の度合い、反抗的な政治集団を統御する強制力の度合い、である。しかし著者が本書を通じて警告するのは、四番目の要素、つまり強制力に過度に重きを置いた政策をとることである。著者が主張するのは、第三者としての国連の関与が平和構築に正統性をもたらすことである。そして反政府勢力も取り込んだ和解に向けた包括的な政治プロセスと、資源の社会構成員への広範な配分が正統性をもたらすことである。そしてそれらの正統性を高める要素が、平和構築を成功に導くことである。

　本書が、四章のうちの二章を割いて記述するのは、アフガニスタンの事例である。聞き取り調査の結果を織り交ぜながら、2001年以降のアフガニスタンの平和構築の展開が描写されていく。そこで主張されるのは、タリバンとの和解を目指す包括的なアプローチをとる国連の関与は、平和構築プロセスの正統性を高めるが、アメリカによる軍事力を重視した姿勢には正統性を高める要素が希薄だったということである。アフガニスタンの混乱は後者によってもたらされた。

　本書は、長い終章において、イラク、シエラレオネ、東ティモールの事例を総覧していく。イラクの事例では、アフガニスタンの場合と同じように、軍事力に重きを置くアメリカの占領統治政策が現地社会の支持を得られず行き詰まりを見せたが、国連の関与は人々に好感を持って迎えられ、政治プロセスの進展に寄与した。最近のイスラム国の台頭によって象徴される混乱は、マリキ政権が独断でシーア派優遇政策を断行したことによってもたらされたものだと分析される。そしてシエラレオネの事例ではナイジェリア主導

のECOWAS（西アフリカ諸国経済共同体）の平和維持軍が、東ティモールの事例ではオーストラリア主導のISF（国際安定化部隊）が、アフガニスタンやイラクにおけるアメリカ軍と同じで、軍事力偏重の平和構築のアプローチだったとされる。そしてむしろ国連による和解を目指した包括的なアプローチが、両国における平和構築を成功に導いたという総括がなされる。

　こうした本書の議論は一貫性のある極めて明快なものであり、その主張の方向性も多くの人が納得することのできる妥当なものだ。著者の活動に関与し支援した国連と日本政府は、優れた平和構築のアプローチを追求した正統性を付与する機関として描かれており、著者の主張は、実務経験とも整合性のあるものだと言うことができる。

　だがそのような本書の議論に対して、あえてさらなる検討の余地を見出すとすれば、以下のような諸点が大きな論点となりうるだろう。

　第一に、正統性が第三者たる国連によって有効にもたらされる事例があるのは確かとして、それは国連が常に正統性をもたらす機関であることを保証しない。本書がとりあげなかった国連が深く関与した平和構築の事例、たとえば南スーダンやコンゴ民主共和国の事例などを見れば、本書の明快な主張がそのまま維持できるかどうかは微妙になる。アメリカが戦争行為を通じて政権転覆を起こした特異な事例において、国連が第三者としての正統性を持っていると主張することは、必ずしも汎用性が高い議論であるとは言えない。国連は、1990年代前半に野心的な平和維持活動の失敗によって、ボスニア・ヘルツェゴビナやルワンダにおいてその権威を失墜させた。本書がとりあげた21世紀になってからの事例は、いずれも国連が軍事力を行使する平和維持活動に本格的な関与をしなかった事例である。負担が大きい軍事活動に関与しなかったゆえに国連には正統性を付与する第三者としての役割を担う余裕があったことを、国連の恒常的な優越性として主張してしまうのであれば、誰も介入することなく放置されているシリアのような事例を前にして、正統性の議論はほとんど意味を失う。

　第二に、アメリカの政策によって悪化してしまったことは紛れもない事実

だとしても、現代世界において「対テロ戦争」が進行中であることは、一つの客観的な環境要因として認めざるを得ない点であろうと思われる。たとえばアフガニスタンでは、もはやタリバンだけではなく、イスラム国も活動を始めている。どこまでも果てしなく包括性を求める政策をとってテロリストにも対処していくという姿勢は、現実に採用できる選択肢ではなく、何と言っても相手方に包括される意図が全くない場合には効果を持たない。どれだけ包括性を唱えても、どこかで線を引く作業は不可避であろう。アメリカのブッシュ政権よりは包括的なアプローチをとったほうが良い、という観察を行うことは、必ずしも将来の異なる事例における具体的な政策判断の場面で役立つ指針であるとは限らない。

　第三に、正統性の問題は、果たして住民による個々の政策への支持率という形で理解すべきものだろうか。あるいは支持率を論じるのであれば、あえて正統性という概念を用いる必要があっただろうか。本来は、正統性の問題は、より原則的な論証によって成立すべきものである。手続き的な正統性を持っていても住民の支持が十分ではない場合もあるだろうし、住民の支持があっても正統性では疑問が残る政策も多々ありうる。長期的な平和構築の命運を決するものとして正統性の概念を参照するのであれば、個々の政策の支持率のレベルではなく、プロセスそれ自体、あるいは政府それ自体が、たとえば合法的な権威を強く持っているかを検証する態度も必要だろう。

　これらの論点を喚起するとして、本書が平和構築と正統性のかかわりをめぐる議論に与える貢献は大きいことに違いはない。本書は全体を通じて平易な英文で記述されており、大変に通読しやすい。多くの読者が関心を持って読むことができる書であろう。

11 ジョセフ・セバレンジ、ラウラ・アン・ムラネ著（米川正子訳）『ルワンダ・ジェノサイド生存者の証言—憎しみから赦しと和解へ—』

（立教大学出版会、2015年、311頁）

二村まどか

　本書は、1994年に起こったルワンダにおけるジェノサイドの「生存者」による自叙伝である。3か月の間に80万人ものツチならびに穏健派のフツが殺されたこの出来事を考察・分析した書物は、これまでにも多数出版されている。しかし、訳者の米川正子も強調するように、ジェノサイド前後のルワンダ社会ならびに政府内部について、ルワンダ人によって詳細に記述されたものは決して多くない。ルワンダ人、特にツチの立場から1994年のジェノサイド、そしてそこに至るまでの歴史と徐々に起こった社会的変化を考察した本書は、ルワンダ社会、政府、そしてジェノサイドのメカニズムを理解するために重要な視点を提供してくれるものである。

　著者であるジョセフ・セバレンジは1963年生まれのツチ族系のルワンダ人である。1970年代に起こったハビャリマナ政権下におけるツチ排斥運動を家族と共に経験した後、父親の勧めにより、隣国コンゴ民主共和国で小学校から大学までの教育を受ける。その後帰国するも、再度の民族間緊張のため、ブルンジへ亡命する。その後ルワンダへ帰国するが、1994年のジェノサイド勃発直前に再びカナダへ脱出する。彼自身は、ジェノサイド時にルワンダにいたわけではないが、家族、親戚の多数を大量虐殺によって失う。翌年には、「生き残った者の責任」としてルワンダへ戻り、その後若くしてル

ワンダ議会議長に選出される。そこで著者は、ジェノサイドの再発を防ぎ、長年の民族間の対立を解消すべく、ルワンダの民主化、特に政府から自立した公平な議会の設立を目指すが、「独裁的な」政策を推し進めるカガメ大統領の怒りを買い、暗殺の危険に直面する。そして、三度亡命を余儀なくされることとなるのである。

　本書は、いわゆる学術研究書ではない。しかし、ツチ系ルワンダ人として幾度もの亡命を経験し、ジェノサイド後のルワンダにおいて国家再建に直接関わった著者による、1994年ジェノサイドに至るまでの歴史的、政治的、社会的動きならびに、ジェノサイド後の民主化プロセスに対する考察は、紛争分析、平和構築ならびに移行期正義研究に非常に重要な示唆を与えるものである。以下、これらの学問的観点から、本書を通して著者が発するメッセージを考察する。

　1点目として重要なのは、ジェノサイドに対する著者の考察である。1994年のジェノサイドをめぐっては、当初、特に海外メディアを中心に「フツとツチの長年の民族紛争」を原因とする論調が主流であった。これを著者は「全くの作り話」と排し、「二民族間の憎しみは植民地時代に始まったが、ジェノサイドのちょうど30年前の1959年〔ママ〕まで、迫害行為は起こったことがない」（86頁）と述べている。第1章では、元々良好だったツチとフツの関係を、ベルギーの植民地開拓者たちがいかにして壊し、民族分裂を強要したかについて述べられている。植民地時代に生まれた民族を基盤とする差別制度は、独立後ルワンダ政府によっても採用されていく。結果として、ルワンダ社会に、政治、教育面における民族間差別とそれに伴うわだかまりと憎しみが根付いていくことになる。ここに、ルワンダにおける民族間対立の複雑さと根深さがある。著者が指摘するように、歴代の政府は自分たちの権力争いのため、また国民の不満のはけ口として、民族間対立を政治的に利用してきた側面がある。しかし、政治的要因の背景に、過去の対立を基に歴史的に培われてきた民族間の憎しみや猜疑心が存在するものもまた事実である。その原因であり結果でもあるのが、過去50年にわたる民族間の

「周期的暴力」である。ここでは、著者が「分裂社会の『勝利』のパラドックス」(112頁) と評する、勝者が敗者を虐げる現象が起こるのである。そして、1994年ジェノサイド後に勝利を収めたツチは、自分たちが何十年も経験してきた迫害の仕打ちを、フツに加えることになる。本書に描かれている様々なエピソードは、ルワンダ社会の民族対立が、歴史的そして政治的要因が複雑に絡み合って形成されてきたものであることを突きつけてくる。将来ジェノサイドの火種となりかねないこのような民族対立が、現カガメ政権下でも是正されていないことを、著者は強く懸念している。

　2点目として、本書はルワンダという「傷ついた魂の国」(263頁) をどうすれば癒すことができるかについての、著者の自問自答、試行錯誤のプロセスを記した書でもある。これは最終章「その後——赦しと和解に向けて」において詳細に語られている。多くの人たちの手が血で染まった大規模暴力に続く正義とはどのようなものか。著者が至った結論は「前進できるために、お互いを赦しあう方法」(103頁) を見出し、そこから和解を模索することであった。ここで著者が強調する点は3つある。1つ目は、刑罰による「応報的正義」ではなく、大規模な暴力によって引き裂かれた社会機構を再びつなぎ合わせることを目標に掲げた「修復的正義」の追求である。この点で著者は、ルワンダ政府主導で進められたガチャチャ法廷に対して、期待されたほど修復的ではなく、和解よりも刑罰を重視するものになったと、否定的である。2つ目は、「共同体の謝罪と赦し」である。コミュニティー主導の迫害は、犠牲になったコミュニティー内に集団的不満を生み、それは次世代へと受け継がれる。何十年も存続しうるそのような不満は、あるきっかけで爆発しかねない。そこで必要なのは、共同体の謝罪と赦し、真実追求を通した共通の歴史認識、そしてそれを子どもたちに教える平和教育だと、著者は主張する。3つ目は、個人レベルでの赦しである。著者がこの点を、コミュニティーレベルの試みと区別して考えているのは興味深い。ここには、現ルワンダ政権に対する著者の失望と同時に、ジェノサイドを通して目の当たりにした人間の本質に対する洞察があろう。著者曰く、「赦しとは、平等になり、

自分を攻撃した者に対する敵意を心に抱く人間の性質を抑えること」(287頁)である。フツ、ツチ共に被害者であり加害者であるという現実を前に、赦しや和解が単に道義的要請ではなく、現実的でプラグマティックな政策だということを、著者は繰り返し訴える。

　3点目として、民族間の和解と平和的共存に必要なものとして著者が強調するのは、民主主義の建設である。しかし著者は、ルワンダにおける暴力抗争の主な原因は、「民主主義の欠陥」にあるとも断言している。ルワンダの抱える問題は、民族を軸に社会が分裂していることのみならず、その民族の比率が非常に偏っていること（フツ8割、ツチ2割以下）である。このような状況では、選挙の結果も自ずと偏ることになる。「西洋の民主国家で知られている多数決原理…は、ルワンダではふさわしくない」(279頁)。著者は、現在のルワンダに必要なのは、「少数派も多数派も権力を分担できるコンセンサスに基づく民主主義」(187頁)だと主張する。西洋的民主主義は、「すべての国民を平等に扱う指導者と、選出された指導者に能力と優良さを要求する国民がそろえば」(281頁)進めることができ、そのためにはまず、人々の平等を保障する法の支配の確立と平和教育が必要なのである。前者は著者がまさにルワンダ議会議長として取り組み、挫折したものである。そして後者について著者は、現在国際社会が行っている紛争後の復興支援において、教育分野における投資がほとんどなされていないことを奇妙だと指摘している。

　それでは、4点目として、紛争後の社会における国家再建や和解に対して、国際社会は何をすべきであろうか。紛争後の社会には、和解に必要な資金、専門知識、そして治安が欠如している。著者は、和解プロセスは各国が独自で行うべきでなく、国際社会がいつでも手助けすべきと主張する。しかし、本書を通して伝わってくるのは、著者の国際社会に対する失望である。1994年ジェノサイドにおいては、予兆や警告があったにも関わらず、大国ならびに国連は、「戦略的重要性のない」ルワンダ情勢に応えなかった。著者は、アメリカによる「軍事的圧力」だけでも殺戮を止めることができた

と、国際社会の指導者の政治的意思の不在を嘆く。そしてジェノサイド後、「国際社会が、ルワンダの比較的な安定性や社会経済的回復に目をくらまされ」（285頁）、カガメ大統領の下で拡大する独裁政権を黙認していることに失望を隠さない。著者は、現在のルワンダの秩序が「過激資本主義経済と多党制の共産主義的な民主主義」の上に成り立っており、「永久的な秩序、治安、経済開発の基盤である、平和と和解には移行されていない」（258-259頁）と警告する。ルワンダを含むほとんどの発展途上国は、国際社会、特に大国の圧力に非常に敏感であり、「国際社会が悪意のある行為を容認しないとわかると、多くの国々は事態の成り行きを変える」（285頁）。だからこそ国際社会は、ジェノサイド前のルワンダに圧力をかけるべきであったし、ジェノサイド後はカガメ大統領に対して、強い民主主義を築き、真の和解と対話に従事するよう働きかけるべきだと、著者は訴えるのである。

　本書は、既存の学術的議論を念頭に置いて書かれたものではない。しかし、上記4つの主張はそれぞれ、ジェノサイドにおけるアイデンティティ政治の役割、移行期正義における修復的正義の機能、リベラル平和構築論、平和構築におけるオーナーシップをめぐる学術的議論と深く関わるものである。より重要なのは、このような主張が、ジェノサイドの生存者からなされていることである。本書は、紛争後の平和構築が直面する問題の複雑さと現地社会の葛藤を、リアリティをもって伝える重要な書である。

12 東壽太郎・松田幹夫編著『国際社会における法と裁判』

(国際書院、2014年、324頁)

石 塚 智 佐

　国際社会では現在、国際平和を脅かす内戦や国際テロ、また、長年解決されることなく争われている領土や海洋境界の問題などが日々のニュースとして取り上げられ、社会全般の重大な関心事となっている。そのような中で、こうした紛争をどのように解決するべきなのか、そして、どのようにして国際平和を達成することができるのか、という問いが広く投げかけられており、解決されない紛争を見るにつれ、国際社会における法の役割について疑問が呈されることもある。しかし、同時に、国連の主要な司法機関である国際司法裁判所（ICJ）は常時10件以上の係属事件を抱え、また、他にも様々な司法機関・準司法機関が設立され、国際裁判の多元化・多様化とも指摘されているのが現状でもある。さらに、日本が初めてICJの訴訟当事者となった南極海捕鯨事件において2014年3月に判決が下され敗訴したこと、また、長引く周辺諸国との領土問題をどのような方法で解決すべきかが論じられていることなどもあり、日本でも広く一般に国際裁判の重要性が認識されるようになった。

　このような状況下で、本書は、約半世紀にわたってICJを中心とした国際裁判の共同研究に従事し、『国際司法裁判所　判決と意見』(国際書院、全3巻：第4巻近刊予定) をはじめ数々の共作を出版してきた「国際判例研究会」の9人のメンバーが、長年の研究成果を基に国際裁判について「分かり易く説明した一書」(「はじめに」(廣部和也) 19頁) である。

以下、本書の内容を所感と共に順に紹介していくこととする。

第1章「国際社会における法の役割」(横田洋三)では、国際法の歴史的発展を述べた上で、主に国家間関係を規律する法である国際法が、各国の国内法とどのような関係にあるのかを説明している。さらに、近代以降の日本の発展において国際法がどのように影響を及ぼしてきたのかを論じている。国際裁判の基準となる国際法の概要をわかりやすく記述しており、本書の導入にふさわしい論文と言えよう。

第2章「国際紛争の平和的解決と裁判」(篠原梓)では、まず、国際紛争の概念、特に法律的紛争と非法律的紛争の違いについて言及し、国際紛争の平和的解決義務やその方法を様々な具体例を挙げながら詳細に説明することで国際裁判の特色を論じている。続いて、「裁判」と言えば「国内裁判」を思い描く一般読者が多いことを念頭に、それと対比して、国際裁判の特殊性を説明する。本章は法律的紛争の意義や外交的保護制度など、国際法学が伝統的に扱ってきた国際紛争処理の論点を取り上げつつ、新しい事例も盛り込んでいる。

第3章「国際裁判の歴史的展開」(東壽太郎)では、中世の仲裁裁判以降の国際裁判の歴史的展開について、常設国際司法裁判所(PCIJ)とその後継であるICJを中心に述べている。特にICJは国連の主要機関の1つであることから、ICJと他の国際機構の関係について詳細に論じている。また、国際裁判の多元化・多様化と指摘されるように、現在多くの国際裁判所が存在するが、これらを俯瞰的に説明している。ただし、本章を通じ国際法初学者が国際裁判の歴史全体を把握しようとする際には次の点に留意する必要がある。第一に、地域的な人権裁判所として欧州・米州以外にもアフリカ人権裁判所が設立され、また刑事裁判に関しては東ティモールやカンボジアなどの混合法廷も存在するなど、本章で扱いきれていない裁判所も多く存在する。第二に、本章の最後で世界貿易機関(WTO)の紛争解決手続を取り上げているが、WTOの紛争処理は従来のどの紛争解決手続とも比較しえない独自の特徴を有することから、国際裁判というよりも準司法的手続として括られる

ことが多い。また、著者はPCIJの訴訟当事者となったヨーロッパ以外の国としてブラジルのみを記載しているが（95頁）、実際には同国以外にも中国が、ベルギーとの間の訴訟で当事者となっている点を補足しておく。

第4章「日本と国際裁判」（松田幹夫）では、日本が当事者となった4つの事件、すなわちマリア・ルース号事件、家屋税事件、ミナミマグロ事件及び出版直前に判決が下された南極海捕鯨事件を詳細に紹介しており、日本が歴史的に欧米諸国とどのような関わりを持ちながら国際法に向き合ってきたのかがよくわかる。なお、日本が当事者となった事件としては上記4件の他、国際海洋法裁判所（ITLOS）に2007年にロシアを相手取り日本が付託した第88豊進丸事件、第53富丸事件もある。また、前章でWTOの紛争解決手続も国際裁判の一種として紹介していることを考えると、酒税事件など日本がWTOで当事者となったことについても触れられれば、読者の学習効果向上及び書物全体の体系性に役立ったかもしれない。

第5章「国際司法裁判所の機能と組織」（山村恒雄）では、国際裁判に特有のいくつかの制度、特に国際紛争の拡大防止のための策である仮保全措置、及び、判決が履行されるために当事国の意向が反映される訴訟制度として盛り込まれた裁判官の選任手続や職務、特別裁判部について説明している。ICJの訴訟手続全般、なかでもICJの大きな特徴である裁判管轄権の問題は第6章で扱うため、本書を最初から順に読み進めると訴訟手続の概要を知る前に本章の仮保全措置段階での管轄権や当事者の欠席の問題について向き合うことになり、初学者には理解が難しいのではないだろうか。第5章と第6章の順を逆にするか、第6章でも仮保全措置について触れているため、第5章の内容を裁判官や特別裁判部といったICJの構成のみに限定した方が読者にとって親切であったかもしれない。なお、漁業管轄権事件以降、仮保全措置指示の要件として「一応の管轄権」の有無が判断されているため、仮保全措置指示後に管轄権が否認された事件はないと本章で述べられているが（150頁）、人種差別撤廃条約事件では2008年の仮保全段階で一応の管轄権が認められたものの2011年の先決的抗弁段階で管轄権が否認されている。

第6章「国際司法裁判所における手続き」(秋月弘子)では、ICJの2つの任務、つまり判決と勧告的意見に分けてそれぞれの手続について図を用いながらわかりやすく紹介している。前者は特に裁判所の管轄権、事件の付託から判決、仮保全措置や先決的抗弁などの付随手続、判決の履行確保など、ICJの特徴について端的に述べているため、第2章同様、国内裁判とは異なる特徴を有する国際裁判の手続を知る上でとても役立つ章である。なお、本書出版後の動向として、ICJ管轄権の受諾形式の1つである選択条項受諾宣言に関しては、日本が捕鯨事件判決後の2015年10月に海洋生物資源の調査等に関する国際紛争をICJ管轄権から除外する留保を追加したことを補足しておく。

第7章「国際裁判で争われた領土および海洋境界をめぐる事件の概要」(森喜憲・一之瀬高博)では、日本にとって特に重要な国際問題である領土及び海洋境界をめぐる問題に関する国際裁判の先例を紹介している(前者は森、後者は一之瀬が執筆)。まず、領土問題に関しては、関連国際法原則に触れた上で主要な4つの判決を紹介している。それらを踏まえた上で、日本が抱える北方領土、竹島及び尖閣諸島の国際法上の問題を分析している。続いて、海洋境界に関しては、まず予備知識として海洋法秩序について整理し、海洋境界に関する主要な国際判例として6件について図を用いながら詳細に分析し、最後に、日本の近隣諸国との海洋境界の現状や大陸棚限界画定について説明している。本章は読者の関心の最も高い部分であると予想してか、他の章と比べて分量も多く、内容的にも読みごたえのあるものとなっている。ただし、海洋境界についても、詳細な判例分析を踏まえて、日本の海洋境界の問題への示唆も論じられているとなおよい。もっとも日本が現在直面しているのは境界問題の前提である領土の帰属問題であることに鑑みれば、仕方ないのかもしれない。

巻末に、資料として歴代裁判官一覧表及び付託事件一覧表が付されている。付託形態も盛り込まれているなど充実した資料となっており、これも同研究会の活動における長年の研究蓄積の成果であろう。

以上、共著者が出版してきた『国際司法裁判所　判決と意見』と同様に、本書は国際裁判について興味をもった学部生や国際法を専門としない者等を読者として想定していると思われる。しかし、長年の研究成果が盛り込まれた研究書としての側面も有しているため、当人たちにとって「分かり易く説明」したつもりでも、初学者がいきなり本書を読むのは骨が折れるだろう。国際法の基礎知識がない者が読む場合にはよほどの覚悟をもって読み始めなければならない。たとえば、ITLOS の制度に関する説明がほとんどない中で第4章のミナミマグロ事件は理解が難しいだろう。そもそも第7章で海洋法秩序について言及しているので、順に読めば第4章時点で読者はそれらの知識がないまま臨むことになる。したがって、本書を読むには、国際法の教科書を一通り読んだうえで臨むか、教科書と照らし合わせながら読み進めることを薦める。

　また、大勢の共著者が存在する場合に仕方のないことではあるが、表記等が一貫しておらず、内容の濃淡にも差があり、仮保全措置や判決の執行など内容に重複部分もあるため、これが読者に読みづらい印象を与えることもあるだろう。したがって、連続した一冊の本というよりも論文集のように捉えた方がよい。本書「はじめに」でも、最初から読み通すことを期待しているのではなく、興味の持てる箇所から読み始めることを薦めているが、評者が思うに、国際法を専門としない者は、第1章、第6章を最初に読み、続いて他の章を興味のある部分から読み進めるとよいかと思われる。

　現在の国際社会には様々な裁判所があり、それぞれの付託件数も増加している中で、国際裁判の仕組みを一冊でまとめることは容易ではない。「おわりに」（廣部和也、273頁）に書かれているように、本書を読むことで「国際裁判の全貌」を理解することができるかどうかは読者の力量にかかっている。だが、国際関係論などを学び国際法の役割について考えてみようという者に対して「国際裁判の一端なりともに関心」を持たせることには十分成功していると評価できる。

V

日本国際連合学会から

1　国連システム学術評議会（ACUNS）2015年度年次研究大会に参加して

長谷川祐弘、東大作、石塚勝美、
瀬岡直、キハラハント愛

　国連システム学術評議会（ACUNS）の第28回目の年次研究大会が、2015年6月11日の午後より13日まで、オランダのハーグにあるグローバル正義ハーグ研究所（The Hague Institute for Global Justice）と国際社会学研究所（The International Institute of Social Studies）で開催された。

　前日の10日と11日に開かれた執行委員会と理事会では、今年で任期が終了するアビ・ウイリアムズ（Abi Williams）理事長の後任にオーストラリア国立大学のロレイン・エリオット（Lorraine Elliott）博士が就任し、3年の任期が切れる長谷川理事を含めた4人の理事の後任にメアリー・ファエル（Mary Farrell）女史, スティファン・ブラウン（Stephen Browne）氏, ユンノック・チャン（Eunsook Chung）女史、そしてクリスチャン・コルテ（Cristián Gimenez Corte）氏が選出された。新しく理事長になったエリオット女史はアジアでの国連学会の成長を期待しており、日中韓の国連学会と緊密に協力していきたいと述べていた。そして、中国代表団からの招待に応じて、2015年10月に上海で開かれる日中韓の東アジア国連システムセミナーに、可能であれば参加したいと述べていた。

　執行委員会にとっての最大の関心は、3年後にこの学術研究機関を運営して行く新たな事務局を見つけ出すことであった。来年（2016年）の初頭には候補機関を正式に審査し、いずれの機関にするかを決定することになっている。また、理事会では来年度の年次研究大会を6月16日より18日までニューヨークのフォーダム大学（Fordham University）で行うことを承認するとともに、再来年（2017年）には韓国で行う可能性が検討された。

今年、2015年度のテーマは「設立70周年を迎えた国連―安全と正義を保っていくには」(The UN at 70 – Guaranteeing Security and Justice) と題して、4回の全体会議そして33の分科会で多くの課題を広範囲に深く討議した。特に注目されたのは、初日のオープニング・セッションでの国際刑事裁判所（International Criminal Court、以下 ICC）検察官、ファトウ・ベンソーダ（Fatou Bensouda）女史による講演と ACUNS 理事長のアビ・ウイリアムズ（Abi Williams）理事長のジョン・ホームズ（John Holmes）記念講演だった。

　ベンソーダ検察官は、不処罰の文化（culture of impunity）をなくすため、そして国家指導者個人のアカウンタビリティ（accountability）を追及する目的で、1998年7月17日に採択されたローマ規程に基づき、ICC が2003年3月11日にオランダのハーグに設置されて以降扱ってきた事例に触れ、国際刑事裁判所と国連安全保障理事会（以下、安保理）の協力の必要性を説いた。ウイリアムズ理事長は安全と正義（security and justice）が共存関係にあり、正義とは狭義の意味ではなく、国家社会そして国際社会全体がその住民にとって公正であり、公平な機会が与えられることを意味していると説いた。そして、三つの分野で国連は貢献してきていると述べた。第一には国連が平和を達成する最後の手段として作動していること。第二に、マリ共和国でみられるように、国連は多次元の平和活動を展開して成果を生んでいること。そして、第三には、国連は新たな規範を産み出し、それを実現するために新たな機関や組織をつくり出していることである。人間の安全保障、保護する責任、平和構築委員会、人権理事会などがその例である。それと同時に、国内そして国際社会での不平等や多くの国々や地域での絶えない紛争が示すように、国連には成し遂げることがまだ残っている。ウイリアムズ氏は安保理と人権理事会のより効果的な協力、国際司法裁判所の判定にすべての国々が従うこと、安保理と ICC のより一層の協力があるべきことを掲げた。そして、国際機関とそのメンバーである国々がより説明責任と透明性（accountability and transparency）を果たし、国連は世界を反映した組

織として改革されることが必要であると説いた。

　第1回目の本会議では、国際正義（international justice）を育成していくに当たって国際機関の役割が変遷してきたが、その機能をどのようにして強化するべきかが討論された。レバノン政府からハリーリ元レバノン首相暗殺事件に関し真実解明の要請を受け、安保理がレバノン特別法廷の設置を決定したが、国際法廷がテロ行為を扱う初めてのケースで、被告人不在のまま裁判を行うこと（trials in absentia）が認められたケースとして注目された。そして、これまで設立された国際法廷とは異なり、裁判部、検察局及び書記局に加え、4つ目の独立の機関として弁護局（defense office）が設置された。主任判事として務めたサー・ウィリアム・「ダビデ」・バラグワナス（William Baragwanath）氏が、検察側と弁護団の両者の対等な能力（equality of arms）であることの重要性を説いていたのが印象的であった。

　第2回目の本会議では、「平和」と「正義」すなわち「政治」と「法律」とのバランスをどのように維持するかという課題を取り扱った。このセッションでは、本学会の東大作東京大学准教授が、平和構築における包摂的（inclusive）な政治プロセスの重要性を強調した。その上で、旧敵も含め幅広く政治プロセスに取り込む必要性と、戦時下の戦争犯罪を裁く必要性との間の緊張関係について問題提起した。またハーグ研究所のサーシュ・ジェワルデーン（Sash Jyawadane）女史が個人の責任を問う必要性を指摘した。化学兵器禁止機構のピーター・サルザック（Peter Sawczak）氏は、より効果的な情報の公開が化学兵器の減少と公平さをもたらすと述べた。元国連大学副学長で現在オーストラリア国立大学のラメーシュ・タクール（Ramesh Thakur）氏は、東氏の問題提起に対して、包摂的な政治プロセスによって平和が達成された後、十数年後に司法的正義を実施することは可能だとし、特に南アメリカの例から学ぶことが多いと指摘した。

　第3回目の会議では「国連とグローバル・ガバナンスの将来」（The Future of Global Governance and the UN: Ensuring Security and Justice）では、平和と正義がどのようして成就されるかについて討議が行われた。たと

えば、中国の国連協会の劉致賢（Zhixian Liu）氏は、安全保障・開発・人権の3本柱の観点から、国連がグローバル・ガバナンスに大きく貢献していることを強調した。また、ニコ・シュライヴェー（Nico Schrijver）氏は、自由権規約および社会権規約の現状を概観したうえで、様々な人権条約を統一する「世界人権裁判所」（World Court of Human Rights）の創立可能性に言及した。また、スティーブン・ヴォン・ホーグストラッテン（Steven van Hoogstraten）氏は、国際社会における法の支配を強化していくために、紛争の平和的解決制度としての仲介の積極的な利用、安保理における常任理事国の拒否権の制限、および国際司法裁判所における選択条項受諾宣言のより広範な受諾を訴えた。

　また、その後のスペシャル・ランチ・パネルにおいては、元国連事務総長ダグ・ハマーショルドの功績が、彼の個人的な影響力と政治的な影響力の両側面から再評価された。たとえば、スーザン・ウィリアムス（Susan Williams）女史は、ハマーショルドが殉死したコンゴ危機に焦点を当てた報告を行った。また、ラメーシュ・タクール氏は、「グローバル・ニーズと常任理事国の利己主義」と題する報告において、ハマーショルドを含む歴代の事務総長が、国益を重視する常任理事国とは一線を画す形で、人道主義の観点から国際の平和と安全の維持に一定の役割を果たしていることを指摘した。

　最後の第4回目の本会議では、「グローバルな衡平とグローバルな正義：持続可能な開発目標はどこまで達成されるか」（Global Equity and Global Justice: How far will the SDGs deliver？）というテーマで4つの報告が行われた。まず、デス・ガスパー（Des Gasper）氏は、「人間の安全保障」と「人権」という2つの概念が競合的であるか、それとも相補的であるかについて論じた。この問題提起を受けて、シアミカ・ジャスンダラ（Shyamika Jayasundara）女史が、ケース・スタディとしてスリランカにおける人権侵害について報告した。また、デービッド・マローン（David Malone）氏は、開発の問題に焦点を当ててSDGsの意義と問題点を明らかにした。たとえ

ば、過去15年間の途上国における初等教育の普及は評価しつつも、教育の質の向上と生涯教育の重要性を強調した。また、経済発展と社会正義の両立の難しさにも言及した。続いて、トーマス・ポッゲ（Thomas Pogge）氏は、持続可能な開発目標を批判的な立場から検討し、この目標を一定程度評価しつつも、誰がいかに履行していくのかという点が必ずしも明らかではないことを指摘した。最後に、イアン・ウーター（Jan Wouters）氏は、法学者の観点から、持続可能な開発目標に関する国連文書において法の支配が強調されていることを評価しつつも、その実現には数多くの困難が伴うことを指摘した。

　これらの4回の本会議のほかに、12日の昼食時に開かれた特別会議では、日中韓の東アジア3カ国の国連平和活動への貢献を討論する機会が設けられた。日本からは本学会渉外委員会主任の長谷川祐弘氏、韓国からはShin-wha LEE女史そして、中国からはDongyan LI女史が、東アジアの国々が国連平和維持活動へ参加して活動を増してきたことを指摘した。そして、日中韓の3カ国がアジアの平和の概念や価値観をもとにして貢献を深めていくことが不可欠であると言及された。なお、付言すると、この三か国による国連平和活動への貢献に関する説明会は、ACUNS主催のシンポジアムとしてジュネーブにて6月15日にも行われた。開会のセッションには、日本から嘉治美佐子大使、中国からはWU Hailong大使、韓国からはCHOI Seokyoung大使がが出席して、各国の平和貢献がどのようにして行われてきたかが説明された。

　これらの本会議および特別会議に加えて、33のワークショップ・パネル分科会が開催された。瀬岡直氏は、パネル17の「介入主義と国連」（Interventionism and the UN）と題するテーマのもと、シリア紛争における中露の拒否権行使を批判的に考察し、重大な人権侵害にかかわる拒否権行使の問題点を指摘した。同様に、パネル32 "Peacekeeping, Peacebuilding and Contemporary Challenges "では、石塚勝美氏によって、ヨーロッパ諸国が国連PKOにより積極的に参加すべき理由が提示された。

2015年度のハーグ年次会議には本学会渉外委員会主任の長谷川祐弘のほか、学会会員の東大作、石塚勝美、瀬岡直、キハラハント愛の4人が参加したことを記しておく。

2 第15回東アジア国連システム・セミナー報告

滝 澤 美 佐 子

　第15回東アジア国連システム・セミナーは、2015年10月16日（金）から18日（土）、中国・上海において開催された。全体テーマは、「国際連合70年：グローバルおよびリージョナル・ガバナンスにおける東アジアのパートナーシップ（The UN at 70 for a Better World: East Asian Partnership in Global and Regional Governance）」である。安全保障、開発、人権と、国連システムの主要な活動を幅広く含めた内容となった。具体的には、グローバルかつリージョナルな安全保障とガバナンスの新動向、日中韓三ヵ国の協力（安全保障、経済・開発、人権）、ポスト2015開発アジェンダについて国連における東アジアの協力等である。

　東アジア国連システム・セミナーの前身は、日本国連学会（Japan Association for United Nations Studies: JAUNS）と韓国国連学会（Korean Academic Council on the United Nations System: KACUNS）が開催していた「日韓セミナー」だった。個人的なことではあるが、10回を数えた日韓セミナーに筆者は2度参加した。2011年に中国国連学会（China Academic Net for United Nations Studies: CANUNS）が加わり、現在のかたちとなってから参加したのは今回が初めてだった。国連創設から70周年の年に、三ヵ国の国連研究の専門家と直接顔を合わせて意見を交わすという大変貴重な機会を得たことに、感謝している。これまで韓国で国連研究が活発であることは、「日韓セミナー」を通して承知していたが、今回、中国における国連研究の発展についても知ることができた。

今回のセミナーの運営を中心的に担当したのは、中国上海の総合大学である復旦大学（Fudan University）の国連研究センター長である張貴洪（ZHANG Guihong）教授だった。張教授が副会長兼事務局長を務める上海国連研究会（Shanghai UN Research Association：SUNRA）もセミナーや小旅行の運営を担った。SUNRA 研究員、職員の方々の参加も目立った。会場は、復旦大学アメリカ研究センター（Center for American Studies）で、キャンパス内にある宿泊先のホテルから至近距離にあり、大変便利であった。

セミナーは、参加者の総勢が50名となる大きなものだった。20名程度だった日韓セミナーの時代からの変化を感じた。中国からは、CANUNS の事務局長兼中国国連協会の副会長・事務局長である中国外務省の劉志賢（LIU Zhixian）氏、SUNRA 会長の潘光（PAN Guang）教授をはじめとして14名が参加した。また、3名の招聘者として楊潔勉（YANG Jiemian）上海国際戦略研究所（Shanghai Society of International Strategic Studies）会長、ロジャー・A.コート（Roger A. Coat）国連システム学術評議会（The Academic Council on the United Nations System: ACUNS）副理事長、およびアリステア・D.エドガー（Alistair D. Edgar）ACUNS 事務局長が加わった。オブザーバーとして大学院生等10名の参加があった。KACUNS からは、洪圭徳（Kyudok HONG）KACUNS 会長、宣晙英（Joun Yung SUN）前韓国国連大使、朴興淳（Heung-Soon PARK）KACUNS 前会長を含めて11名の参加であった。日本からは、代表として長谷川祐弘（JAUNS 理事・渉外主任、国連大学客員教授）、内田孟男（JAUNS 運営委員）をはじめ、久木田純（関西学院大学教授）、藤重博美（法政大学准教授）、高橋一生（JAUNS 理事）、廣瀬訓（JAUNS 理事、長崎大学教授）、勝間靖（JAUNS 理事、早稲田大学教授）、庄司真理子（敬愛大学教授）、水野孝昭（神田外語大学教授）、古川浩司（中京大学教授）、秋山肇（国際基督教大学大学院博士前期課程）、滝澤美佐子（JAUNS 理事、桜美林大学教授）の12名が参加した。

セミナーの概要について記しておきたい。上海に到着した10月16日の夕刻から、ウェルカム・ディナーが開催された。潘光SUNRA会長の司会のもと、中国と国連外交に関して楊潔勉上海国際戦略研究所長のスピーチがあった。中国が国連外交、多国間外交を重要視していることを強く印象づける内容だった。

会議1日目（10月17日）の開会セッションでは、それぞれの代表団が紹介された後、三ヵ国の各国連学会の代表として、劉志賢CANUNS事務局長、長谷川祐広JAUNS代表、洪圭德KACUNS会長による開式のスピーチが順番に行われた。

セミナー全体のテーマである「グローバルおよびリージョナルなガバナンスと東アジアのパートナーシップ」について問題提起がなされた。変化する国際環境の中で、完全に孤立して問題に対処できる国は存在しないこと、共存共栄のために、グローバルかつリージョナルなガバナンスに効果的に対処するための三ヵ国のパートナーシップの醸成の必要が強調された。また、中国、日本、韓国の共通の安全保障や、地域的な組織化の可能性についても問題提起がなされた。

全体セッションIでは、「グローバルおよびリージョナルな安全保障とガバナンスにおける新たな動向―東アジアからの視点」（New trends in global and regional security and governance―East Asian perspective）の共通テーマのもと、冒頭での問題提起を深める報告とコメントがなされた。「中国、日本、韓国の三ヵ国の共通の脅威と地域的な制度構築」、「グローバルおよびリージョナルなセキュリティとガバナンスにおける新たな展開―東アジアへの挑戦と機会」、「グローバル・ガバナンスの概念と東アジアのリージョナル・ガバナンス」に関して報告が行われ、東アジアの安全保障やガバナンスにおける共通のイシューが新旧合わせて多数にのぼること、三ヵ国の協力を阻むもの促進するもの、そして可能性について、活発な質疑応答がなされた。

一日目午後は、A（安全保障）、B（経済社会）のワーキング・グループの

セッションとなった。ワーキング・グループA・Bには、前半、後半で2つのサブセッションが続いた。

各サブセッションでは、三ヵ国から報告者とコメンテーターがそれぞれ発表・発言をして、その後フロアー全体による質疑が行われた。

ワーキング・グループAの共通テーマは、「平和と安全の伸長における東アジアの協力（East Asian cooperation in enhancing peace and security）」であり、前半では主にリージョナルな脅威としての核兵器、海洋紛争を、後半では安全保障へのグローバル・ガバナンスの問題として平和維持・構築が扱われた。前半のセッション「新たな地域安全保障への挑戦へのよりよいガバナンス」（Better governance of new regional security challenges）では、「北東アジア非核地帯構想提案について」、「東アジアの海洋安全保障」、「北東アジアの核不拡散」と題した報告がなされた。後半のセッションのテーマは、「国連PKOおよび平和構築活動における東アジアの協力」（East Asian cooperation in UN peacekeeping and peace building operation）であり、報告は「日中韓三ヵ国の国連PKO政策の比較」、「脆弱国家における平和構築と人間の安全保障についての提案」、「平和維持・構築についての日韓中パートナーシップの構築」であった。

ワーキング・グループBは「開発と人権：東アジアの視点」を共通テーマとし、前半では金融と開発について、後半では人権と文化がテーマとして設定された。前半は、「金融および開発ガバナンス─東アジアの視点」（Finance and development governance—East Asian perspectives）をテーマとして、「人民元の国際化と通貨交換、国際通貨制度の改革について」、「21世紀のグローバル開発協力に向けて」、「AIIBと中国：東アジアの平和と開発への示唆」の報告がなされ、コメンテーターによる質疑が行われた。後半のテーマは、「人権と文化：グローバルおよびリージョナルな意味」（Human rights and culture: global and regional implications）とされ、そのもとで、「人権の普遍性と文化的多様性」、「人道危機における中日韓のリーダーシップと韓国難民政策の変容からの経験」、「東アジアの新たな平和主

義」の報告がなされ、コメンテーターから貴重な見解が出された。

　二日目は再び全体会議に戻った。セッションⅡで、前日のワーキング・グループＡ・Ｂについて、報告者4名により、概要が手際よく紹介され、司会により総括がなされた。

　二日目の全体会議のセッションⅢでは、「ポスト2015開発枠組についての国連での東アジアパートナーシップ」（East Asian partnership in defining a post-2015 development framework at the United Nations）として、「2015 MDGsから2030SDGsへ」、「SDGsと地球市民教育（インチョン宣言）」、「共通だが差異ある責任とSDGsの実施」が報告された。9月に採択されたばかりのSDGsについて、MDGsとの比較、SDGsと同じ2030年をターゲットとした地球市民教育インチョン宣言との関係、SDGsの実施についての中国のとらえ方が明らかにされ、コメンテーターにより一層活発な討議が繰り広げられた。

　最終セッションでは、開会のスピーチをした三ヵ国の国連学会参加者の代表により、全体の会議を締めくくるにふさわしい総括がなされた。全体を統括した張貴洪教授の挨拶の際には、大きな拍手が送られた。次回は韓国でセミナーが行われることも確認された。

　SUNRAの運営により、1日目は上海・黄浦江のナイトクルーズによる上海観光が用意された。2日目の会議終了後には、歴史的建造物である和平飯店（Peace Hotel）と上海ユダヤ人博物館の訪問が用意された。

　セミナーに参加した感想を若干記したい。東アジアには、共通の脅威として北朝鮮の核問題があるが、非伝統的な脅威として、気候変動、自然災害の他に、福島第一原子力発電所事故が中国の報告者から挙げられるなど、共通の脅威は確かに存在することを確認できた。ではそれへの対処について三ヵ国の協力の現状はどうか。三国間には反目も同時に存在していながら、セミナーの翌月の日中韓サミットによる三国間協力も肯定的なものとしてとらえられた。しかし、実際には、三国のパートナーシップによる対処はそれほど

強いものではない。リージョナル・ガバナンスを促進したり、国連において
グローバル・ガバナンスを促すような三ヵ国の協力の姿は見えにくいことが
確認できた。他方、中国のイニシアティブであるAIIB、韓国のイニシア
ティブである地球市民教育など、多くのイニシアティブが並立する。AIIB
とアジア開発銀行や世界銀行は開発金融という共通の目的でくくれるはずで
あるし、地球市民教育と持続可能な開発教育（ESD）とは類似の試みとし
て重なり合う面があると思われるが、かならずしも調整や連携はとれている
わけではない。国連システムにおいて多くのイニシアティブが出される中、
既存の同様の枠組み・組織や取組みとどのように整合性を取り、また、既存
の枠組みでは足りない点を補うことができるのかを提言していくことは研究
者に必要な役割と感じた。三国間のパートナーシップにもそうした点の考慮
が必要となると感じた。

(1) 日本国際連合学会規約

Ⅰ．総則

1. （名称）　本学会の名称は、日本国際連合学会とする。
2. （目的）　本学会は、国連システムの研究とその成果の公表及び普及を目的とする。
3. （活動）　本学会は、前条の目的を達成するために、以下の活動を行う。

    （1）　国連システムに関する研究の促進ならびに各種の情報の収集、発表及び普及
    （2）　研究会及び講演会の開催
    （3）　機関誌及び会員の研究成果の刊行
    （4）　内外の学会及び関係諸機関、諸団体との協力
    （5）　その他本学会の目的を達成するために必要かつ適当と思われる諸活動

Ⅱ．会員

4. （入会資格）　本学会の目的及び活動に賛同する個人及び団体は、本学会に入会を申請することができる。
5. （入会申請）　本学会への入会は、理事を含む会員二人の推薦に基づき、理事会の承認を得なければならない。
6. （会員の権利）会員は、本学会の機関誌の配布を受け、本学会の総会、研究会及び講演会に参加することができる。
7. （会費）　会員は、所定の会費を納める。2年以上にわたって会費を納めていない者は、理事会の議を経て会員たる資格を失う。
8. （退会）　本学会から退会しようとする会員は、書面をもってこれを申し出、理事会がこれを承認する。

Ⅲ．総会

9. （総会）　通常総会は年一回、臨時総会は必要に応じ理事会の議を経

て、理事長が招集する。

10.（意思決定）　総会の議決は、出席会員の過半数による。但し、規約の変更は出席会員の3分の2以上の同意によって行う。

Ⅳ. 理事会

11.（理事及び監事）　本学会に、理事若干名及び監事2名を置く。

12.（理事及び監事の選任と任期）　理事及び監事は、総会において選任される。理事及び監事は理事会を構成し、学会の業務を管掌する。理事及び監事の任期は3年とし、二回まで継続して再選されることができる。

13.（理事長）　理事長は、理事の互選により選任される。理事長は本学会を代表し、その業務を統括する。理事長の任期は3年とする。

14.（役員）　理事長は、理事の中から役員を指名する。

15.（特別顧問）　本学会に特別顧問を置くことができる。特別顧問の任命は、理事会の議を経て、総会が行う。特別顧問は、本学会の会費の納入を免除される。

Ⅴ. 事務局

16.（事務局）　本学会に、理事長が指名する理事を長とする事務局を置く。事務局は、理事長を補佐し、本学会の日常業務を処理する。事務局長は、必要に応じて事務局員を置くことができる。

Ⅵ. 会計

17.（会計年度）　本学会の会計年度は、毎年4月1日に始まり翌年の3月31日に終わる。

18.（予算及び決算）　本学会の予算及び決算は、理事会の議を経て総会の承認を得なければならない。決算については、監事による監査を受けるものとする。

（附則）　この規約は、1998年10月22日より効力を有する。

―1998年10月22日　設立総会（於：国際連合大学）において採択

(2) 日本国際連合学会役員等名簿

（2013年10月1日〜2016年9月30日）

理　事　長：大泉敬子

事務局長：渡部茂己

企画主任：山田哲也

編集主任：大平剛

渉外主任：長谷川祐弘

広報主任：秋月弘子

1　特別顧問：

　　明石康　緒方貞子　武者小路公秀　渡邉昭夫

2　監事：

　　石原直紀、山下泰子

3　理事：

　　秋月弘子、池上清子、位田隆一、大泉敬子、大芝亮、太田宏、大平剛、小山田英治、勝間靖、神余隆博、高橋一生、滝澤美佐子、長谷川祐弘、広瀬訓、福島安紀子、星野俊也、松隈潤、望月康恵、薬師寺公夫、山田哲也、弓削昭子、渡部茂己　　（以上22名）

　　（職務出席：外務省・松田賢一、真嶋麻子）

4　運営委員：

　　秋月弘子、内田孟男、大泉敬子、大平剛、勝間靖、長谷川祐弘、広瀬訓、山田哲也、弓削昭子、横田洋三、渡部茂己、松田賢一（外務省）

(以上 12 名)

(職務出席　真嶋麻子)

(3) 日本国際連合学会　各委員会メンバー

5　企画委員会

山田哲也（主任）、近江美保、清水奈名子、二村まどか、星野俊也

6　編集委員会

大平剛（主任）、坂根徹、滝澤美佐子、本多美樹、山本慎一

7　渉外委員会

長谷川祐弘（主任）、池田麻美、石塚勝美、上杉勇司、小山田英治、水野孝昭、米川正子

8　広報委員会

秋月弘子（主任）、望月康恵、二宮正人

VI

英文要約

1 The Roles of the United Nations in Global Governance

Takeo Uchida

The essay purports to examine the achievements and shortcomings of the UN in its 70-year long history and reflect upon the roles the Organization could and should play in a broad perspective of global governance in the 21st century. It first reviews the historical background for the establishment of the League of Nations as well as thespecific characteristics of the United Nations in comparison with the League in its membership, the Security Council, the UN as a system, and the international civil service. Then it briefly discusses the transformation that the world has gone through since the UN's establishment, and investigates, against such a backdrop, the Organization's roles in peace and security, sustainable development, and human rights and humanitarian assistance. The essay then turns to the emergence of the concept and theory of global governance in relation to the UN. One section of the essay studies the perceptions of the UN member states about the roles of the UN in global governance, taking a clue to the general debate on the very subject of the General Assembly in 2010. Lastly, the essay considers to what extent the UN could fill in the global governance gaps, and proposes several measures to be adopted such as the institutional reform, partnership building with the new global constituencies, and the strengthening of the UN Secretariat. It concludes with the message that the UN is a unique and indispensable actor in global governance, and the UN's roles therein have to be significantly strengthened and enhanced so that the Organization could save humanity from the hell, if not to take it to the haven.

2 Seventy Years of the United Nations and the International Legal Order:
Development of the Rule of Law in International Society and in the United Nations

Tetsuo Sato

The purpose of this article is to clarify, first, contributions by the United Nations and other international organizations to the development of the rule of law in international society, secondly, development of the rule of law in the UN, and thirdly, challenges lying ahead for the international legal order and the UN.

The UN and other international organizations have made significant contributions to the development of the rule of law in international society in various ways. They have enlarged the scope of international law by creating international norms and institutions in those areas where these were bare skeletons or did not exist at all. This is symbolized by the emergence of such new fields as international human rights law, international environmental law, and international criminal law. It is noteworthy that a declaration on the rule of law at the national and international levels was adopted by the high-level meeting of the General Assembly in 2012.

The international legal system has been strengthened by the UN system and multilateral institutions on every stage of international law including law-making, interpretation and application of law, and enforcement of law. Multilateral treaties are now systematically prepared, and have close interactions with both formations of relevant customary rules and adoptions of related resolutions in the UN system. The international supervisory institutions are now working in various fields, and multilateral forums for the settlement of international disputes have burgeoned significantly, although enforcement of law still remains the area more or less left to the power relationship among States.

The nature or structure of the international legal system has also been transformed by the UN system and multilateral institutions. Such revolutionary norms as *jus cogens* and obligations *erga omnes* could be considered as products of the age of international organizations. While NGOs are not subjects of international law, they are increasingly playing important roles by participating in such forums and processes provided by the UN system and multilateral institutions. Soft law is another way by which NGOs have participated in the international normative system to which the traditional interstate legal system is gradually transforming itself.

The rule of law is also elevated to the central position in the UN and other international organizations as their legitimacy has been much debated. During the Cold-war period when the phenomenon of international organizations was still in the groping stage of development, their effective working constituted a principal consideration as was demonstrated by an epoch-making doctrine of implied powers enunciated in the *Reparation* case (1949) by the ICJ. This doctrine has been invoked in various cases not only during the Cold-war period but also since the end of it as is symbolized by the revitalized activities of the Security Council.

As the increasing influence of decisions and activities of international organizations is directly or indirectly affecting individuals and companies, however, their legitimacy has come on stage together with effectiveness. While the rule of law is considered as a form of legitimacy, the UN would have little credibility if it fails to apply the rule of law to itself. Because human rights, the rule of law and democracy are regarded as interlinked and mutually reinforcing as the universal and indivisible core values and principles of the UN, focus has now been placed on the mainstreaming of human rights and the introduction of accountability mechanisms.

The above analysis would lead to the following prospect: The UN system and multilateral institutions are expected to play important roles in order to strengthen the international normative system where, while the power relationship still remains among States, NGOs are actively participating both in various fields of activities and on different stages including law-making, interpretation and application of law.

3 Japan's UN Diplomacy Since the End of World War II

Ryo Oshiba

This paper examines the history of Japan's UN diplomacy since the end of World War II, focusing on the participation of Self-Defense Force (SDF) in UN peace operations and the UN permanent Security Council membership issue. The former is a topic in which Japan's foreign policy and its domestic politics at cross purposes. The latter is important both because it is one of the most important national goals for Japan and because it is a topic of whether or not peaceful changes of international structure are possible.

The Japanese government has been seriously constrained by domestic politics in both topics in the Cold War period. The Ministry of Foreign Affairs examined the imcompatibility of Article 9 of the Constitution and the Chapter 7 of the UN Charter in preparing for joining the UN in 1956.

After joining the UN, the Japanese government was requested twice to send its SDF to participate in UN peacekeeping, in 1958 and in 1972. The Japanese government, however, rejected the requests because the government wanted to avoid arousing domestic controversy over the dispatch of SDF abroad.

At the same time, the Japanese government unofficially stated that Japan was willing to become a permanent member of the Security Council in a meeting of the Asia-African group in 1957. In 1972, the Nixon administration informed the Japanese government that the US would support the Japanese government's "goal" to become a permanent member because the US was worried about Japan's seeking to become a major military power. The US expected Japan to be satisfied with the important political position of a permanent membership.

There were three obstacles, however. First, the US government had no idea of how to achieve Japan's becoming a new permanent member; the US did not want to amend the UN Charter and they sought alternatives. Second, the People's Republic of China recovered its seat in the UN in 1971. This made it extremely difficult for Japan to become a permanent member. Third, Japanese top leaders put a higher priority on domestic politics; they were not ready to deal with domestic controvercies in this matter. This was not a top priority goal for the politicians.

In the Post-Cold War period, the Japanese government started to undertake its UN policy much more energetically, both in domestic politics and in its foreign policy. It passed the Peacekeeping Operations (PKO) Act in 1992 and it sent the SDF to participate in UNTAC. The government continued to support SDF participation in UN peacekeeping since then. It proposed the Group of Four Draft which sought only an increase in the number of permanent members in the Security Council: Most middle powers were opposed to the ideas of the G4 draft.

The failure of the G4 draft suggested the difficulty of peaceful change of international structures, represented by the distribution of permanent Security Council memberships.

As Amitav Acharya, a Singaporean professor of international relations argues, it is important to achieve both national interest and international common interest in multilateral diplomacy. It would be difficult to achieve peaceful changes in international structures without a strategy in multilateral diplomacy.

The UN has been changing even after the ends of Cold-War. The

Japanese government should take a leadership in defining the role of the UN in global governance.

4 UN Secretary-General: Elections, Role and Functions in a Historical Perspective

Yasuhiro Ueki

The Secretary-General of the United Nations (UN), a job called "the world's most impossible", not only serves as the Chief Executive Officer of the UN Secretariat but also performs political functions under Article 99 of the UN Charter. Its role and functions have changed over time, depending on who assumed the position and in the context of the changing dynamics of international politics. The powers and status that the Secretary-General possesses are considerably more substantive than is generally believed. The Secretary-General exercises the operational command of the UN peace operations, provides "Good Offices" by engaging in mediation and other diplomatic efforts, and serves as the guardian of multilateral treaties and as the conscience of humankind. The Secretary-General also has enormous powers over the appointment of senior UN posts, even though some of them are constrained politically.

This chapter describes the elections of the Secretaries-General since the election of the first Secretary-General to the election of the current Secretary-General. To illustrate the process of election, it describes in detail how the election of the Secretary-General took place in 1996 when Boutros-Ghali lost the bid and Annan was elected. Judging from the past elections, we can conclude that there are certain factors that influence the election of the UN Secretary-General.

This chapter also reviews the role and functions of the three Secretaries-

General since the end of the Cold War. Boutros Boutros-Ghali's attempt to assert the role of the UN in the face of complex challenges emanating from Somalia, Rwanda and Bosnia and Herzegovina ran into trouble with the then sole superpower, the United States, and cost him his second term. He was more "General" than "Secretary". Kofi Annan fixed the UN's relationship with the United States in his first term but his critical view of the US war on Iraq, which split the world, put him in a difficult position with the United States during his second term. Annan shot himself in the foot when he turned more "General" than "Secretary". Ban Ki-moon was elected with the support of the United States and did almost nothing to contradict with its policies. He has been overly cautious in dealing with the permanent members of the Security Council in particular, and has been characterized as more "Secretary" than "General".

As the world begins to move into a more multipolar structure, the UN Secretary-General must adapt his role to meet new challenges with even more highly political judgment than up to now. While performing the role of the "Secretary", the Secretary-General will be judged by how successfully he can retain the role of the "General".

5 The United Nations and Internationalized Criminal Courts:
Significance, Challenges and Prospects for African Union's Participation

Hiroshige Fujii

For the UN, the commitment to international criminal justice is a relatively new approach. In the 1990's, the UN Security Council initially created ad hoc international tribunals that could exercise jurisdiction over grave human rights violations. Since then, the UN has been the main actor to support international criminal justice. After the Rome Statute entered into force in 2002, the international society has been progressively discussing how to apply the justice mechanism effectively to conflict situations. Notwithstanding the growing appreciation of the ICC internationally, the need for hybrid tribunals is increasingly argued for in post-conflict states. Furthermore, the AU has increased its presence in internationalized criminal courts as "African Solutions to African Problems". Bearing this in mind, this paper seeks to reveal the challenges for improving relations among the UN, the AU and the ICC.

The first section clarifies the limitations of the ICC through the analysis of three trigger mechanisms for exercising its jurisdiction. These limitations have escalated the criticism from the AU because in many cases the ICC is unable to take concrete action, while ensuring independence and impartiality due to the need to obtain cooperation from relevant actors. To pose further challenges for the ICC, in 2014, the AU adopted an amendment protocol for a new African criminal court with immunity provision which conflicts with Article 27 of the Rome Statute. These challenges show the ICC is not a panacea for resolving the issues of impunity. Hence, international society still discusses the establishment of hybrid tribunals.

The second section discusses two types of the special court; one assisted by the UN and the other by the AU. While the ICTY and the ICTR advanced the interpretation of international criminal law, they are not cost-effective. Hence, the second-generation tribunals emerged with a hybrid structure involving the UN and host-states. However, since the hybrid tribunals largely depend on the willingness of the host-states, it takes a long process to get them functioning. Thus, the AU has a critical role to maintain their willingness. For instance, Senegal established the hybrid court with the AU for prosecuting the former Chadian President. In addition, the 2015 peace agreement in South Sudan has provisions to establish a hybrid court through a Memorandum of Understanding among the host-government, the UN and the AU. These cases highlight the reality that AU's participation in the area of international criminal justice is often influenced by political motivations.

The paper concludes with a detailed review of new challenges for UN efforts in putting an end to impunity, and revisits the importance of having a clear cooperation strategy among the UN, the AU and the ICC for judicial interventions.

6 Protecting the Right to Adequate Housing in Peacebuilding :
The Prospect for United Nations Peacekeeping Operations

Mamiko Yano

The right to adequate housing is defined as the right to obtain a secure home and community in which to live in peace and dignity. The full and effective enjoyment of this right is interdependent with or precondition for other human rights, such as the rights of women, children, minorities, refugees/internally displaced persons, and the rights to health, education, and privacy—essentially, the right to life in an equal and non-discriminatory manner. Protection of this right is particularly crucial for conflict prevention and peacebuilding in post-conflict societies.

In the 1990s, the United Nations (UN) began to recognize the significance of integrating human rights in all aspects of its peace and security activities. Multi-dimensional UN peacekeeping operations (PKOs) are mandated to protect and promote human rights, a concern that touches all components of their operations. UN PKOs have the potential to conduct protection activities that affect the right to adequate housing, and several UN documents and principles were created that UN PKOs can refer to when they conduct their operations to address housing, land, and property issues in post-conflict societies.

The United Nations Transitional Administration in East Timor and the

United Nations Interim Administration Mission in Kosovo, both transitional authorities, attempted to address these issues systematically; however, other UN PKOs have not proactively addressed them. Limitation of authority and a lack of a systematic policy framework, intelligence, funds, human resources, and the disinterest of the international society have been obstacles for UN PKOs to protect the right to adequate housing in their area of operations.

Following a review of recommendations by other researchers, this article proposes several additional policies and measures that could be adopted by UN PKOs. At a strategic level, further development of policy frameworks, guidelines, and mandates of UN PKOs are indispensable. At an operational level, coordination with other professional institutions can be efficient by assigning a focal point in a mission structure. The operation of UN PKOs should not intrude or contaminate the land or property of civilians.

Introduction of these remedies at both strategic and operational levels will take time and steps, whereas further measures at a tactical level can be implemented immediately. Military troops in UN PKOs could protect the right to adequate housing through their protection of civilian activities in the field. A human rights advisor in UN PKO missions could report to the UN High Commissioner for Human Rights in Geneva, who, in turn, could address the issues through the UN human rights mechanism. Finally, engineering projects undertaken by UN PKOs troops could improve infrastructure access and the habitat of civilians. All of these efforts could contribute to realizing lasting peace and development in post-conflict societies.

7 The Quantitative Analysis of Supply of Human Resources to the United Nations Peacekeeping Operations :
The comparison of the two periods, 1985-1995 and 1996-2008

Ryo Tanabe

Since 2000, the United Nations (UN) Peacekeeping Operations (PKOs) have re-increased dramatically. Until the end of 2014, 16 UN PKOs were deployed, mainly in Africa, all over the world. Over 100,000 peacekeepers were provided by more than 120 UN member states. During the Cold War, countries called 'Middle Power States' played a central role as the Troop Contributing Countries (TCCs). But, since the post-Cold War era, the number of new TCCs has dramatically increased, and more than two-thirds of the UN member states have participated in PKOs and supplied the personnel.

However, while some TCCs have provided hundreds of thousands of personnel, others have supplied only a few of them (in some countries, only one personnel member provided), or haven't supplied at all. Why do the states participate in and contribute to the UN PKOs? What motivation do TCCs have?

This article attempts to clarify what motivated states to contribute to UN PKOs between 1985 and 2008, and two different year spans, 1985-1995 and 1996-2008. My contribution is to provide new insights into relation between liberal norms and TCCs. Through a quantitative analysis, I investigate how degree of acceptance liberal norms (democracy, Human Rights and Humanitarian Norms, free-market economy and free trade) affect supply of human resources for operations. My basic expectation is that countries which are more democratic, committed to human rights, free-market economy and free trade are more likely to participate in UN PKOs and provide troops them.

The results almost support hypotheses. First, the results confirm previous work indicating that countries which are more democratic or more committed to human rights, participated UN PKOs since the Cold War era, are more likely to participate in and/or provide troops for UN PKOs. Second, the results of 1985-1995 periods show that if states have had much trade, are members of P5 or E10, they contribute more. Third, the outcomes of 1996-2008 periods also indicate that the states contributing more to UN PKOs have the following characteristics: states ratified Human Rights treaties (International Covenants on Human Rights or Genocide Convention) or G4.

8 Why does the immunity afforded to UN personnel not appropriately reflect the needs of the Organization? :
the case of the UN police

Ai Kihara-Hunt

Immunity accorded to UN personnel has been criticized as inappropriate, and as sometimes shielding UN personnel from prosecution for crimes they commit during their assignments on a Peace Operation. This paper aims to demonstrate main issues that have arisen regarding immunity of UN personnel, and to explore to find their underlying reasons. It takes UN police personnel as an example because in their case, the issues are apparent.

The *rationale* for this immunity is to protect the independent functioning of the UN without the hindrance of any State. In light of that, there are four main issues. First is the UN's apparent reliance on immunity in relation to private acts committed by its Peace Operations personnel. Second is the geographic scope of immunity. Immunity of UN personnel should have a global application to reflect the global nature of the UN's functions. However, immunity is sometimes claimed in relation to legal proceedings in the host State, but not in the State contributing the police. Third is the lack of safeguards to prevent the abuse of immunity. Fourth is the confusion around the scope of immunity granted to some categories of personnel such as Formed Police Unit (FPU) personnel.

The identification of issues is followed by an analysis of how the UN immunity framework has been developed, in order to ascertain why such issues have arisen. In particular, it examines whether sufficient and appropriate consideration has been given to the needs of the UN.

Initially, League of Nations personnel enjoyed absolute immunity, and there was no other category of personnel other than Officials. The UN modified that immunity framework to match its new *rationale*: functional necessity. However, the modification was insufficient in that it failed to reflect the differences in the significance of the host State for diplomats and that for UN personnel. As a result, there is a lack of safeguard from abuse of immunity. Furthermore, subsequently, unforeseen circumstances have arisen. The type of host States in which UN personnel work has changed significantly, the number of Experts on Mission increased rapidly, and the nature of their work has become increasingly diverse.

This paper presents how the UN responded to new needs with insufficient modification, virtually without discussion. It argues that the UN immunity framework has not kept pace with the development of the UN operations, in particular with the evolution of certain newer categories of personnel and new kinds of host States. Where particular problems arise in applying immunity because of new situations or concerns regarding other matters, those issues should be addressed separately in a transparent manner.

9 Gender Mainstreaming and the United Nations' Reform since 1990s

Kunio Waki

Gender equality and the empowerment of women have been the major concerns of United Nations for a long time from both human rights and development perspectives. The United Nations development agencies have been making efforts to drive a global movement to raise the status of women with UN member governments and NGOs in both developing and industrial countries. The visions, concepts and strategies of the UN development system to achieve gender equality have been evolving reflecting the outcomes of international conferences and UN meetings on human rights, gender equality, social development and population.

United Nations had many entities dealing with gender equality and empowerment of women. But the multiplicity of organizations was seen to be the weakness of UN and preventing UN to play more forceful role in driving the global movement for gender equality. The leading gender and development agency in the UN development system was UNIFEM (United Nations Development Fund for Women) until July 2010 when more powerful UN Women was established by the General Assembly to promote gender mainstreaming at all UN agencies and member governments.

In 1998 the United Nations Development Group (UNDG) was created to support cooperation and joint works of all UN development agencies as a part of UN reform initiated by Secretary-General Kofi Annan. The UNDG facilitated the collaboration of UN agencies in formulating joint programme policies and operational guidelines including the area of promotion of gender equality to be used by all UN country teams. UNIFEM led a working group and taskforce in developing guidelines and training materials for UN staff. Gender mainstreaming became an important challenge for all UN development agencies. The UNDG played a major role in the implementation of the Millennium Development Goals (MDGs) from 2000 to 2015. This paper outlined the ways various UN development agencies worked together for gender mainstreaming and the achievement of gender related MDGs.

UN Women was created by combining four UN entities, and was fortunate to have Michelle Bachelet, President of Chile as the first Executive Director with the rank of Under-Secretary-General. But the evolutionary process is unfortunately taking its own time. The process of social, economic, political and cultural changes is still too slow. UN Women commands a relatively small fund, and their human resources at country level are still very limited. There are many supportive NGOs and member governments and it is hoped UN Women will receive more substantial financial and political support to meet the expectation of the world community.

〈編集後記〉

　編集主任として3冊目、委員としては山本さんと同様、6冊の編集に携わってきましたが、いよいよ最後の号となりました。編集作業は11月の原稿受信に始まり、6月の三校まで、およそ半年間を要します。この6年、年度の後半はいつも編集作業に明け暮れていました。それから解放されることの安堵感と少しの寂しさがあります。論文を執筆して下さった方々には、査読者からのコメントだけでなく、委員会の担当者からもコメントを入れさせていただき、細かなところまで加筆修正をお願いしました。短い期間での加筆修正など、無理を申しましたが、おかげさまで質の高いものに仕上がっているのではないかと思っております。会員の皆さまのご協力に、改めまして感謝申し上げます。

　この3年間、私を支えてくださった坂根徹さん、滝澤美佐子さん、本多美樹さん、山本慎一さんにこの場をお借りしてお礼申し上げます。有り難うございました。そして、最後になりますが、国際書院の石井様には、入稿から刊行までが短いなか、いつも無理をきいていただきました。有り難うございました。これからもどうぞ宜しくお願い致します。

（大平　剛　北九州市立大学）

　今号では大平編集主任と共に特集セクションを担当しました。執筆者の先生方の御論考から多くを学ばせていただいたことに感謝いたします。特集テーマ「国連：戦後70年の歩み、課題、展望」にふさわしく、これまでの国連の役割と活動、業績についてより長期的な視点から丁寧に分析した論稿が揃いました。今後も変容し続ける国際情勢に対応していくために、国連はいかに進化・深化していくべきなのかといった課題についても多くの示唆が得られました。

（本多美樹　早稲田大学）

第17号では独立論文セクションを担当させていただきました。編集主任はじめ委員会の皆さんのご教示、会員はじめ多くの先生方に快くご協力いただき、無事刊行の運びになり感謝しています。本号では独立論文を多数掲載できました。投稿はディシプリンもそれぞれ異なり、国連研究の広がりと可能性、若い研究者の皆様の勢いを感じとりました。今後も投稿論文が多数集まるよう願っています。

（滝澤美佐子　桜美林大学）

今号では政策レビューのセクションを担当しました。本セクションは近年、他のセクションと比べて応募数や掲載数が少ない傾向がありますので、実務家の会員の方々の積極的なご応募・ご寄稿をお願いします。今期全体を通して、自身の編集委員としての役目を遂行する上でご協力を頂いたりお世話になった皆様に御礼申し上げます。そして、『国連研究』の今後の益々の発展を祈念しています。

（坂根 徹　法政大学）

今号では、書評セクションを担当しました。近年、論文投稿数が増えていることもあり、書評の掲載本数が3本にとどまりましたが、今回取り上げられなかった書籍は、次期編集委員会への申し送り事項とさせていただきます。今号で、二期にわたって担当いたしました編集委員会の仕事も最後になります。この間、各種セクションの業務で多くのことを学ばせていただきました。お二人の編集主任をはじめ、委員の皆さま、そして会員の皆さまに、心から感謝と御礼を申し上げます。

（山本慎一　香川大学）

〈執筆者一覧〉

内田孟男	中央大学客員研究員
佐藤哲夫	一橋大学教授
大芝　亮	青山学院大学教授
植木安弘	上智大学教授
藤井広重	東京大学大学院総合文化研究科博士後期課程
矢野麻美子	内閣府国際平和協力本部事務局国際平和協力研究員
田辺　亮	東海大学非常勤講師
キハラハント愛	英国エセックス大学
和気邦夫	関西学院大学教授
篠田英朗	東京外国語大学教授
二村まどか	法政大学准教授
石塚智佐	東洋大学教授
長谷川祐弘	国連大学客員教授
東大作	上智大学准教授
石塚勝美	共栄大学教授
瀬岡　直	近畿大学講師

〈編集委員会〉

本多美樹	早稲田大学准教授
滝澤美佐子	桜美林大学教授
坂根徹	法政大学教授
山本慎一	香川大学准教授
大平　剛	北九州市立大学教授
（編集主任）	

(『国連研究』第 17 号)

国連：戦後 70 年の歩み、課題、展望

編者　日本国際連合学会

2016 年 6 月 11 日初版第 1 刷発行

・発行者——石井　彰　　　・発行所

印刷・製本／新協印刷(株)

ⓒ 2016 by The Japan Association
for United Nations Studies

(定価＝本体価格 3,200 円＋税)

ISBN978-4-87791-274-1 C3032 Printed in Japaqn

KOKUSAI SHOIN Co., Ltd.
3-32-5, HONGO, BUNKYO-KU, TOKYO, JAPAN.

株式会社 **国際書院**
〒113-0033 東京都文京区本郷3-32-6 ハイヴ本郷1001
TEL 03-5684-5803　　FAX 03-5684-2610
Eメール：kokusai@aa.bcom.ne.jp
http://www.kokusai-shoin.co.jp

本書の内容の一部あるいは全部を無断で複写複製(コピー)することは法律でみとめられた場合を除き、著作者および出版社の権利の侵害となりますので、その場合にはあらかじめ小社あて許諾を求めてください。

シドニー・D・ベイリー（庄司克宏／庄司真理子／ 則武輝幸／渡部茂己　共訳） **国際連合** 906319-18-1　C3032　　　　A5判　194頁　2,800円	初心者向けの国連への手引書である。国連の目的と構造、加盟国が国連内で組織するグループ及びブロック、国連が世界平和の維持に果たす役割、軍備縮小及び人権保護というテーマが扱われ、より優れた国連を展望する。　　　　　　（1990.11）
モーリス・ベルトラン（横田洋三監訳） **国連再生のシナリオ** 906319-19-×　C3031　　　　A5判　197頁　2,800円	国際機構、平和、世界統合などに纏わる危険性、変革のプロセス、及び国際政治との関係について論じる。経済国連を目指し、国家レベルと国際社会レベルとのバランスある協力構造の模索、更に人民レベルの代表制を未来に描く。　　　（1991.5）
モーリス・ベルトラン（横田洋三／大久保亜樹訳） **国連の可能性と限界** 906319-59-9　C1031　　　　四六判　223頁　2,136円	国連について、創設時から90年代初めまでのPKOや開発援助、人権などの分野における活動を詳細に分析し、それを国際社会の歴史の文脈の中で位置づけ、国連の可能性と限界を明示する。国連の問題点と可能性を知る最良の書。　　　（1995.5）
横田洋三編著 **国際機構論（絶版）** 906319-25-4　C1032　　　　A5判　383頁　3,107円	今の300を越える国際機構の全貌を掴み、その組織、活動について理論的体系的説明を試みた国際機構の入門書。国際機構の発展と現代国際社会を素描し、国際機構の内部組織、対外関係、活動分野が多数の図表とともに紹介されている。（1992.5）
横田洋三編著 **国際機構論［補訂版］（絶版）** 906319-83-1　C1032　　　　A5判　383頁　3,200円	国際機構の発展と現代国際社会を素描し、国際機構の内部組織、対外関係、活動分野を多数の図表と共に紹介した国際機構の理論的実践の書。補訂版では初版1992年以降の数字などの情報を補っている。　　　　　　　　　　　　　（1998.4）
横田洋三編著 **新版国際機構論** 87791-104-9　C1032　　　　A5判　481頁　3,800円	主要略語一覧、国連平和維持活動一覧など国際機構に関わる基本的な資料をいっそう充実させた新版は、現実の姿を正確に反映するべく斯界の研究者が健筆を揮った国際機構の理論と実践の書である。　　　　　　　　　　　　　　　　（2001.3）
横田洋三編著 **新国際機構論** 87791-139-1　C1032　　　　A5判　497頁　5,200円	国際機構の内部組織、対外関係、活動分野を国際社会の変動を反映させたものにし、主要略語一覧、主要参考文献、主な国際機構、国際連合組織図、国連平和活動一覧など重要な基本的資料の充実を図った。　　　　　　　　　（2005.1）
横田洋三編著 **新国際機構論・上** 87791-157-X　C1032　　　　A5判　283頁　2,800円	国際機構の内部組織、対外関係を国際社会の変動を反映させたものにし、主要略語一覧、主要参考文献、主な国際機構、国際連合組織図、国連平和活動一覧など重要な基本的資料の充実を図った。　（2006.2）
横田洋三編著 **新国際機構論・下** 87791-158-8　C1032　　　　A5判　289頁　2,800円	国際機構の活動分野を国際社会の変動を反映させたものにし、主要略語一覧、主要参考文献、主な国際機構、国際連合組織図、国連平和活動一覧など重要な基本的資料の充実を図った。　（2006.2）

国際法

横田洋三編著
国際機構入門
906319-81-5　C1032　　　　　　A5判　279頁　2,800円

マスコミで報道される国際社会で起こる国際機構が関連した事件を理解する上で必要とされる基本的な枠組みと基礎的な知識を平易に解説する。法・政治・経済の視点から国際社会をとらえ直す機会を本書によって得られるものと思われる。
(1999.8)

カタリナ・トマチェフスキー（宮崎繁樹／久保田洋監訳）
開発援助と人権
906319-28-9　C1031　　　　　　A5判　287頁　3,107円

開発援助と人権の繋がりを検討し、人権問題は、援助国の履行状況評価のためだけでなく、開発援助の全過程で、開発援助の周辺からその中枢へと格上げされるべきことを主張。普遍的人権基準の承認と遵守義務を説く。
(1992.11)

山本武彦／藤原保信／ケリー・ケネディ・クオモ編
国際化と人権
——国際化時代における世界人権体制の創造をめざして
906319-52-1　C1031　　　　　　A5判　259頁　3,107円

世界的な人権状況の過去と現在を検証し、人権の国際化に最も遅れた国＝日本の人権状況との対照を通じて、人権の保障と擁護のための「世界人権体制」とも呼ぶべき制度の構築の可能性を問い、日本の果たすべき主体的割合を考える。
(1994.9)

桑原輝路
海洋国際法
906319-23-8　C1032　　　　　　四六判　219頁　2,136円

海洋国際法の基本書。海洋国際法の法典化、海洋の区分と分類、沿岸国の領域管轄権の及ぶ海洋、沿岸国の領域管轄の及ばない海の各分野を簡潔に叙述している。図で、海洋の区分と分類、直線基線、公海などが示され理解を助けている。
(1992.3)

ディヴィド・エドワード／ロバート・レイン（庄司克宏訳）
EU法の手引き
906319-77-7　C1032　　　　　　A5判　287頁　3,200円

各章が簡潔で選び抜かれた言葉遣いで説明された、質の高いEU法入門書。詳細な判例、各国裁判所の判決を含んだ参照文献を項目ごとに参照することにより、読者はEU法の核心に直接ふれることができる。
(1998.1)

明石 康監訳　久保田有香編訳
21世紀の国連における日本の役割
87791-119-7　C1032　　　　　　四六判　121頁　1,500円

マヤムード・カレム／プリンストン・ライマン／ロスタン・メイディ／大島賢三／／高橋一生／ヨゲシュ・クマール・チャギ／カレル・ゼブラコフスキーの提言に耳を傾けてみたい。
(2002.12)

明石 康監修、久保田有香／ステファン・T・ヘッセ校閲
英語版・21世紀の国連における日本の役割
87791-128-6　C1032　　　　　　A5判　144頁　2,000円

国連論を世界的視野で討論し、その中での日本論を展開しつつ、専門家のパネリストの発言から学問的にもまた政策的にも多くの重要な論点が提示された。本書を日本語版に留めておかず、英語版として刊行した由縁である。
(2003.9)

勝野正恒／二村克彦
国連再生と日本外交
87791-102-2　C1031　　　　　　A5判　201頁　2,400円

国際の平和と安全、開発途上国の経済開発、国連の財政基盤の整備など重要分野で、現状を改善し国連を立て直して行く上で、我が国が果たすべき役割を国連幹部としての経験を生かして提言する。
(2000.6)

渡部茂己
国際機構の機能と組織（絶版）
——新しい世界秩序を構築するために
906319-51-3　C1032　　　　　　A5判　261頁　2,874円

冷戦締結後の国連の機能の重視と基本的人権擁護の視点から国際社会で必要とされる国際機構の機能と組織を考察する。国際機構について、一般的機能、一般的組織、個別的機能、個別的組織を論じ、新しい世界秩序の構築を展望する。
(1994.2)

国際法

渡部茂己
国際機構の機能と組織［第二版］
――新しい世界秩序を構築するために

906319-76-9　C1032　　　　　A5判　281頁　3,200円

第二版では、略語表及び国連平和維持活動表を付けて教材としても使いやすくなっている。今日の国際社会で「必要」であり、対応「可能」な国際機構の役割を検討し、21世紀以降を眺望する長期的展望を描く。
(1997.7)

松隈　潤
国際機構と法

87791-142-1　C1032　　　　　A5判　161頁　2,000円

国連に関してはイラク問題を素材とし、人道問題、武力行使、経済制裁などを包括的に検討する。EUについては、ECとEUの関係、防衛問題などを取り上げ、それらが国際法の発展に与えた影響を追究する。
(2005.2)

松隈　潤
人間の安全保障と国際機構

87791-176-8　C1032　　　　　A5判　187頁　2,000円

人間の安全保障をキー・ワードとして、平和構築・人権保障・開発など国際社会におけるさまざまな課題に対処している国際機構の活動とそれらをめぐる法的、政治的諸問題について解明を試みた。
(2008.2)

渡部茂己編
国際人権法

87791-194-2　C2800　　　　　A5判　289頁　2,800円

第1部で国際的な人権保護のメカニズムを、歴史、国連システム、普遍的人権条約、地域的人権条約の視点から整理し、第2部では「開発と人権」まで踏み込んで人権の具体的内容を解説した入門書である。
(2009.6)

大谷良雄編
共通利益概念と国際法

906319-42-4　C3032　　　　　A5判　401頁　3,689円

国家主権、国際機構、国際法定立の新しい動向、国家の国際犯罪、宇宙開発、領域管轄権、国際法上の不承認、国際機構の特権及び免除、持続可能な開発、個人データの国際流通などから「共通利益」概念に接近する。
(1993.11)

中川淳司
資源国有化紛争の法過程
――新たな関係を築くために

906319-15-7　C3032　　　　　A5判　328頁　4,800円

途上国の資源開発部門における外国民間直接投資を素材として、南北間で展開される私的経済活動に対する国際法の規制の実態を明らかにする。当事者の法論争過程を跡づけながら、南北格差の是正に向けての国際法の今日的役割を示す。
(1990.8)

丸山珠里
反乱と国家責任
――国家責任論における行為の国家への帰属に関する一考察

906319-36-×　C3032　　　　A5判　331頁　7,767円

国際法上の国家責任の成立要件としての「行為の国家への帰属」の法理に関する国際慣習法の現段階での成熟度を考察する。「反乱」における国際判例・法典化草案及び学説を検討し、併せて「国家責任条文草案」の妥当性を考察する。
(1992.11)

松田幹夫編
流動する国際関係の法
――寺澤一先生古稀記念

906319-71-8　C3032　　　　　A5判　301頁　3,800円

現代国際法の課題を様々な角度から追求する。対日平和条約と「国連の安全保障」、国際法規の形成と国内管轄の概念、条約に基づく国内法の調和、国際裁判における事実認定と証拠法理、制限免除主義の確立過程、自決権の再考その他。
(1997.5)

横田洋三
国際機構の法構造

87791-109-×　C3032　　　　　A5判　467頁　5,800円

国際機構に関する一般的理論的論文、国際機構の内部法秩序に関する論文、国際金融機関の法構造に関する論文さらに国際機構と地球的課題に関する論文など国際機構の法構造に関する筆者年来の研究の軌跡を集大成。
(2001.3)

国際法

横田洋三編
国連による平和と安全の維持
―解説と資料

87791-094-8　C3032　　　　　　A5判　841頁　8,000円

本書は、国連による国際の平和と安全の維持の分野の活動を事例ごとに整理した資料集である。地域ごとに年代順に事例を取り上げ、①解説と地図、②資料一覧、③安保理などの主要資料の重要部分の翻訳を載せた。　　　　　　　　　　(2000.2)

横田洋三編
国連による平和と安全の維持
―解説と資料　第二巻

87791-166-9　C3032　　　　　　A5判　861頁　10,000円

本巻は、見直しを迫られている国連の活動の展開を、1997年以降2004年末までを扱い、前巻同様の解説・資料と併せて重要文書の抄訳も掲載し、この分野における全体像を理解できるように配慮した。　　　　　　　　　　　　　　　　(2007.2)

秋月弘子
国連法序説
―国連総会の自立的補助機関の法主体性に関する研究

906319-86-6　C3032　　　　　　A5判　233頁　3,200円

国連開発計画、国連難民高等弁務官事務所、国連児童基金を対象として国連という具体的な国際機構の補助機関が締結する「国際的な合意文書」の法的性格を考察することによって、補助機関の法主体性を検討する。　　　　　　　　(1998.3)

桐山孝信／杉島正秋／船尾章子編
転換期国際法の構造と機能

87791-093-X　C3032　　　　　　A5判　601頁　8,000円

［石本泰雄先生古稀記念論文集］地球社会が直面している具体的諸課題に即して国際秩序転換の諸相を構造と機能の両面から分析する。今後の国際秩序の方向の学問的展望を通じて現代日本の国際関係研究の水準を次の世紀に示す。　　(2000.5)

関野昭一
国際司法制度形成史論序説
―我が国の外交文書から見たハーグ国際司法裁判所の創設と日本の投影

87791-096-4　C3032　　　　　　A5判　375頁　4,800円

常設国際司法裁判所の創設に際しての我が国の対応を外交文書・関連資料に基づいて検討し、常設国際司法裁判所が欧米的「地域」国際裁判所に陥ることから救い、裁判所に「地域的普遍性」を付与したことを本書は明らかにする。　　(2000.3)

横田洋三／山村恒雄編著
現代国際法と国連・人権・裁判

87791-123-5　C3032　　　　　　A5判　533頁　10,000円

［波多野里望先生古稀記念論文集］「法による支配」を目指す現代国際法は21世紀に入り、危機に直面しているとともに新たなる理論的飛躍を求められている。本書は国際機構、人権、裁判の角度からの力作論文集である。　　　　　(2003.5)

秋月弘子・中谷和弘・西海真樹　編
人類の道しるべとしての国際法
［平和、自由、繁栄をめざして］

87791-221-5　C3032　　　　　　A5判　703頁　10,000円

［横田洋三先生古稀記念論文集］地球共同体・人権の普遍性・正義・予防原則といった国際人権法、国際安全保障法、国際経済法、国際環境法などの国際法理論の新しい潮流を探り、21世紀国際法を展望する。　　　　　　　　　　(2011.10)

小澤　藍
難民保護の制度化に向けて

87791-237-6　C3031　　￥5600E　A5判　405頁　5,600円

難民保護の国際規範の形成・拡大とりわけOSCEおよびUNHCRの協力、EUの難民庇護レジームの形成・発展を跡付け、難民保護の営為が政府なき世界政治における秩序形成の一環であることを示唆する。　　　　　　　　　　　(2012.10)

掛江朋子
武力不行使原則の射程
―人道目的の武力行使の観点から

87791-239-0　C3032　　￥4600E　A5判　293頁　4,600円

違法だが正当説、妥当基盤の変容、国連集団安全保障制度、「保護する責任論」、2005年世界サミット、安保理の作業方法、学説などの分析を通して、人道目的の武力行使概念の精緻化を追究する。　　　　　　　　　　　　(2012.11)

国際法

国際社会における法と裁判
東　壽太郎・松田幹夫編

87791-263-5　C1032　　A5判　325頁　2,800円

尖閣諸島・竹島・北方領土問題などわが国を取り巻く諸課題解決に向けて、国際法に基づいた国際裁判は避けて通れない事態を迎えている。組織・機能・実際の判決例を示し、国際裁判の基本的知識を提供する。　　　　　　　　　　（2014.11）

国際司法裁判所
—判決と意見第1巻（1946-63年）

波多野里望／松田幹夫編著

906319-90-4　C3032　　A5判　487頁　6,400円

第1部判決、第2部勧告的意見の構成は第2巻と変わらず、付着事件リストから削除された事件についても裁判所年鑑や当事国の提出書類などを参考にして事件概要が分かるように記述されている。　　　　　　　　　　　　　　　　（1999.2）

国際司法裁判所
—判決と意見第2巻（1964-93年）

波多野里望／尾崎重義編著

906319-65-7　C3032　　A5判　561頁　6,214円

判決及び勧告的意見の主文の紹介に主眼を置き、反対意見や分離（個別）意見は、必要に応じて言及する。事件概要、事実・判決・研究として各々の事件を紹介する。巻末に事件別裁判官名簿、総名簿を載せ読者の便宜を図る。　　　　（1996.2）

国際司法裁判所
—判決と意見第3巻（1994-2004年）

波多野里望／廣部和也編著

87791-167-6　C3032　　A5判　621頁　8,000円

第二巻を承けて2004年までの判決および意見を集約し、解説を加えた。事件概要・事実・判決・主文・研究・参考文献という叙述はこれまでの形式を踏襲し、索引もまた読者の理解を助ける努力が施されている。　　　　　　　　　　（2007.2）

国際社会における法の支配と市民生活
横田洋三訳・編

87791-182-9　C1032　　四六判　131頁　1,400円

[jfUNU レクチャー・シリーズ①]　東京の国際連合大学でおこなわれたシンポジウム「より良い世界に向かって－国際社会と法の支配」の記録である。本書は国際法、国際司法裁判所が市民の日常生活に深いかかわりがあることを知る機会を提供する。　　　　　　　　　　（2008.3）

平和と開発のための教育
—アジアの視点から

内田孟男編

87791-205-5　C1032　　A5判　155頁　1,400円

[jfUNU レクチャー・シリーズ②]　地球規模の課題を調査研究、世界に提言し、それに携わる若い人材の育成に尽力する国連大学の活動を支援する国連大学協力会（jfUNU）のレクチャー・シリーズ②はアジアの視点からの「平和と開発のための教育」。　　　　　　　　　　　　（2010.2）

資源としての生物多様性
井村秀文編

87791-211-6　C1032　　A5判　181頁　1,400円

[jfUNU レクチャー・シリーズ③]　気候変動枠組み条約との関連を視野にいれた「遺伝資源としての生物多様性」をさまざまな角度から論じており、地球の生態から人類が学ぶことの広さおよび深さを知らされる。　　　　　　　　（2010.8）

グローバル化した保健と医療
—アジアの発展と疾病の変化

加来恒壽編

87791-222-2　C3032　　A5判　177頁　1,400円

[jfUNU レクチャー・シリーズ④]　地球規模で解決が求められている緊急課題である保健・医療の問題を実践的な視点から、地域における人々の生活と疾病・保健の現状に焦点を当て社会的な問題にも光を当てる。　　　　　　　（2011.11）

サステイナビリティと平和
—国連大学新大学院創設記念シンポジウム

武内和彦・勝間　靖編

87791-224-6　C3021　　四六判　175頁　1,470円

[jfUNU レクチャー・シリーズ⑤]　エネルギー問題、生物多様性、環境保護、国際法といった視点から、人間活動が生態系のなかで将来にわたって継続されることは、平和の実現と統一されていることを示唆する。　　　　　　　　　　（2012.4）

国際法

武内和彦・佐土原聡編
持続可能性とリスクマネジメント
―地球環境・防災を融合したアプローチ
87791-240-6　C3032　¥4600E　　四六判　203頁　2,000円

[*if*UNU レクチャー・シリーズ⑥] 生態系が持っている多機能性・回復力とともに、異常気象、東日本大震災・フクシマ原発事故など災害リスクの高まりを踏まえ、かつグローバル経済の進展をも考慮しつつ自然共生社会の方向性と課題を考える。
(2012.12)

武内和彦・中静透編
震災復興と生態適応
―国連生物多様性の10年とRIO＋20に向けて
87791-248-2　C1036　　　　四六判　192頁　2,000円

[*if*UNU レクチャーシリーズ⑦] 三陸復興国立公園（仮称）の活かし方、生態適応の課題、地域資源経営、海と田からのグリーン復興プロジェクトなど、創造的復興を目指した提言を展開する。
(2013.8)

武内和彦・松隈潤編
人間の安全保障
―新たな展開を目指して
87791-254-3　C3031　　　　A5判　133頁　2,000円

[*if*UNU レクチャー・シリーズ⑧] 人間の安全保障概念の国際法に与える影響をベースに、平和構築、自然災害、教育開発の視点から、市民社会を形成していく人間そのものに焦点を当てた人材を育てていく必要性を論ずる。
(2013.11)

武内和彦編
環境と平和
―より包括的なサステイナビリティを目指して
87791-261-1　C3036　　　　四六判　153頁　2,000円

[*if*UNU レクチャー・シリーズ⑨] 「環境・開発」と「平和」を「未来共生」の観点から現在、地球上に存在する重大な課題を統合的に捉え、未来へバトンタッチするため人類と地球環境の持続可能性を総合的に探究する。
(2014.10)

日本国際連合学会編
21世紀における国連システムの役割と展望
87791-097-2　C3031　　　　A5判　241頁　2,800円

[国連研究①] 平和・人権・開発問題等における国連の果たす役割、最近の国連の動きと日本外交のゆくへなど「21世紀の世界における国連の役割と展望」を日本国際連合学会に集う研究者たちが縦横に提言する。
(2000.3)

日本国際連合学会編
人道的介入と国連
87791-106-5　C3031　　　　A5判　265頁　2,800円

[国連研究②] ソマリア、ボスニア・ヘルツェゴビナ、東ティモールなどの事例研究を通じ、現代国際政治が変容する過程での「人道的介入」の可否、基準、法的評価などを論じ、国連の果たすべき役割そして改革と強化の可能性を探る。
(2001.3)

日本国際連合学会編
グローバル・アクターとしての国連事務局
87791-115-4　C3032　　　　A5判　315頁　2,800円

[国連研究③] 国連システム内で勤務経験を持つ専門家の論文と、研究者としてシステムの外から観察した論文によって、国際公務員制度の辿ってきた道筋を振り返り、国連事務局が直面する数々の挑戦と課題とに光を当てる。
(2001.5)

日本国際連合学会編
国際社会の新たな脅威と国連
87791-125-1　C1032　　　　A5判　281頁　2,800円

[国連研究④] 国際社会の新たな脅威と武力による対応を巡って、「人間の安全保障」を確保する上で今日、国際法を実現するために国際連合の果たすべき役割を本書では、様々な角度から追究・検討する。
(2003.5)

日本国際連合学会編
民主化と国連
87791-135-9　C3032　　　　A5判　344頁　3,200円

[国連研究⑤] 国連を初めとした国際組織と加盟国の内・外における民主化問題について、国際連合および国際組織の将来展望を見据えながら、歴史的、理論的に、さらに現場の眼から考察し、改めて「国際民主主義」を追究する。
(2004.5)

国際法

日本国際連合学会編
市民社会と国連
87791-147-2　C3032　　　　　A5判　311頁　3,200円

［国連研究⑥］本書では、21世紀市民社会の要求を実現するため、主権国家、国際機構、市民社会が建設的な対話を進め、知的資源を提供し合い、よりよい国際社会を築いていく上での知的作用が展開される。
(2005.5)

日本国際連合学会編
持続可能な開発の新展開
87791-159-6　C3200E　　　　A5判　339頁　3,200円

［国連研究⑦］国連による国家構築活動での人的側面・信頼醸成活動、平和構築活動、あるいは持続可能性の目標および指標などから、持続可能的開発の新しい理論的、実践的な展開過程を描き出す。
(2006.5)

日本国際連合学会編
平和構築と国連
87791-171-3　C3032　　　　　A5判　321頁　3,200円

［国連研究⑧］包括的な紛争予防、平和構築の重要性が広く認識されている今日、国連平和活動と人道援助活動との矛盾の克服など平和構築活動の現場からの提言を踏まえ、国連による平和と安全の維持を理論的にも追究する。
(2007.6)

日本国際連合学会編
国連憲章体制への挑戦
87791-185-0　C3032　　　　　A5判　305頁　3,200円

［国連研究⑨］とりわけ今世紀に入り、変動著しい世界社会において国連もまた質的変容を迫られている。「国連憲章体制への挑戦」とも言える今日的課題に向け、特集とともに独立論文、研究ノートなどが理論的追究を展開する。
(2008.6)

日本国際連合学会編
国連研究の課題と展望
87791-195-9　C3032　　　　　A5判　309頁　3,200円

［国連研究⑩］地球的・人類的課題に取り組み、国際社会で独自に行動する行為主体としての国連行動をたどり未来を展望してきた本シリーズの第10巻目の本書では、改めて国連に関する「研究」に光を当て学問的発展を期す。
(2009.6)

日本国際連合学会編
新たな地球規範と国連
87791-210-9　C3032　　　　　A5判　297頁　3,200円

［国連研究⑪］新たな局面に入った国連の地球規範；感染症の問題、被害者の視点からの難民問題、保護する責任論、企業による人権侵害と平和構築、核なき世界の課題など。人や周囲への思いやりの観点から考える。
(2010.6)

日本国際連合学会編
安全保障をめぐる地域と国連
87791-220-8　C3032　　　　　A5判　285頁　3,200円

［国連研究⑫］人間の安全保障など、これまでの安全保障の再検討が要請され、地域機構、準地域機構と国連の果たす役割が新たに問われている。本書では国際機構論、国際政治学などの立場から貴重な議論が実現した。
(2011.6)

日本国際連合学会編
日本と国連
—多元的視点からの再考
87791-230-7　C3032　　　　　A5判　301頁　3,200円

［国連研究⑬］第13巻目を迎えた本研究は、多元的な視点、多様な学問領域、学会内外の研究者と実務経験者の立場から展開され、本学会が国際的使命を果たすべく「日本と国連」との関係を整理・分析し展望を試みる。
(2012.6)

日本国際連合学会編
「法の支配」と国際機構
—その過去・現在・未来
87791-250-5　C3032　　　　　A5判　281頁　3,200円

［国連研究⑭］国連ならびに国連と接点を有する領域における「法の支配」の創造、執行、監視などの諸活動に関する過去と現在を検証し、「法の支配」が国際機構において持つ現代的意味とその未来を探る。
(2013.6)